竹内文書と平安京の謎

超古代文明の遺産「神々のライン」を見つけた

布施泰和
Yasukazu Fuse

SEIKO SHOBO

もくじ

第2章　古代日本のピラミッドと聖なるライン

第3章　日本の古都と「高み結びの法則」

第4章 古代測量集団の知られざる正体

第5章 縄文遺跡群と神秘の測量

第6章 エジプトのピラミッド群と測量集団

第7章 超古代文明と地球のエネルギー

装幀――――――フロッグキングスタジオ
本文写真提供――――布施泰和
本文ＤＴＰ――――ホープカンパニー
図版制作――――――小玉聖来

竹内文書と平安京の謎

序章

竹内文書と日本と世界

大和政権誕生以前、日本には「国」が存在した

今から30年以上前のことだ。越中・富山に古くから伝わる謎の古文書「竹内文書」を調べたところ、その記述をヒントにして東経137度11分に「羽根」という地名が一直線上に並んでいることを発見した。

その「羽根ライン」は、私の古代史観を根底から覆すものであった。というのも、ライン上の羽根という地名が既に存在していた鎌倉時代には、そのような高度な測量技術はなかったことになっているからだ。日本で正確な地図が描けるようになったのは、江戸時代後期、伊能忠敬が全国の測量をしたときの『大日本沿海輿地《よち》全図』が最初のはずであった。だが、羽根ラインの経線は、伊能の地図を上回る精度の高さだった。

同時に、もう一つの疑問が浮上した。仮に鎌倉時代、もしくはそれ以前に高度な測量技術があり、それが地名になっているのなら、その記録が残されていてしかるべきなのに、それがないことだ。なぜこのように大規模で画期的な国土測量がなされたにもかかわらず、記録がないのか。その疑問は同時に、知られざる日本古代史を紐解くカギになるように思われた。

我々の知っている古代史をおさらいしてみよう。

日本を最初に統一したのは、大和を中心とする近畿地方の諸豪族が連合して皇室から出る君

主を大王《おおきみ》（後に天皇）として擁立した大和政権（大和朝廷）であるとされている。大和朝廷は4、5世紀までに東北地方以遠を除く日本本土の大半を統一したという。

では、そのように国を統治した政権であれば、国土の管理は重大事項であったはずだ。もし国土を大規模に測量し、その結果を地名に残したのであれば、必ず文書なり記録が残っていなければおかしい。それがないということは、大和朝廷とは別に国土を測量、管理していた「国」があったことを意味するわけだ。

そこには二つのシナリオが考えられる。**「大和政権が誕生したとき、それと同時期かその後に、羽根ラインのある越の国や飛騨地方には別の王朝が建国されていた」**という考えが一つ。もう一つは、実は**「大和政権誕生以前に、日本を統治していた国があった」**という仮説である。

まず、前者のシナリオについて考えよう。

大和に大和朝廷、中部・北陸地方に飛騨王朝や越王朝、もしくはそれに匹敵する国があったならば、その2大勢力の間で必ず大きな戦いがあったはずである。ところがその飛騨においては、そのような強大な対抗勢力があったという伝承は残っていない。唯一、両面宿儺《りょうめんすくな》という、8本の手足と首のない二つの顔を持つ怪物が5世紀前半の仁徳天皇の時代に飛騨に現れて大和朝廷に抗《あらが》ったが、武振熊命《たけふるぐまのみこと》に討たれたことが『日本書紀』にごく短く記されているくらいだ。

だが、すぐに大和朝廷に平定されてしまうような両面宿儺からは、日本海側から太平洋側まで、すなわち越の国から飛騨、美濃までを支配していたような強大な勢力があったようには読み取れない。

一方、後者のシナリオの立場を取るならば、既に日本には、大和政権誕生前に国家とも呼べる一大勢力があったことになる。少なくとも、羽根ラインの中心である岐阜県の位山《くらいやま》を中心にして太平洋側から日本海側までを支配した飛騨・位山王朝か国家があった可能性が出てくる。そうでなければ、太平洋側から日本海側までの約240キロにわたり、羽根という地名が並んでいることを説明することは難しい。

ところが、やはり飛騨を舞台にした大きな戦いの記録が残されていない。このことから、大和政権誕生以前に存在していたその「国家」は、既に国力が衰退していたか、事実上滅ぼされていた可能性が強いように思われる。そのことを象徴的に物語っているのが、スサノオノミコトに退治された越の八岐大蛇《やまたのおろち》の神話である。

第4章で触れるが、八岐大蛇は越国から出雲国までの広大な地域を統一・支配していた巨大勢力の象徴である。越の八岐大蛇は大和政権以前に存在した越国、もしくは越王朝の王族の末裔であったのではないだろうか。少なくとも、この神話から推察できることは、かつて巨大な勢力を誇っていた国が、スサノオの軍によって滅ばされ、衰退。代わって新しい出雲国が樹立されたということだ。

出雲国を作った出雲族とも呼べる勢力は、その後大和地方をも支配した。だが、その出雲族もやがて、九州から大和地方に進出した日向族（のちの大和族）の軍勢に敗れて大和政権が誕

図0-1

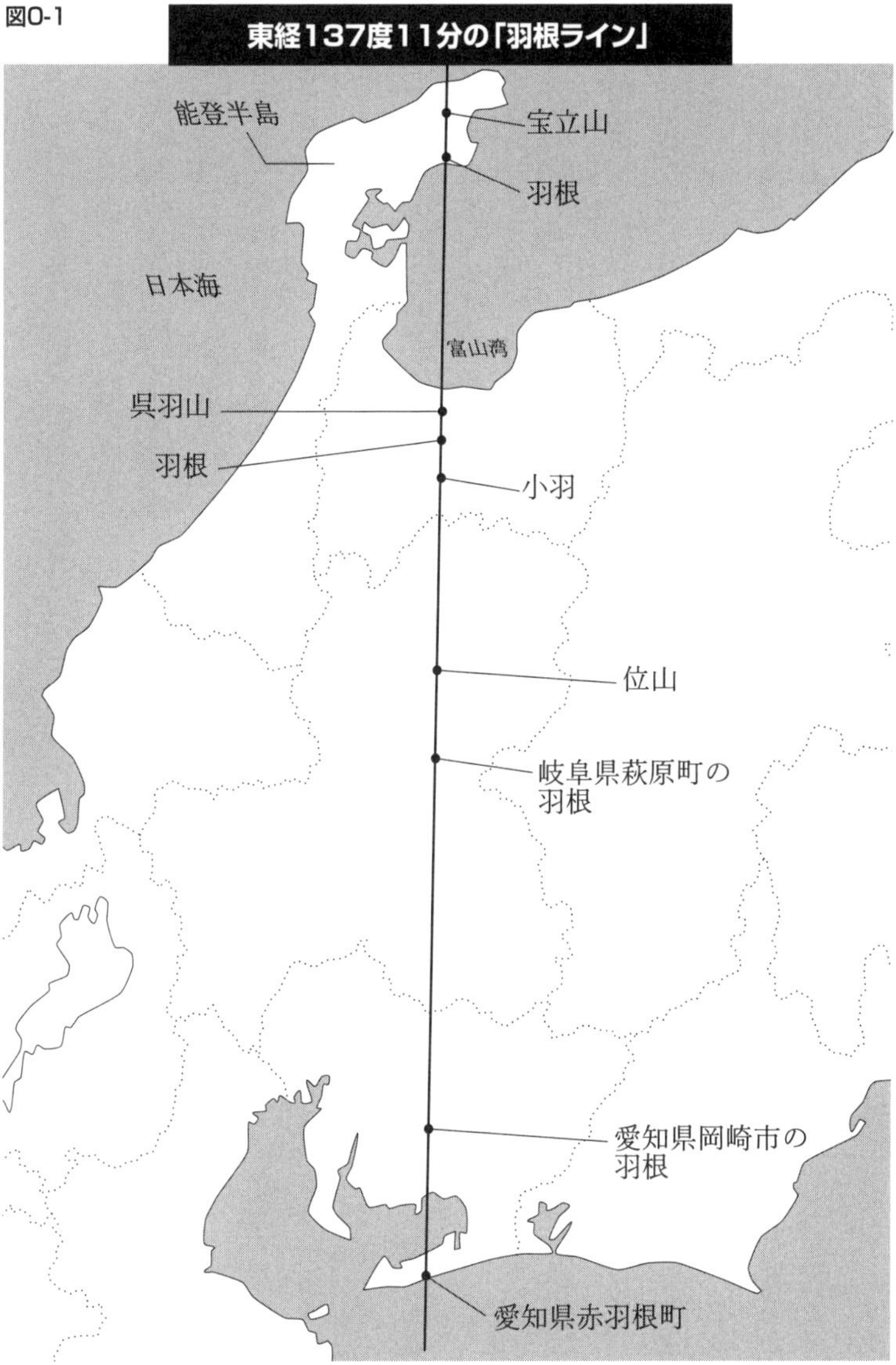
東経137度11分の「羽根ライン」
能登半島
宝立山
羽根
日本海
富山湾
呉羽山
羽根
小羽
位山
岐阜県萩原町の
羽根
愛知県岡崎市の
羽根
愛知県赤羽根町

生した、という歴史が記紀神話には隠されているのだと筆者はみている。

人類の科学史を覆す大問題

大和政権誕生以前に日本に国があったとしても、実はもう一つ疑問が残る。第2章で詳しく説明するが、竹内文書に出てくる古代神殿など「聖なる場所」を結ぶと、240キロの南北線ができるだけでなく、1辺が約38キロの正三角形を富山平野を中心にして描くことができることであった。古代謎の測量集団とその統治者は、経度だけでなく角度や距離も正確に測れる技術を持っていた。少なくとも三角測量による実測をしていた形跡があるのだ。

現在の科学史において三角測量が始まったことが確実視されているのは、紀元前6世紀ごろの古代ギリシャである。哲学者タレス（紀元前624～同546年頃）が三角測量によって沖に見える船までの距離やピラミッドの高さを測っていた記録が残されている。

ただし、三角測量ができたからと言って、実際に正確に経線や緯線を実測できるかは別問題である。

事実、その後のヘレニズム時代のエジプトで、地球の大きさを初めて測定したことで知られるギリシャ人の学者エラトステネス（紀元前275～同194年頃）は、経度で3度も異なるアレクサンドリアとシエネ（現在のアスワン）を南北線（子午線）として計算したため、かなりの誤差を出してしまっている。そのため、エラトステネスが作製した世界地図の再現図（写真0-1）を見ても、経線も緯線も大雑把である。それでもエラトステネスの世界地図は古代において長い間、最高に権威を持つものとされたのだという。

それほど経線を正確に測ることは難しいことなのだ。現代使われている地図に近い精度の地図は、17世紀までなかったことになっている。ところが、それよりはるか昔に、羽根ラインのように240キロにわたる経線上に同一地名を正確に配置したとなると、科学史上の大問題となってしまうのである。

ではいったいいつの時代に、その羽根ラインや幾何学図形をつくった越王朝や飛騨王朝があったのだろうか。そもそも大和政権誕生前に、既にそのような高度な測量技術を持つ国を作ったのは、

写真0-1　古代ギリシャ人のエラトステネスが作製した世界地図（再現図）

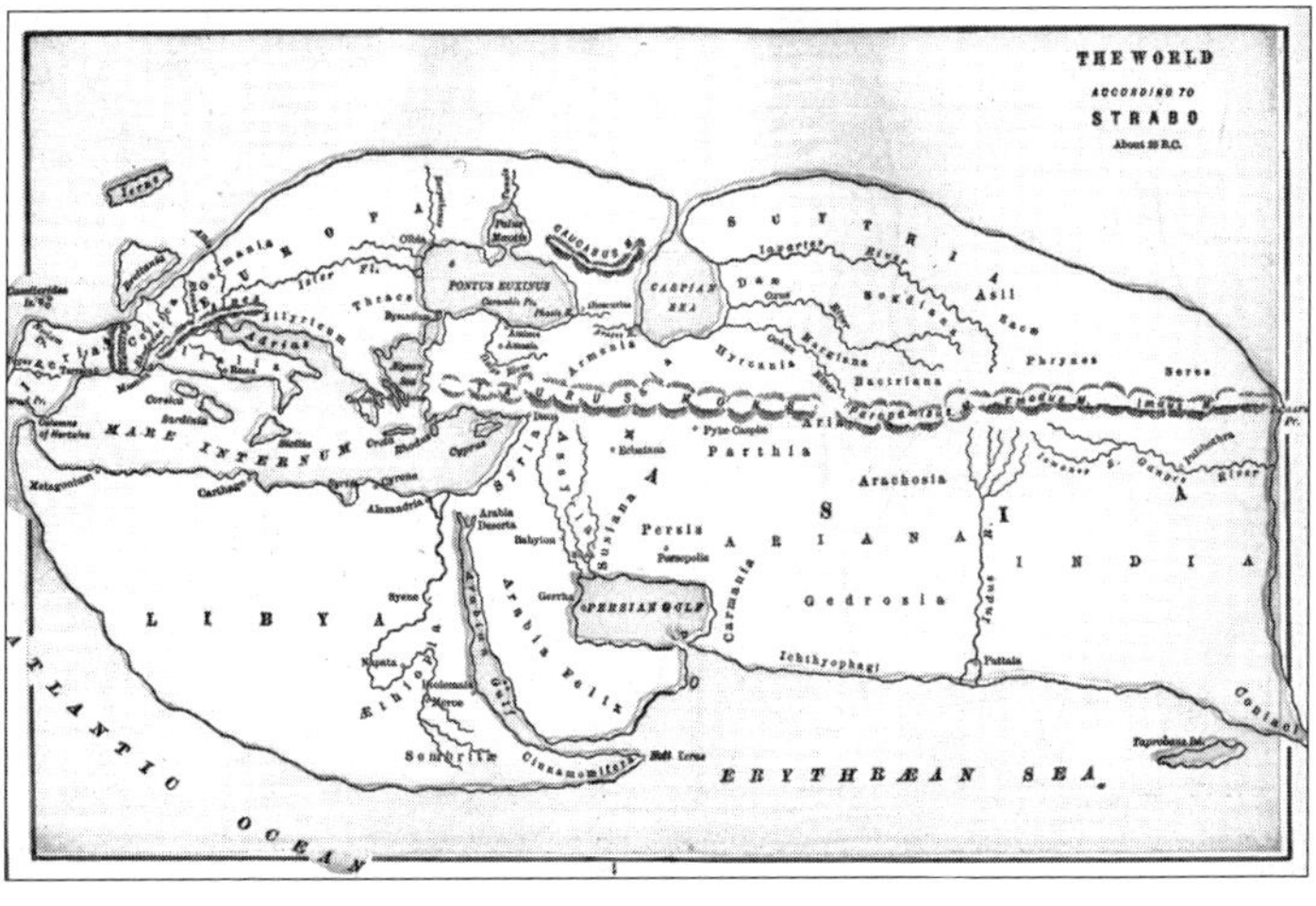

どのような集団、あるいは部族であったのか。

記録が残っていない以上、その謎の測量集団の素顔を明らかにするのは難しい。それでも、竹内文書をテコに使えば、その謎に迫ることは可能なのである。というのも、竹内文書には神武以前の地球の歴史、すなわち「神代の万国史」が詳細に記されているからだ。それによると、まさに神武天皇が大和に政権を樹立するはるか前に、日本にはスメラミコトを統治者とする古代王朝があり、しかもスメラミコトは世界をも統治、地球規模の文明を維持、管理していたことになっているのである。

その万国史の詳細を鵜呑みにすることはできない。だが、筆者が竹内文書の記述から羽根ラインを発見することができたことを思うと、明らかに我々の知らない真実の古代史の断片が、学界では偽書扱いにされている、この竹内文書には隠されているのだ。

実際、本書において筆者は、超古代文明の叡智を引き継いだとしか思えないような謎の測量技術集団が4000〜5000年前に、日本だけではなく世界各地に高度な測量の痕跡を残していたことを詳《つまび》らかにしていく。その測量の痕跡の詳細が明らかになればなるほど、我々が知っているはるか以前から、壮大なグランド・デザインを基にした、三角測量による高度な国土建造計画が世界各地にあったことが浮き彫りになってくるのである。

その際、竹内文書に巧妙に隠された真実の断片をパズルのようにつなぎ合わせながら、歴史上の「失われた超古代文明」に対する一つの壮大な仮説を立てようと思っている。

果たして竹内文書に記されているような、地球規模の文明が存在したのか。我々の知っている地球の古代史とは全く違った、我々の想像を超えた古代史があるのか――。その謎を解く意外な手がかりは、日本からは遠く離れたイギリスの大地で見つかったのである。

第1章
驚異の古代測量技術

閃きから始まった古代の謎解き

満天の夜空にちりばめられた星々――古代人はその配置に法則性を見出し、神話という物語をつむいだ。同時に彼らは自然界に法則性を見出し、それに従いながら大地に星座のような形を印し、後世の我々に意味を残したのだ。

最初にそのことに気づいたのは、イギリスのソールズベリー平原に広がる有名なストーンヘンジ及びその周辺遺跡群と、その北方約30キロに位置するエイヴベリーの大ヘンジ（溝と堀で構成される環状構造物）及びその周辺の遺跡群を地図上で見比べているときであった。突如、30キロ離れたその二つの複合体遺跡が、中間にある高い丘を介して相対的に存在しているように思えたのである。調べてみると、この丘はこの地域の最高峰で、ミルク・ヒルという名が付いていた。

実際にエイヴベリーの大ヘンジの中心とストーンヘンジの中心を直線で結んでみたところ、この丘を通っていた。次にそれぞれの複合体遺跡の配置図を、経度を変えないまま地図上で重ねてみた。すると、ストーンヘンジとサンクチュアリー、レッサー・カーサスとエイヴベリーの大ヘンジ、ウッドヘンジおよびダリントン・ウォールとデヴィルズ・デンが合わさるなど、すべての遺跡がピッタリと調和を持って、まるで一つの遺跡群のような配置で合致したのである。

それだけではない。二つの複合体遺跡は、イギリス南部を斜めに横断する長大な古代測量ラインとされている「聖マイケルライン」と一体化して設計されるようになっていた（図1-1）。

そこには、我々現代人がこれまで気が付かなかった古代人の叡智が存在しているように思われた。少なくとも、古代人がかつて知っていた法則のようなものがあるに違いなかったのである。

図1-1
聖マイケルラインと古代遺跡の関係

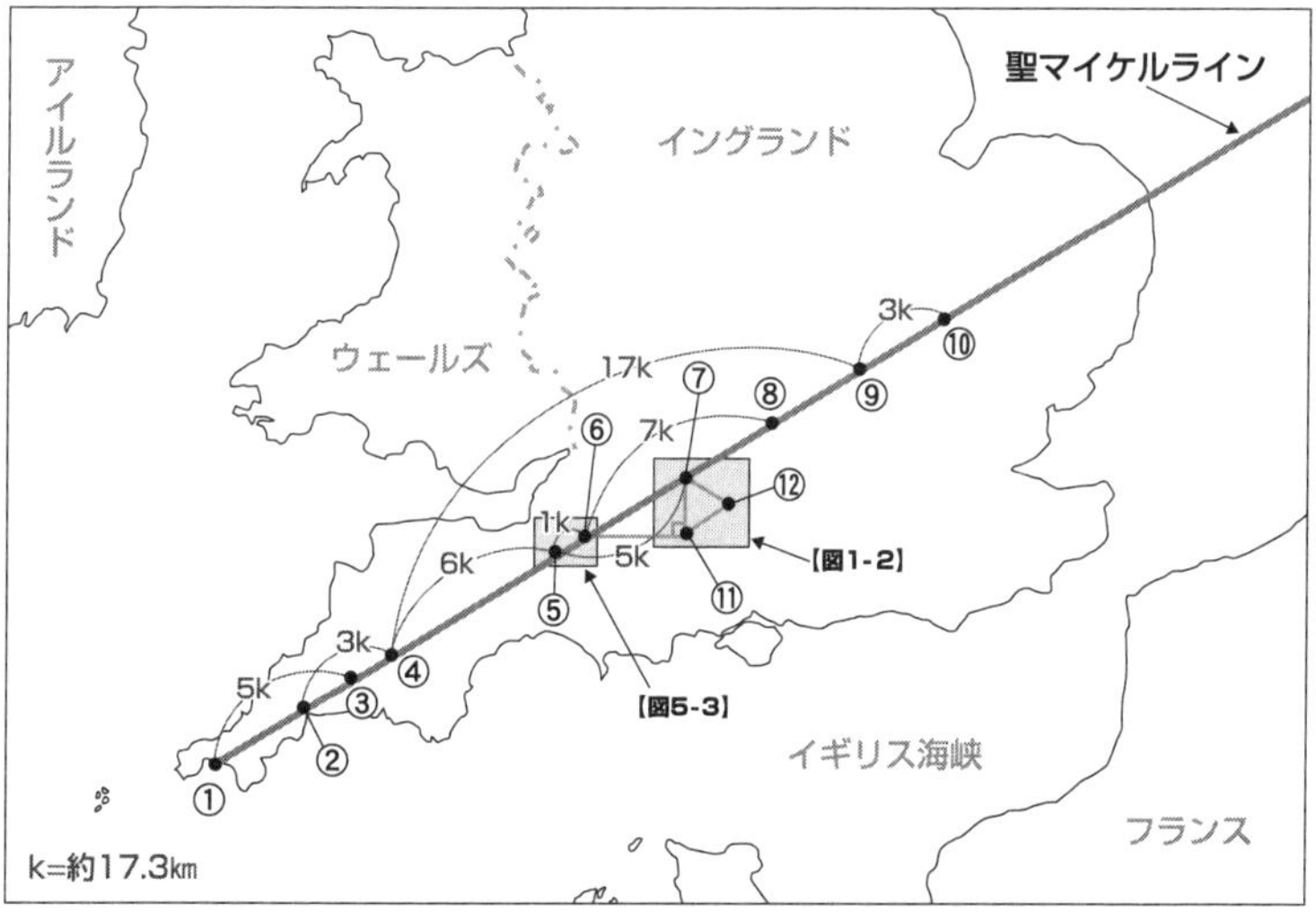

①セント・マイケルズ・マウント
②ローチ・ロック（聖マイケル教会跡）
③ハーラーズ・ストーンサークル
④ブレント・トール
⑤バロー・マンプ
⑥グラストンベリー・トール
⑦エイヴベリーの大ヘンジ
⑧ビッグ・リングス・ヘンジ
⑨ワウルズ・バンク
⑩ワンドルベリー・リング
⑪ストーンヘンジ
⑫ウォルベリー・ヒル

その法則は何であろうか。

私は早速、真新しい地図を広げて、4000〜5000年以上前から存在している古代遺跡の場所に丁寧かつ正確に印を付けていった。すると、一辺が30キロほどの巨大な正三角形が浮かび上がってきたのである。

間違いなかった。彼らは何か意図を持って、巨石遺構や巨大遺構を建造していったのだ。さらなる法則性を見つけ出すため、その地域の最高峰や次鋒、目立つ山を結んで距離を測ってみた。そしてその距離を遺跡と遺跡の距離に当てはめると、見事に一致したのである。

山と山、丘と丘、高みと高み——古代人はこれらを直線で結び、その直線を利用して重要な拠点を築いたという考えは、こうして誕生した。私はこれを、古代日本の神話に出てくるタカミムスヒノカミに通じるものがあると考え、「高み結びの法則」と名付けた。

私はその法則が、実際にすべての両複合体遺跡に当てはまるのかどうか、さらに詳細な地図を使って、各遺跡の場所に正確に点を打ちながら検証してみた。すると、何とすべての遺跡が法則に従うように、整然と直線上に並んだり、直線と直線の交点に位置したり、同じ円周上に配置されたりしていた。両複合体遺跡の十数基の遺跡が例外なく、その地域でひときわ目立つ四つの丘の高みと高みを結んだ直線を利用して建造されていたことが判明したのである（図1-2）。

私はこの法則に合致した遺跡群の配置に驚き、かつわくわくしながら、その後も古代測量集

図1-2

ソールズベリー平原に浮かび上がる巨大幾何学図形

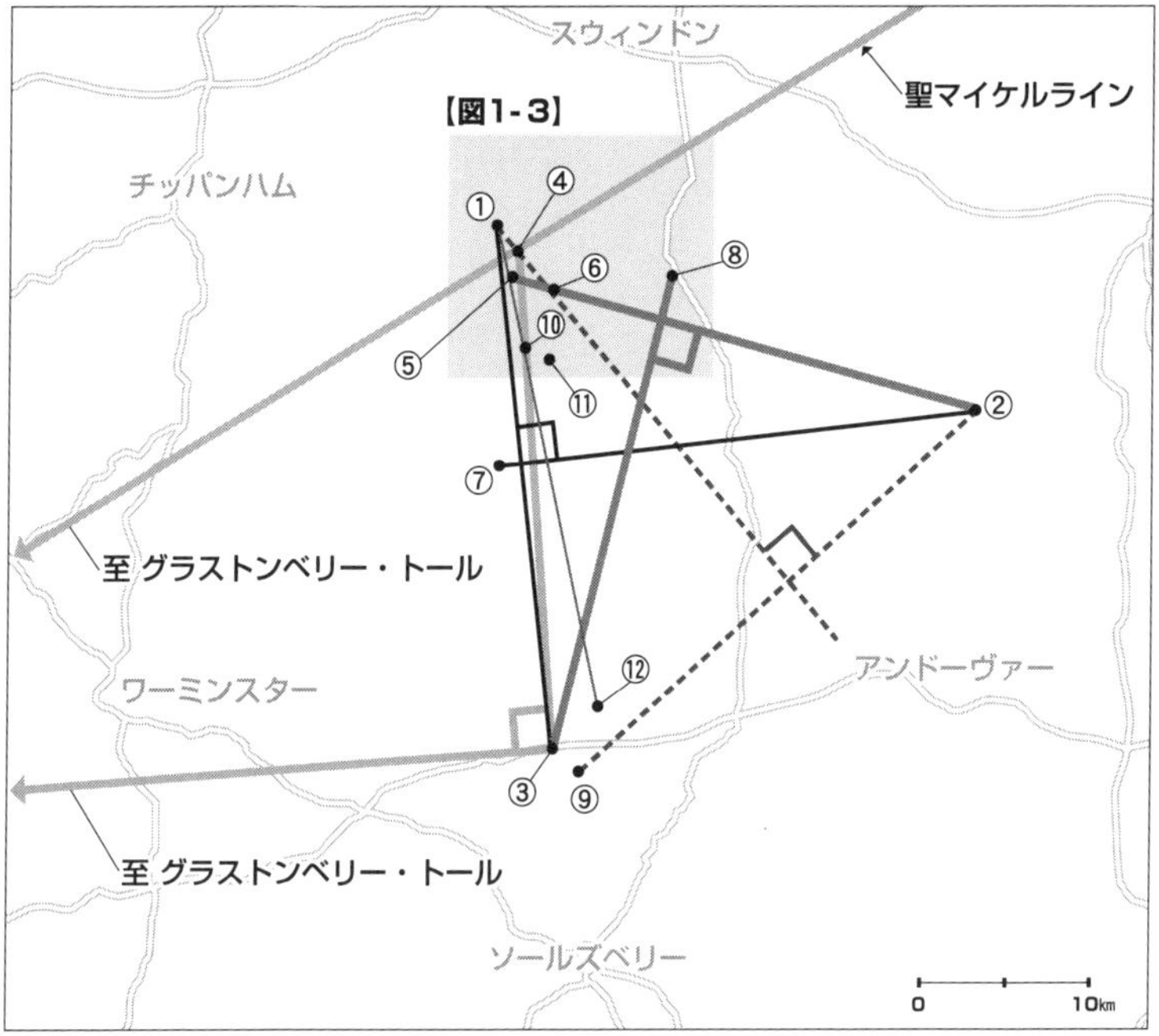

①ウィンドミル・ヒル
②ウォルベリー・ヒル
③ストーンヘンジ
④エイヴベリーの大ヘンジ
⑤シルベリー・ヒル
⑥サンクチュアリー
⑦マーデン・ヘンジ
⑧マーリンの丘
⑨コーニーベリー・ヘンジ
⑩ミルク・ヒル
⑪ナップ・ヒル
⑫ダリントン・ウォール

団たちが残した様々な痕跡を次々と見つけていった。

そもそもなぜ、イギリスの巨石群の配置を調べてみようと思ったのかには、理由があった。羽根ラインの謎を解く研究に少し行き詰まりを感じていたころ、「イギリス諸島の巨石群の配置を調べればいいのだ」という、かすかな声のような印象を受け取った。当然私は、「そんなバカな。イギリス諸島の古代遺跡の配置ならとっくにイギリスの専門家が調べているはずだ。それに加えて、羽根ラインとイギリスの巨石群の間にいったい何の関係があるというのか。私がそれを調べなければならない理由はない」と反駁した。すると、その声の主は続けて、このように筆者に告げたのだ。「お前ならその秘密がわかるからだ。お前でないと、その秘密は解けない」と。

読者の多くはこのようなことを書くと、何を夢物語のようなことを書いているのか、ときっと思われるだろう。実は書いている私もそのように思っている。だが、私が執筆活動や研究をしている最中に、実際にそういうことはよく起きてしまうのだ。抗《あらが》いようのない事実なので、そう書くよりほかにない。そして騙されたと思いつつ、試しにその通りに調べると、謎が解けてしまうことがあるのだ。

今回の約500０年前のイギリス諸島の遺跡群についてもそうであった。まさか古代遺跡群がこのような完璧な測量によって配置されているとは想像もしていなかった。すべての遺跡が測量上意味のある場所にあるのだ。

二つの人工丘に隠された秘密

29ページの図（図1－2）を使いながら、具体的な例を挙げよう。

エイヴベリーの大ヘンジの北西約2キロの地点に、ウィンドミル・ヒルという小高い丘がある。図中の番号でいうと①だ。エイヴベリー複合体遺跡を見下ろせる高みであるとともに、この丘自体に、紀元前3300年ごろ建造されたとみられる三重の堀やマウンドが施されており、エイヴベリー複合体遺跡の一つとなっている。一番外側の堀の直径は350メートル以上もあり、イギリス最大級の周壁遺構のある丘だ（写真1－1）。

このウィンドミル・ヒルと、既に紹介したミルク・ヒル（⑩）を結んだ直線は、紛れもなくストーンヘンジ複合体遺跡のダリントン・ウォール

写真1-1　紀元前3300年ごろ建造されたマウンドがある
ウィンドミル・ヒル

⑫）とその近くのウッドヘンジをも結んでいた。さらにウィンドミル・ヒルと、ミルク・ヒルから南東に約1・5キロ離れたナップ・ヒル（⑪）を結んだ線分上には、紀元前2750年ごろに建造されたとみられる、先史時代における欧州最大の人工マウンドであるシルベリー・ヒル（⑤）と、紀元前3600年ごろに建造されたとみられる、英国最大級の長さを誇る石室古墳ウェスト・ケネット・ロング・バローが配置されているのである。

またナップ・ヒル自体も、紀元前3500年ごろに造られた周壁遺構があるうえ、そのナップ・ヒルの東端はエイヴベリー複合体遺跡のサンクチュアリー（⑥）と、ストーンヘンジ複合体遺跡のダリントン・ウォールを結んだ直線（しかもウィンドミル・ヒルとストーンヘンジを結んだ直線に対する平行線）上に位置している。またナップ・ヒルの西端はサンクチュアリーとストーンヘンジを結んだ直線上にあるのだ。

これらの配置は単なる偶然ではないかとみる向きもあるかもしれない。しかし、さらに詳細に各遺跡の配置を調べたところ、偶然ではありえない証拠が次々と見つかってくるのである。

その最たるものが、新石器時代における欧州最大の人工丘であるシルベリー・ヒルと、そこから東に8キロほど離れたマールボロ・カレッジ構内にある通称「マーリンの丘」と呼ばれる、紀元前2400年ごろ建造された同時代の人工丘である（写真1－2、写真1－3）。この二つの人工丘は、計算され尽した位置関係にあるのである（図1－3）。

まずシルベリー・ヒルの位置だが、この人工丘の中心の緯度は北緯51度24分56秒である。こ

図1-3

シルベリー・ヒルと古代遺跡群の関係

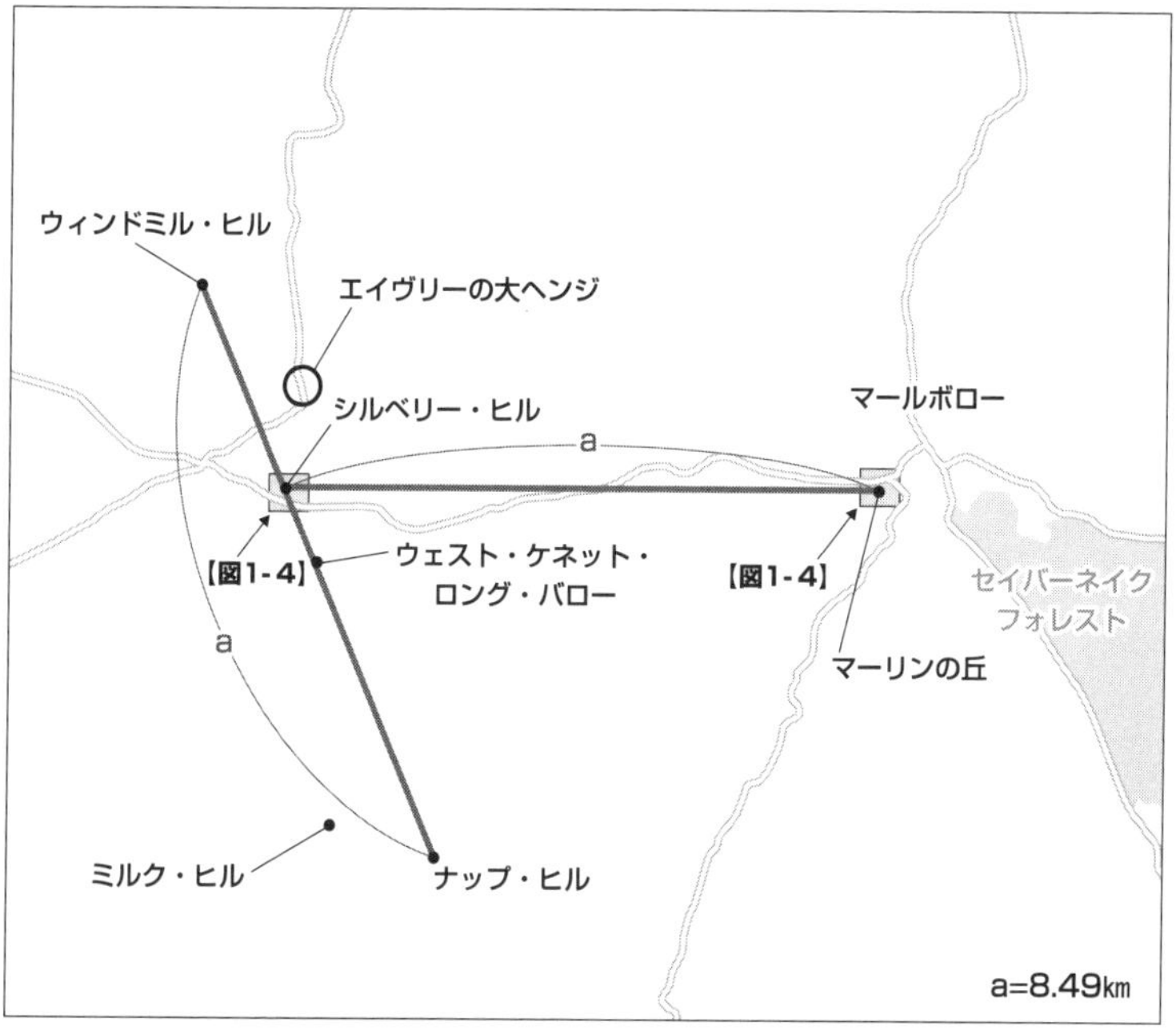

写真1-2　先史時代における欧州最大の人工丘であるシルベリー・ヒル

写真1-3
紀元前2400年ごろ建造された、
通称「マーリンの丘」と呼ばれる人工丘

れに対してマーリンの丘の中心緯度は、北緯51度25分00秒だ。このことから二つの人工丘は、ほぼ東西のライン上に構築されたことがわかる。ただし完全な東西線（緯線）ではなく、4秒ほどマーリンの丘のほうが、緯度が高い。距離にすると、125メートルほどの南北差だ。しかし、この125メートルの差にこそ、古代人の驚異的な測量技術の神髄を見ることができるのである。

その神髄は、二つの人工丘の直径に関係してくる。シルベリー・ヒルが直径約167メートル、高さ約37・5メートルであるのに対して、マーリンの丘は直径約83メートル、高さ約19メートルと、シルベリー・ヒルのほぼ2分の1の縮小版となっている。それ自体が優れた土木技術を示す証拠でもあるのだが、もっと驚くべきことは、それぞれの直径の半分を足すと125メートルとなることだ。つまり、シルベリー・ヒルの北辺とマーリンの丘の南辺は、北緯51度24分59秒と秒数まで一致した完全な東西線上にあることがわかるのである（図1－4の上部）。

それだけではない。シルベリー・ヒルとマーリンの丘までの中心間の距離は、8367・96メートルで、ウィンドミル・ヒルとナップ・ヒルの頂上を結んだ距離は、8492・68メートルだ。その差は124・72メートル。つまりシルベリー・ヒルの西端からマーリンの丘の東端までの距離と比べれば、わずか30センチ未満の誤差で完全に一致する計算になるのである（図1－3と図1－4の下部）。

すべてが測量されたうえで配置されたのでなければ、ありえない位置に遺跡がある。イギリ

図1-4

シルベリー・ヒルとマーリンの丘の精妙な関係

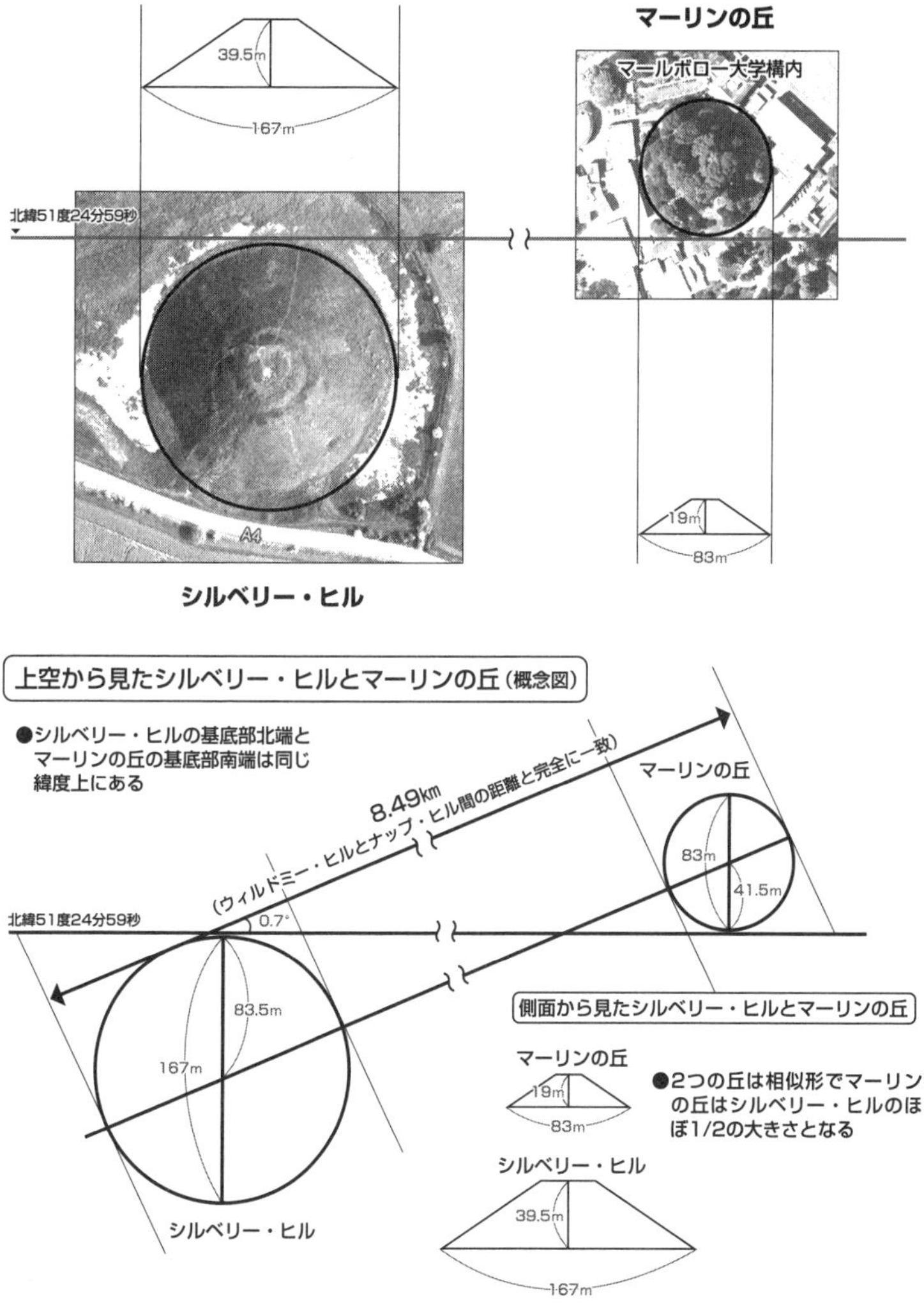

スの古代人が、1秒も違えることなく正確に緯線を引くことができ、かつ距離も正確に測ることができたことは、火を見るよりも明らかだ。

偶然ではありえない数々の証拠

ほかの証拠の数々は、彼らが高みと高みを結んだ直線を基線として三角測量を実施していたことを裏付けている。

再び29ページの図1－2を見てもらいたい。

ストーンヘンジ複合体遺跡とエイヴベリー複合体遺跡からほぼ等距離の場所にある、ミルク・ヒルよりもさらに2メートルほど高いウォルベリー・ヒル（標高297メートル）という丘がある（図1－2の②）。わずか数メートルの差だが、イングランド南東部の最高峰として知られている。

この最高峰とウィンドミル・ヒル（①）、ストーンヘンジ（③）の3点を結ぶと、距離30キロ前後のほぼ正三角形がソールズベリー平原に浮かび上がってくる。しかもストーンヘンジとウォルベリー・ヒルを結んだ直線は、夏至の日の出ラインと一致する。ストーンヘンジは、夏至の日に中心から日の出を見ると、ちょうどアヴェニューと呼ばれる通路とその出入り口にあるヒールストーンという立石の上に太陽が昇ることが知られている。しかし、この夏至の日の出とストーンヘンジの本当の関係は、夏至の日にこの地域の最高峰から昇る太陽を見るためにストーンヘンジが建造されたということにある可能性が強いのだ（**写真1－4、写真1－5**）。

それに加えて、ウォルベリー・ヒルの重要性がわかるのは、三つの遺跡と結んだ三つの直線が、他の遺跡と遺跡を結んだ直線の垂線となっていることである。

まず、紀元前2400年ごろ建造された、イギリス最大級の周壁遺構マーデン・ヘンジ（⑦）を結んだ直線は、ウ

写真1-4　ソールズベリー平原に鎮座するストーンヘンジ

写真1-5
ストーンヘンジのヒールストーン。夏至の日にヘンジの中心から日の出を見ると、この立石の上に太陽が昇ることがわかっている。

インドミル・ヒルとストーンヘンジを結んだ直線と直交する。次にシルベリー・ヒル（⑤）を結んだ直線は、ストーンヘンジとマーリンの丘（⑧）を結んだ直線と直角に交わる。さらに紀元前2700年ごろに建造された楕円形の周壁遺構コーニーベリー・ヘンジ（⑨）を結んだ直線は、ウィンドミル・ヒル（①）とエイヴベリーの大ヘンジ（④）、サンクチュアリー（⑥）の3点を結んだ直線と垂直に交わるのである。

シルベリー・ヒルとマーリンの丘の各中心点を結んだ直線に対しても、古代遺跡を結んだ垂線が2本引ける。図には描いていないが、クリアベリー・リング、ウッドヘンジ、ダリントン・ウォールという三つの遺跡を結んだ直線と、フィッグスベリー・リングとマーリンの丘を結んだ直線である。三角測量を用いて遺跡を配置したのでなければ、このように多くの垂線はまず引くことはできない。

ケルト民族流入以前に存在した謎の「神々」

約5000年前にブリテン諸島にいた古代人は、まったく誤差のない精度で、数十キロにわたり直線、しかも東西線を引くことができたのである。東西線だけではない。おそらくその地域の最高峰や次鋒、目立つ山などを使いながら三角測量を駆使して、自由自在に直角三角形や正三角形、二等辺三角形を大地に描き、その直線上や直線が交差する点に、ストーンヘンジのような巨大構造物を次々と配置していったのである。

では誰がこのような壮大なグランド・デザインをブリテン諸島の大地に描いたのか。その答えは、実は「新石器時代の先住民」と曖昧な分類で呼ぶ以外に、どのような民族がいたのかを含めて全くわかっていないのだ。

ブリテン諸島には古くからケルト民族が暮らしていたことがわかっている。しかし、そのケルト民族ですら、ブリテン諸島に渡って来たのはせいぜい紀元前1000年ごろではないかとみられている。すなわちブリテン諸島にストーンヘンジなどの巨大構造物が建造されてから2000年も経った後にケルト民族はやって来たことになる。

巨石構造物や幾何学模様を好んだケルト文化にも「新石器時代の新住民」の影響を見て取れることから、「先住民」の巨石文明の一部を継承するなど何らかの接点はあったのであろう。そうでなければ、ケルト文化が今でも強く残る欧州地域の分布がニューグレンジなどの巨石遺構で知られるアイルランドや、何キロにもわたって巨石の列が並ぶカルナック列石があるフランスのブリターニュ地方など新石器時代に巨石文化が開花した地域と一致する説明がつかない。

しかしながら、その先住民との交流、文明継承の歴史も、基本的には文字を持たないケルト民族によって記録されることはなかった。というのも、ケルト民族の神官であったドルイドたちは、その教えを文字にすることは正しくないと考えたためか、彼らの信仰や教義は口承でしか伝えなかったからである。

もちろん後代になって、西暦4世紀ごろまでにはケルト民族独自のオガム文字が使用されるようになった。だが、オガム文字はあくまでも簡易な記録文字であり、主に碑文に利用されたにすぎない。ケルト民族の歴史は、口承された神話や古代ギリシャ人や古代ローマ人といった他民族の記録に頼るほかないのである。

そのケルト神話を読むと、ケルト民族がブリテン諸島に渡って来る以前にはダーナ神族などの「神々」が住んでいたことがわかる。ダーナ神族らは石造りの天体観測施設を造り、独特の暦を持っていたとされている。神々はそれぞれ特殊な役目を担っており、たとえばオグマは戦術、ルーは芸術・工芸、ゴイヴィニュウは鍛冶、ディアン・ケーヒトは医術に長《た》けていたのだという。つまり、かなりの科学的な文明を持った神々がいたと伝わっているのだ。

ダーナ神族はまた魔術を使い、「四種の神器」を持っていたとされている。それらは、正統な王が手を触れると叫び声を上げる「フォールの石」、必ず勝利をもたらす「ルーの槍」、無敵の光の剣である「ヌアの剣」、無限の食糧庫である「ダグダの大釜」であった。まさにケルト民族にとっては、「先住民」は魔法と科学文明を併せ持つ神々であったことがわかる。5000年前にブリテン諸島に巨石文明を築いた「先住民」は、超常的な力を持つ「神々」であったわけだ。その「神々」の文明の一部をケルト民族の神官であるドルイドが引き継いだのかもしれない。

しかし、神話や伝説以外に、その「神々」の素顔に迫る方法はないのだろうか。異論はあるかもしれないが、英国の東サセックス州ウィルミントンにある地上絵「ロングマン（細長い男）」が古代の「神々」の本質を図らずも表している。丘の中腹に描かれた69・2メートルの長さがある「ロングマン」は、両手にそれぞれ自分の背丈よりも長い棒を持っている（下の画）。

１９２０年代に「レイライン（古代の聖地を結ぶ目に見えない直線路）」という思想を最初にイギリスにもたらしたアマチュア考古学研究家アルフレッド・ワトキンスが古代測量師の可能性があるとして紹介した地上絵でもある。２本の棒を使って直線を引いたというのだ。

実際に２本の棒さえあれば、ある程度の距離の直線は引ける。古代測量師の絵ではないかとの説はある程度の説得力を持つが、この地上絵が描かれた年代が新石器時代説から近世説まであり、決着が付いていないのが実情だ。仮に新石器時代や鉄器時代に描かれた「古代測量師」でないにしても、まさに目も鼻も口も耳も描かれていない「ロングマン」の「素顔」にこそ、古代測量集団の謎が隠されているとみるべきであろう。

古代測量師ではないかとの説もある
地上絵「ウィルミントンのロングマン」

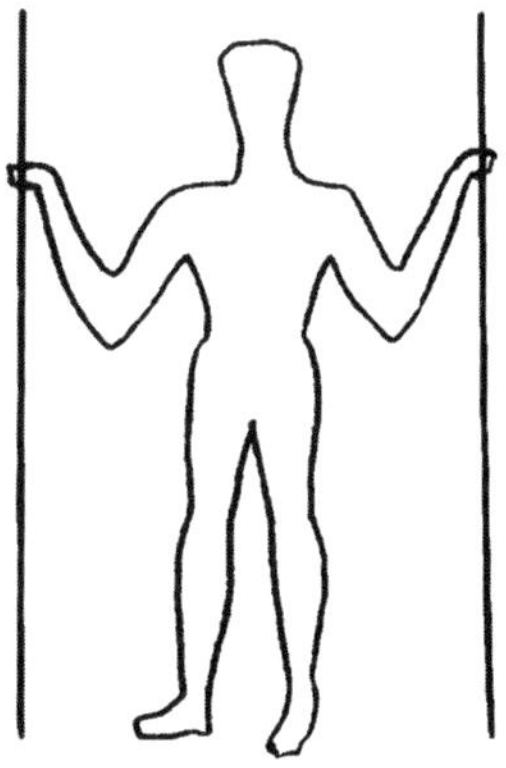

古代日本やエジプトにも存在した高度の測量・土木技術

こうした数10キロ～100キロに及ぶ広範な測量や土木技術は、古代イギリスの遺跡だけに見られるのだろうか。

そこで次に、高みと高みを結ぶこの法則を使って、古代エジプトで建造されたピラミッド30数基の位置を調べてみた。すると、すべてがストーンヘンジやエイヴベリーの複合体遺跡と同様な、壮大なグランド・デザインによって綿密に測量されて配置されていることがわかったのである（詳細は第6章）。

その配置は実に見事であった。たとえば、第12王朝の時代に建造されたアメンエムハト1世、アメンエムハト2世（白いピラミッド）、アメンエムハト3世（黒いピラミッド）と、第6王朝のテティ王、第13王朝のケンジェル王の5基のピラミッドはすべて、約33キロに及ぶ直線上にある。ネフェレフラー王、メルエンラー1世、イビ王、センウセレト王の4基のピラミッドも一直線上に並んでいる。

アメンエムハト3世が建造した、ギザから90キロ近く（約84キロ）離れた「ハワラのピラミッド」（基底部北東角）からアメンエムハト1世のピラミッド（基底部南西角）までの距離45・8キロ（4万5813メートル）は、「ギザの大ピラミッド」（**写真1-6**）と呼ばれるクフ王のピラミッド（基底部北東角）からアメンエムハト1世のピラミッド（基底部南西角）までの距離と1メートルの単位までピタリと一致する。また、第5王朝の時代に建造されたピラミッドとスフィンクス6基のうち4基は、ギザの大ピラミッドとスフィンクスの頭、肩、背中、腰をそれぞれ結んだ直線上にあるなど、すべてのピラミッドが二つ以上の直線の交点や、ある基準点からの同心円上にあることが判明したのだ。

そして驚いたことに、5000年前の日本の縄文時代の遺跡にもそのような高度な測量・土木技術の痕跡が残っているのである。かねてからイギリスのシルベリー・ヒルのような人工丘あるいはピラミッドではないかと指摘されている秋田県の黒又山（通称クロマンタ）は、是川石器時代遺跡、大森勝山遺跡、湯舟沢環状列石という有名な北東北の三つの縄文遺跡からまさに測ったように等距

写真1-6　「ギザの大ピラミッド」と呼ばれるクフ王のピラミッド

離にあるだけでなく、釜石環状列石と御所野《ごしょの》遺跡からも等距離、長七谷地《ちょうしちやち》貝塚と二ツ森貝塚からもほぼ等距離にあるのだ。60キロ四方に散らばった縄文遺跡群をつなぐ扇の要のような場所に、意図的に配置された「山」であるとしか思えない。

第5章で詳しく説明するが、既に縄文時代にはイギリスの巨石構造物やエジプトのピラミッドを建造した測量技術集団とほぼ同じ技術を持った謎の集団が存在していたのである。彼らはまた、下北半島の恐山山地などその地域の最高峰を介したり目標物にしたりして、北東北と北海道の縄文遺跡を直線上に配置するという恐るべき測量の痕跡すら残している。その直線の距離は実に300キロ超だ。

すなわち、是川石器時代遺跡、長七谷地貝塚と、北海道の入江貝塚、曽我北栄環状列石、ニセコアンヌプリは一直線上に置かれているし、二ツ森貝塚は恐山山地を通って、北海道の大船遺跡と高砂貝塚を結んだ直線上にある。御所野遺跡と恐山の最高峰釜臥山《かまふせやま》を結ぶと、北海道の北黄金貝塚と羊蹄山《ようていざん》に至り、御所野遺跡と恐山三山の一つ大尽山を結ぶと、北海道の大船遺跡と入江貝塚を結んだ直線と一致する。

青森の最高峰岩木山や北海道の羊蹄山を利用した直線もある。岩木山と石神遺跡を結んだ直線は、羊蹄山と忍路《おしょろ》環状列石を通り、岩木山と大平山元Ⅰ遺跡を結ぶと、キウス周堤墓《しゅうていぼ》群と神居山《かむいやま》（神居環状列石）を結んだ直線になるのである。

山と山とを結び、直線や同心円上に遺跡を配置するという測量方法は、弥生時代を経て、秦《はた》氏や陰陽師らによって古墳時代以降も引き継がれ、藤原京や平城京、平安京造営にも応用されたと私は考えている。

失われた科学文明の一部は継承された

ではいったいなぜ、古代の世界各地に高度な測量文明が存在していたことを示す遺跡群が点在しているのであろうか。それについては、いくつかの仮説が考えられる。

一つはたまたま同時期に、高度な測量技術を持つ専門家が世界各地に同時発生的に出現した。

二つ目は、どこかの地域で高度な測量技術を持つ集団が出現して、彼らが全世界をわたり歩き、その技術を各地にもたらした。

そして三番目の仮説は、かつて高度な文明が地球上に存在し、その文明が滅びたとき、技術者たちの一団が難を逃れて世界各地に散ったというものだ。

その三つとも可能性は同等にあるが、私は二番目と三番目の説、特に三番目の仮説がいちばん可能性としては高いのではないかと思っている。決め手は、世界各地に洪水伝説が残っているからである。

『旧約聖書』のノアの方舟の大洪水の話を知らないものはいないだろう。最古の文明の一つに数えられるシュメルでは、『ギルガメシュ叙事詩』の中に、神が起こした大洪水から箱舟で逃れた物語が伝えられている。ギリシャ神話の「デウカリオーンの洪水」も同じプロットだ。いずれも大洪水によって、それまでの古い文明は滅亡する。そして、ある一部の集団だけが生き残り、過去の文明の一部を継承していったことになっているのだ。

その伝承は日本にも残っている。竹内文書には、かつて天変地異で地球は何度も「土の海」となり人類の多くは絶滅したが、一部は生き残り、文明の記録が残されたことが示唆されている。その日本にあったとされる〝文明〟では、「天空浮舟」という空を飛ぶ乗り物を造っており、その乗り物に乗って世界各地を巡航していたのだとすら竹内文書には記されているのだ。古代インドの二大叙事詩『ラーマーヤナ』と『マハーバーラタ』にも、かつて超古代文明とも言うべき科学文明があり、「ヴィマナ」という自在に空を飛びまわることができる乗り物が登場する。

これらの伝承や叙事詩が事実だとすると、空を飛ぶ乗り物や、大洪水などの天変地異があっても乗り越えられるような大型船を建造できる高度な文明が「原始時代」に存在していたことになる。

そのような主張は、多くの〝現代文明人〟にとって片腹痛い夢物語にすぎないであろう。しかしながら、その〝現代文明人〟が考える「原始時代」には、すでに我々の想像を超えた測量技術があったのだ。懐疑主義者はその事実をいったいどのように説明するのであろうか。

大地のエネルギーを分配する巨大装置

それにしても、超古代文明の生き残りかもしれない古代測量集団たちはなぜ、山と山、丘と丘、ピラミッドとピラミッドとを結ぶような長大な直線や幾何学的な図形にこだわったのであろうか。失われた文明の継承者である彼らにとって、測量・土木技術以上に、そこには何か理由があったにちがいない。

私は当初、古代測量集団たちが狼煙《のろし》や鏡のように磨かれたものを反射させた光《ひかり》通信網として、この直線を使ったのではないかと考えた。光を使った通信には直線がいちばん早く、効率的に遠方に情報を伝達できるからだ。日時計に相当する立石や、カレンダーに相当する環状列石（ストーンサークル）を利用して、春分・夏至・秋分・冬至といった特別な日や、日の出や日没の時間帯、あるいは南中時などの時間を決めておけば、かなり濃密で複雑な情報をやり取りする相互通信ができたはずだ。

それはそれで説得力があるように思われた。ところが、である。古代イギリスに存在した直線を調べていたところ、一直線上に並んだ4000~5000年前の遺跡の配置に、ある一定のリズムがあることに気が付いたのだ。

再び具体例を挙げよう。

既に言及したが、古代イギリスには、500キロにわたりイギリス南部を斜めに横断する直線があった。後にイギリスに渡来したキリスト教徒らがその直線上の丘や山に聖マイケル教会を建造したため、現在は「聖マイケルライン」と呼ばれているラインである（27ページの図1－1参照）。その直線上にあるグラストンベリー・トールとバロー・マンプという加工丘を直線で結んだところ、その距離の整数倍に5000年前の遺跡群が並んでいたのだ。それは大地のツボに一定のリズムで針を打ち込んでいるようでもある（写真1－7、写真1－8）。

さらに面白いのは、そのラインの中心ともいえるグラストンベリー・トールを境にして、西側と東側でリズムが変調しているふしがあったことだ。単なる光通信網であれば、そこまでこだわる必要はない。視達距離ごとに中継所を設ければいいいだ

写真1-7　「聖マイケルライン」上の加工丘であるグラストンベリー・トール

けだからだ。

わざわざ大地にリズムを刻み込むからには、何か理由があるはずである。つまり古代人は、現代の我々にはいまだ理解できていない「大地のエネルギー」の流れを見て、そのリズムを読み取っていた可能性が浮上してきたのだ。

イギリスの研究家にも、その点を指摘する人はいた。ハーミッシュ・ミラーは、ダウジングという特殊な技術を使って、聖マイケルラインに沿って大地にどのようなエネルギーが流れているか調べたところ、陽と陰のエネルギーとも呼べる二つの流れが蛇行しながら時々交差しており、その交点が聖マイケルライン上であることを突き止めたという。ただしダウジング自体、科学的に認められた技術ではなく、陰陽のライン説は議論が分かれている。

そこで私は、中国の風水やパワースポット、気

写真1-8　その姉妹加工丘とも言えるバロー・マンプ

について長年の研究者に意見を聞いてみた。すると研究者は、「古代人は高い山にエネルギーを集めて、それを分配した可能性がある」と言うのだ。その説によると、深く入り込んだ入り江からエネルギーが陸地に流れ込み、そのエネルギーが山に蓄積される。そしてその蓄積されたエネルギーは、ある種の規則的なリズムで次の山などに向かって五方位、八方位へと分配されていく、その分配の方角を決める時に正三角形などの幾何学的図形が必要になるのだという。

この説が正しいかどうかを実証するのは難しい。だが、実際に地図で聖マイケルラインや他の古代のラインを調べてみたところ、確かに湾などの入り込んだところの付近からラインが始まり、そのライン上に山があり、その山から幾何学的な配置で遺跡が存在していることがわかったのである。

最終章で詳しく触れるが、この不思議な幾何学ラインの謎を解くヒントは、楽器の倍音（基本となる音の周波数の倍の周波数を持つ音）にあるように思われる。ギリシャの哲学者ピタゴラス（紀元前582〜同496年頃）が見つけたとも言われる自然界の音の法則の一つなのだが、ある基本となる音の振動数の整数倍の音が共鳴のような現象を起こすというのである。ピアノの調律はまさにこの倍音の「共鳴」を利用して、音が調整される。

普通に聞いていてもまず倍音に気が付くことはない。ところが、この倍音のお陰で音色が作られ、音が響き合い増幅され、ハーモニーが奏でられるのだ。ならば古代測量集団もまた、大地のエネルギーが持つ周波数の整数倍の距離の場所に人工的な高みなど特殊な施設を配置することにより「共鳴」現象を発生させ、大地のエネルギーを〝調律〟していたかもしれないではないか。

ということは、古代人は実際に地球のエネルギーが持つ独自のリズムや周波数、あるいは倍音のような「共鳴」の法則を知っていた可能性がある。そしてその法則に従って、そのエネルギーを誘導し増幅したり、蓄えて分配したりする壮大な装置を大地に築いていたのではないだろうか。その仮説が正しければ、古代においては、論理と直感、数学と音楽、科学と精神世界を融合させたような、地球規模の一大文明が存在していたことになる。

本書では、古代エジプト、イギリス、そして日本の、主に4000〜5000年前の遺跡群を取り上げながら、現在の歴史学では認められていない「地球規模で存在した古代文明」に光を当てていく。それでは、その論証を古代日本から始めることにしよう。

第2章

古代日本のピラミッドと聖なるライン

日本に逃れた測量集団がいたのか

5000年前のイギリスには、山と山の距離を測量、それを基線として長大、かつ幾何学的なラインを築いていった測量集団がいた。私の仮説が正しければ、それは古代地球の失われた文明の継承者たちがもたらした科学技術によるところが大きいはずである。継承者たちは、「高み結びの法則」を知っているある種の霊的な能力を持った技術集団であったのではないか。彼らは自分たちの文明が滅んだ後、なかば散り散りになり、世界各地に逃れたのだ。

すでに説明したように世界各地に残っている大洪水の伝承は、失われた文明の歴史が生存者によって語り継がれた結果であるように思える。ギリシャの哲学者プラトン（紀元前427～同347年）が『ティマイオス』と『クリティアス』の中で古代エジプトの神官から聞いた話として語られる、高度なアトランティス文明とその滅亡の話も然りだ。19世紀のアメリカの歯科医ジョン・ニューブラウフが天使による啓示を自動タイプ書記したという『オアスペ』にも同様な物語が語られている。何度も万国が泥の海になったと記されている竹内文書は言わずもがなだ。

もしそうならば、日本にもそのような高度な技術を持った測量技術集団が逃れてきたとしても不思議ではない。そして古代日本においても、イギリス諸島のストーンヘンジや聖マイケルラインと同じことをやっていたはずだ。ここでようやく、イギリスの巨石群と竹内文書の羽根ラインが結びつくのだが、はたして、羽根ラインを含む竹内文書に記された聖なる地に、そのような証拠が見つかるのだろうか。

その前に、筆者がなぜ竹内文書に着目するようになったかを語っておこう。

「高み結びの法則」が見事に一致！

今から約30年前の1984年、私は富山大学文学部の山口博教授（当時）から紹介された、富山に古くから伝わる竹内文書という謎の古文書を調べていた。その真偽については、私の著作『「竹内文書」の謎を解く』『「竹内文書」の謎を解く2』（いずれも成甲書房刊）をお読みいただきたいが、その竹内文書の中でとりわけ私の目に留まった記述が二つあった。

一つは、富山県立山町横江にある尖山が古代スメラミコトの神殿「ピラミッド」であったという記述と、古代のスメラミコトが天空浮舟に乗って祖来ケ峯《そらいがみね》（後に改め鑓ケ岳）に向かって羽根飛び登り行く所を「羽根」と名付けた、という記述だ。

面白がって調べたところ、前者の記述からは尖山のほかに竹内文書に聖なる地として登場する「天柱石」（富山県平村）と「二上山」（同県高岡市）を結ぶと、ほぼ完全な正三角形を描けることがわかった。また後者の記述からは、東経137度11分に羽根という地名が五つも南北線上に並んでいることがわかったのである（19ページの図0－1参照）。

2013年11月25日の夜、イギリスの古代遺跡が「高み結びの法則」で建造された可能性があることがわかった後のことだ。「ああ、そう言えば、羽根ラインも奥能登の最高峰である宝立《ほうりゅう》山《ざん》と飛騨高地の中央に位置する岐阜の霊峰・位山《くらいやま》を結んだラインだった。この二つの山を結んだ線分を基線として、羽根飛登行所を設置したり、尖山、天柱石、二上山の正三角形を設計したりした可能性がある」という考えが浮かんだ。ところが、もう夜も更けており睡魔が襲ってきたので、「明日起きたら測ってみよう」とその時は調べることもせずに眠りに落ちたのだった。

翌朝、朝食を取った後、前日の計画を思い出し、それを実行に移した。使用した地図は、約30年前に羽根ラインを見つけた時に使った中部地方の50万分の1の縮尺図である。かなり使い込んであるのでよれよれになってはいるが、羽根という地名の場所や尖山、天柱石、二上山などの位置が正確にわかるように印が付いている。要はその印と印を定規で結べばいいだけである。

まだ眠気が完全に取れたわけではなかったので、なかばボーッとしながらおもむろに定規を使って宝立山と位山の距離を測ってみた。するとちょうど30センチであった。「ずいぶん切りのいい数字だな。50万分の1の縮図だから、150キロ（実際は3・9センチ＝20キロなので約154キロ）か」と思いながら、今度は尖山、天柱石、二上山が織りなす正三角形の一辺に定規を当てて測った。すると7・5センチ（実際は38・5キロ）であった。

図2-1

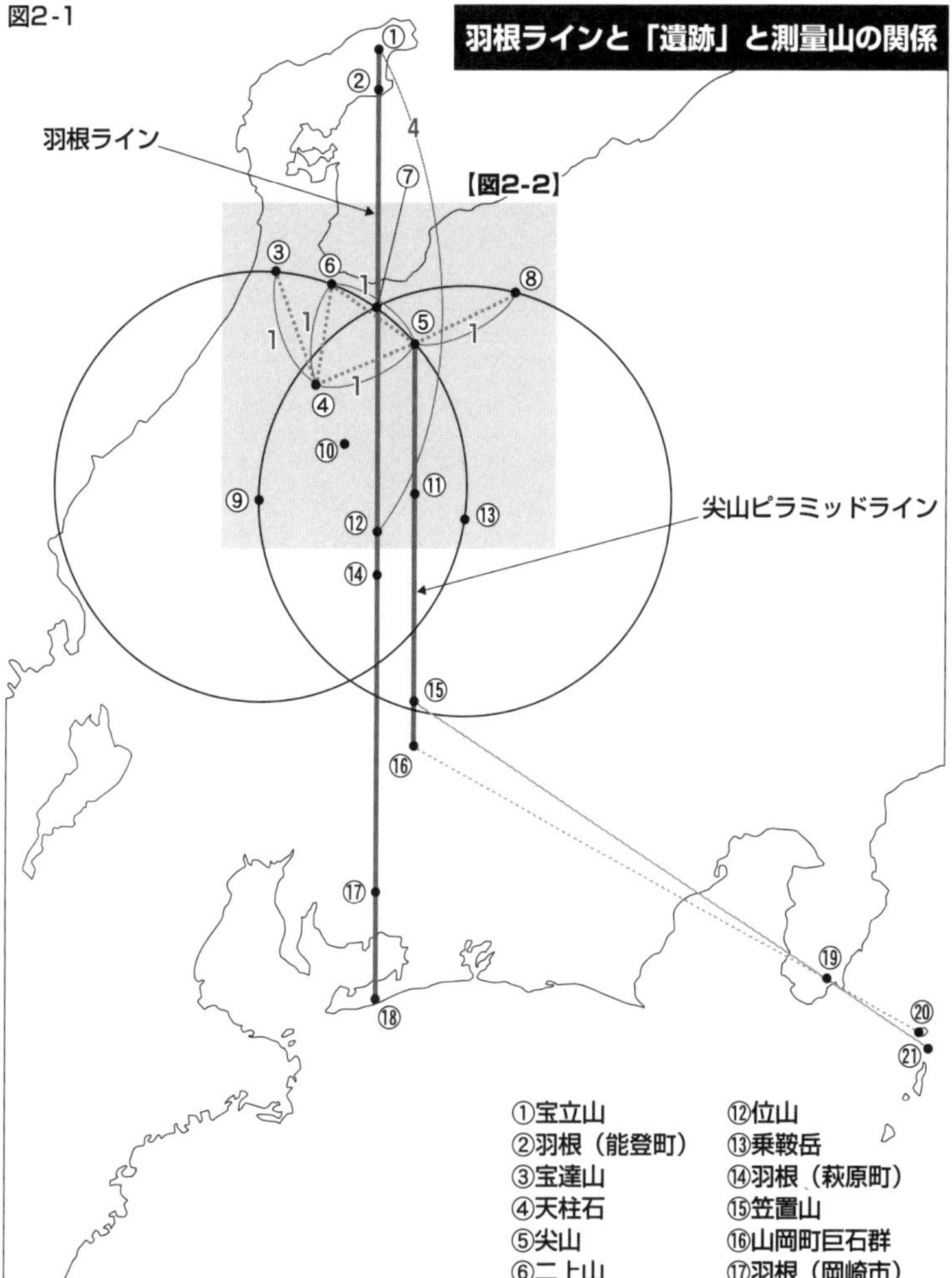

①宝立山
②羽根（能登町）
③宝達山
④天柱石
⑤尖山
⑥二上山
⑦羽根（富山市）
⑧鍬ヶ岳
⑨白山
⑩羽根（河合村）
⑪日輪神社
⑫位山
⑬乗鞍岳
⑭羽根（萩原町）
⑮笠置山
⑯山岡町巨石群
⑰羽根（岡崎市）
⑱赤羽根
⑲下田富士
⑳利島
㉑鵜渡根島

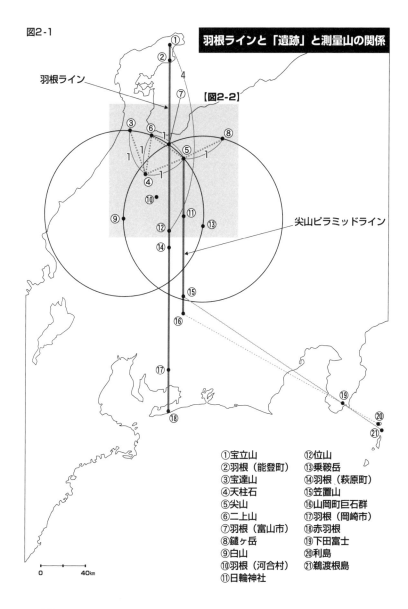

頭がはっきりしていればすぐに暗算できたのだろうが、実を言うと、その時の眠い頭では、それが何を意味するのかすぐには分からなかった。私はそばにあった計算機で30を7・5で割らなければならない始末であった。答えは当然、「4」である。

私はその割り切れた数字を見て、すっかり眠気が吹き飛んでしまった。その地域の最高峰クラスの山と山を結んで、それを基線として複合的に施設を造っていくという「高み結びの法則」が、羽根ラインとその周辺遺構においても適合したのだ（図2-1）。

このことにより、5000年前にストーンヘンジや聖ミカエルのラインを築いたのと同じ測量方法を使った集団が羽根ライン作成にも関与していた可能性が一気に浮上してきたのである。その仮説をさらに確実なものにするために、羽根ラインと尖山、天柱石、二上山の正三角形がどのように構築されていったかを検証することにした。

測量・配置されていた「神々の降臨地」

最初に断っておくが、羽根という地名や巨石（天柱石）、山（位山や二上山、宝立山など）は私が適当に選んでラインを引いているのではない。竹内文書に出てくるスメラミコトの御陵や神殿、祭祀場、ご神体山、天空浮船の「発着場」を結んでいるだけである。恣意的に取り上げていることはないのだが、それでも東経137度11分に羽根という地名が一直線上に並び、巨大な地上絵のような正三角形ができるのである。

1984年にこの事実に気づいたときも、高度な測量技術集団がいたであろうことは予測できた。しかし当時は、具体的にどのようにそうした地名や山や巨石を配置したのかがわからなかった。今回は、私がストーンヘンジやエイヴベリーの複合体遺跡で使われたとみられる測量方法をそのまま当てはめてみることにした。

最初に気づくのは、奥能登最高峰の宝立山《ほうりゅうざん》（471メートル）、能登地方の最高峰である宝《ほう》達山《だつさん》（637メートル）、富山県高岡市の最高峰である二上山《ふたがみやま》（274メートル）、富山平野でひときわ目立つ呉羽丘陵、それに飛騨一宮水無《みなし》神社のご神体で、飛騨高地の中央に位置する位山（1529メートル）を測量山として使ったであろうということだ。

その地域の最高峰、もしくは最も目立つ山二つを結んで基線を作る。この場合は、位山と宝立山を結んだ直線距離だ。50万分の1の地図で約154キロだったが、正確を期すため経度緯度の距離で頂上間の距離を測ると154・1キロであった。

一方、正三角形をなす天柱石、尖山、二上山の3点間のそれぞれの距離は、天柱石－尖山間38・4キロ、天柱石－二上山間37・9キロ、尖山－二上山間37・7キロと、ほぼ38キロの正三角形となることがわかった。厳密には、154・1キロの4分の1は38・5キロだが、仮に位山の測量点が山頂から500メートルほど北にある「天の岩戸」と呼ばれる巨石遺構だとしたら宝立山からの距離は153・6キロとなり、その4分の1は天柱石－尖山間の距離（38・4

キロ）とピタリと一致する（図2－1）。

ということは、竹内文書に出てくる「聖なる場所」あるいは「神々（スメラミコト）の降臨地」は、正確に測量されて意図的に配置された場所（測量点）である可能性が強いのである。

つまり、次のことが推論できる。


［1］東経137度11分の羽根ラインと、天柱石・尖山・二上山の正三角形は、あるグランド・デザインを基に一体的につくられた古代測量の痕跡である。

［2］天柱石はおそらく、尖山と二上山と宝達山からの距離がそれぞれ宝立山－位山間の距離の4分の1となる場所に建造された巨大な立石である。

［3］尖山はおそらく、天柱石と二上山からの距離がそれぞれ宝立山－位山間の距離の4分の1となる場所に、自然の山を加工・整形してピラミッド型にした加工山、もしくは完全な人工山である。

一体的に設計されたラインと正三角形

それぞれの推論について議論しよう。羽根ラインと天柱石・尖山・二上山の正三角形が一体的につくられた証拠はほかにもある。

ソールズベリー平原に描かれた同様の正三角形を思い出してもらいたい。5000年前の古代イギリスでは、三角形のそれぞれの頂点と遺跡を結んだ直線と他の遺跡と遺跡を結んだ直線が垂直で交わっていた。竹内文書の「聖なる場所」が同様な測量によって配置されているのなら、三方向に垂線が引けるはずである。

それでは62ページの図（図2-2）を見てもらいたい。この図は、少なくとも三方向に4本の垂線が引けることを示している。四つの垂線は次の通りだ。

①「天柱石」と「尖山」を結んだ直線は、竹内文書に「モーゼの墓（三つ塚）」がある山として登場する「宝達山」と「位山」を結んだ直線と天柱石付近で直交する。

②と③「尖山」と「二上山」を結んだ直線は、岐阜県河合村の「羽根」と「尖山」を結んだ直線、及び「天柱石」と富山市の「羽根」を結んだ直線とそれぞれ直交する。

④「天柱石」と「宝達山」を結んだ直線は、「尖山」と「高清水山《たかしょうずやま》」（後述する測量山）を結んだ直線と直交する。

説明が必要なのは、河合村の羽根と婦中町の羽根とであろう。この二つの羽根は東経137度11分の羽根ライン上にはない。しかし前者は宝達山と位山を結んだ直線上にあり、後者は天柱石と呉羽山（あるいは富山市の羽根）を結んだ直線と尖山と宝達山を結んだ直線の交点にあ

図2-2

羽根ラインと「竹内文書」の聖なる地の関係

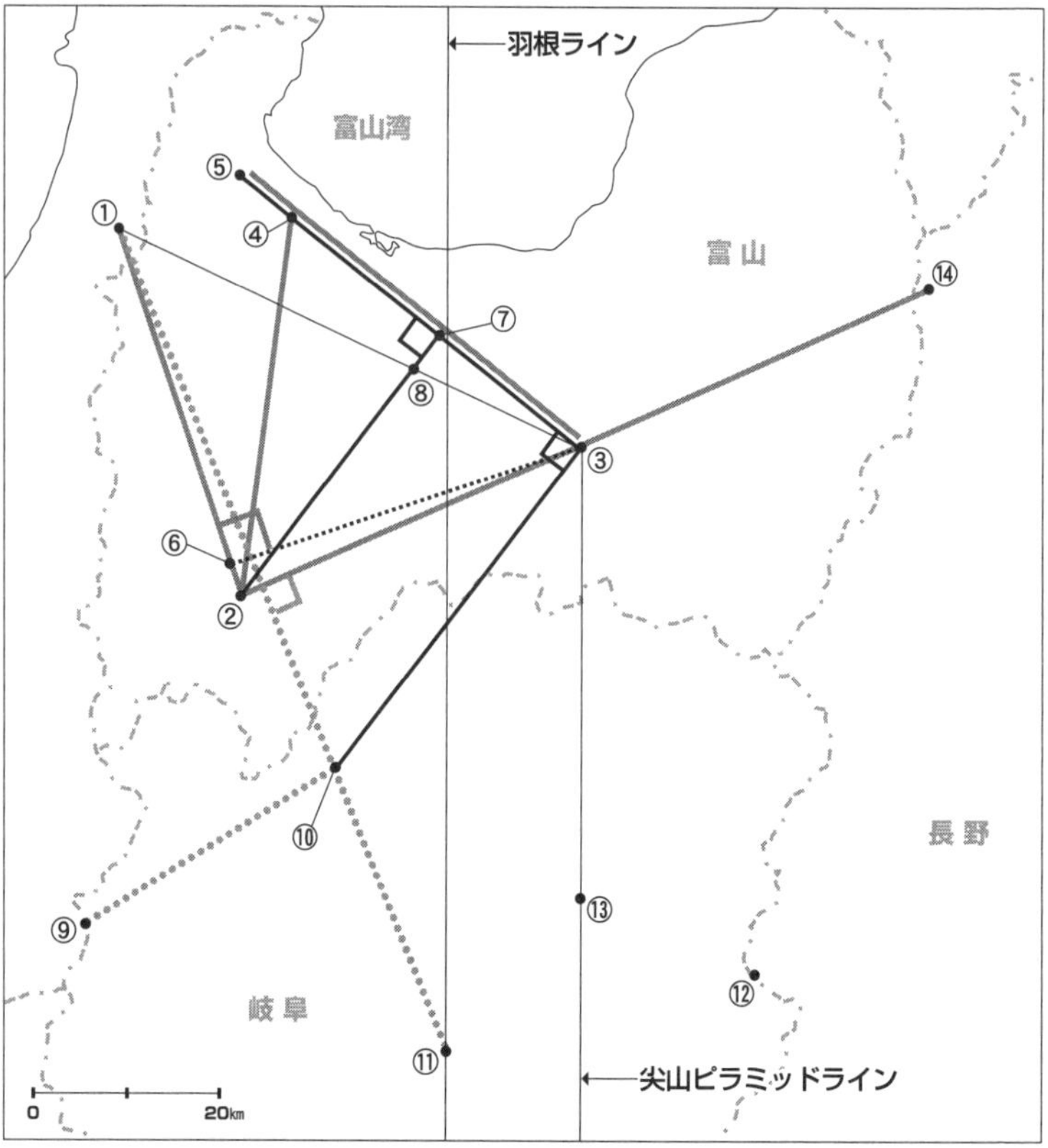

①宝達山　④二上山　⑦羽根（富山市）　⑩羽根（河合村）　⑬日輪神社
②天柱石　⑤布勢の円山　⑧羽根（婦中市）　⑪位山　⑭鑓ヶ岳
③尖山　⑥高清水山　⑨白山　⑫乗鞍岳

るのだ。二つの羽根とも測量点であることに間違いない。逆に言うと、羽根は天柱石・尖山・二上山の正三角形とは切っても切れない関係にあるということである。

こうした「聖なる場所」の幾何学的な配置からも、羽根ラインと正三角形は、あるグランド・デザインを基にして一体的に設計されたことが確認できるのである。

天柱石は世界最大級のメンヒル＝立石か

ここで注目されるのは、天柱石の位置である。天柱石は、二上山からも尖山からも宝達山からも等距離になる地点に建造された可能性が極めて高いからだ。しかも、天柱石から3キロほど離れた場所にそびえる高清水山（１１４８メートル）と高落場山《たかおちばやま》（１１２２メートル）からも等距離であるとともに、その二山と天柱石を結ぶとほぼ正三角形（２・９キロ、３・０キロ、３・１キロ）になるのである。同時に宝達山と高清水山を結んだラインの延長上に天柱石は位置している。つまり完璧な測量の基に天柱石が配置されたことがうかがわれるわけだ。

天柱石は高さ32メートルほどの巨大な石柱である（**写真２－１**）。読者の中にはそのような巨大な立石を古代人が建造できるはずはないと思う向きもあるかもしれない。しかし、フランス・ブルターニュ地方のロクマリアケールには、現在は倒れて四つに割れてしまったが、紀元前５０００～４５００年、つまり今から７０００年ほど前に高さ20・6メートル、重さ２８０

写真2-1
高さ約32メートルの巨大な石柱である「天柱石」

写真2-2
約7000年前に建造された仏ブルターニュ地方ロクマリアケールの立石。現在は倒壊しているが、全長20.6メートルある

トンのメンヒル（立石）が建造されたことがわかっている（**写真２－２**）。天柱石は十分に人工建造物の可能性があるのだ。もしそうだとしたら世界最大のメンヒル（立石）であるかもしれないのである。

この天柱石には熟練した登山家なら登ることができる。私は一度、天神人祖一神宮の方々の助けを借りてロープを使って天頂まで登ったことがある。先端が尖った巨石に見えるが、意外と頂上付近は平らで、岩肌には神代文字とみられるシンボルマークが彫られていた。おそらく普通の人では登れないような急峻な巨石なので、その時撮影した「神代文字」の写真をお見せしよう。**写真２－３**、**写真２－４**である。一つには人が踊っているような形が、もう一つには船のような形をした記号が彫られていた。

写真2-4
船の形が彫られたように見える
天柱石の「神代文字」

写真2-3
天柱石の天頂付近にある「神代文字」。
人が踊っているような形が彫られている

尖山は明らかに〝人工ピラミッド〟

次に尖山が人工的に造られた山である可能性について議論しよう。

尖山は、実は筆者が記者時代に古代のピラミッドではないかとして、前出の山口博教授の協力を得て記事にした山でもある。竹内文書によると、上古第24代天皇（アメノニニギノスメラミコト）の時代に、神殿の分宮として建造されたことになっている。下の写真（**写真2－5**）を見てもわかるように、尖山はとにかく加工されたように綺麗な円錐形の山だ。それに加えて、尖山本体の基底部北西斜面には直径30センチほどのおびただしい数の岩が縦横数十メートルにわたって敷き詰められたようになっているのである（**写真2－6**）。この石積みを地元の人の案内で訪れたとき山歩き

写真2-5　古代の神殿の分宮として建造されたという尖山

の専門家も同行していたが、その専門家も「いろいろな山を見てきたが、落石で積み上がった石とは全く違う。明らかに人工的に積み上げられた石積みではないか」と話していた。

そして何よりも、尖山が正確に測ったように正三角形の一角をなす場所に配置されていることが人工であることを物語っている。しかし今回、尖山の配置が正三角形の一頂点だけでないことがわかったのである。

竹内文書に「スメラミコトが天空浮舟に乗って祖来《そらい》ケ《が》峯《みね》（後に改め鑓《やり》ケ《が》岳《たけ》）に向かって羽根飛び登り行く所を羽根と名付けた」と書かれていることはすでに述べたが、問題は「祖来ヶ峯（後に改め鑓ヶ岳）」がどこの山なのかということである。

私は当初、長野・岐阜両県境にある、北アルプス第2位の高峰・槍ヶ岳（標高3180メートル）ではないかと思っていた。しかし、「やり」の漢字が「槍」ではなく「鑓」

写真2-6　尖山の北西斜面はおびただしい数の岩が敷き詰められたようになっている

となっている。そこで改めて調べたところ、「鑓」と書く「やりがたけ」は、長野・富山両県境にある北アルプス後立山連邦の一峰である、通称「白馬鑓」（標高２９０３メートル）であることが判明した。

しかしながら、なぜスメラミコトは天空浮舟に乗って白馬の鑓ヶ岳に向かったのであろうか。そこには何か理由があるはずである。そのときふと、天柱石や尖山と鑓ヶ岳の位置関係を調べようと思い立った。そこで天柱石と尖山を結んだ直線をそのまま北東方向へと延ばしていくと、その直線は何と、鑓ヶ岳をはっきりと指し示していたのである。

ただしその直線は、厳密に言うと鑓ヶ岳の山頂を通ってはいない。鑓ヶ岳から直線距離で１キロほど離れた隣の尾根である「天狗ノ頭」（標高２８１２メートル）付近を通っている。だが、40キ

写真2-7　上空から見た尖山。綺麗な円錐形の山であることがわかる

ロ近く離れた尖山から見れば、ほとんど同じ場所に見えるはずである（図2-2参照）。

しかも、尖山は天柱石と天狗ノ頭を結んだ直線（76・9キロ）のほぼ中点に位置しているのだ。経度緯度の座標から計算すると、尖山－天柱石は38・4キロであるのに対して、尖山－天狗ノ頭は38・5キロとなり、100メートルほどの差しかない。

ということは、尖山は天柱石と鑓ヶ岳を結んだ直線を二等分する地点で、かつ二上山と天柱石を結ぶと正三角形となる場所に、意図的に建造された人工山とみることができるのである。

標高559メートルもある巨大な山を建造できるはずがないと思う読者もいるであろう。しかし、標高は559メートルでも、実際の尖山の高さがそれだけあるわけではない。68ページの写真（写真2-7）は尖山を上空から撮影したものだ。この写真からもわかるように、かなり高地の上に円錐形の山が築かれていることがわかる。

実際に国土地理院の2万5000分の1の地図で等高線を調べると、尖山本体の高さは150メートルほどであることがわかる。高さ約40メートルの古代イギリスの人工丘シルベリー・ヒルよりも大きいが、同じイギリスのグラストンベリー・トールやエジプト・ギザの大ピラミッドの高さと同じくらいだ。十分に建造が可能な大きさなのである。

羽根は観測点で、天空浮舟は俯瞰的に見ること

天柱石、尖山、鑓ヶ岳が実質的に一直線上に並んでいることがわかったことによって、「天空浮舟」「羽根」「鑓ヶ岳」の関係や意味が朧《おぼろ》げながら浮かび上がってきた。鑓ヶ岳は測量の目安となる遠方の山（測量山）である可能性が高い。羽根はそうした測量山を観測する測量三角点で、天空浮舟は俯瞰的にそれを見ることを象徴的に表現したか、あるいは実際に観測気球のようなものを使って測量したからではないだろうか。

実際にそのように解釈すると、合点のいく場合が多々ある。たとえば竹内文書には、上古第21代のスメラミコト（イザナギノミコト）の時代に築後（福岡県）の御前山と富山の呉羽山（赤土山）に都を築いた後、乗鞍岳に遷都、加賀の白山には宮殿がありスメラミコトはそこから神去ったと書かれている。スメラミコトがなぜこのように頻繁に遷都したと記されているのか不思議だったが、これを測量山として使った山々を暗号化して記録に残したものだと考えると、スムーズに理解できる。

たとえば、乗鞍岳と白山の距離は約71キロあるが、乗鞍岳から富山市羽根（羽根神社）までの距離も、乗鞍岳から富山市婦中町の羽根（古里神社）までの距離も約71キロなのである。そして白馬鑓ヶ岳までの距離も約71キロだ。57ページの図（図2-1）で言うと、⑬の乗鞍岳を

円の中心とすると、半径71キロの同一円周上に⑦、⑧、⑨、それに地図上には細かすぎて記せなかったが、婦中町の羽根（図2－2参照）があるのである。

ということは、羽根ライン上にある富山市の羽根（⑦）は、尖山と二上山を結んだ直線と乗鞍岳を中心とする半径71キロの円とのほぼ交点にあり、婦中町の羽根は、天柱石と呉羽山を結んだ直線と尖山と宝達山を結んだ直線の交点であり、かつ乗鞍岳を中心とする半径71キロの円との交点であることもわかる。そのような点は、測量点（三角点）以外にはありえない。

次に白山を中心に考えると、尖山と宝達山までの距離がそれぞれ約70キロで、竹内文書に古代スメラミコトがヒヒイロカネという特殊金属で屋根を葺《ふ》いた輝かしい大神殿を築いたとされる呉羽丘陵の最高峰・城山までの距離も約70キロとなっている。再び57ページの図（図2－1）で言うと、⑨の白山を中心として半径70～71キロのほぼ同一円周上に③、⑤、⑥、⑦、⑬が乗っているのである。

同様に⑧の鑓ヶ岳を中心に考えると、⑪、⑬は半径71キロの同一円周上にあり、④と⑩は半径78キロの同一円周上にある。このことにより河合村の羽根（元白山神社）は、④⑤を結んだ直線と垂直に交わる③⑫の直線と、⑤⑥⑦を結んだ直線に対する⑤から引いた垂線の交点にあるだけでなく、⑧からの距離が④⑧の距離と等しくなる点に正確に置かれた測量点であることがわかるのだ。さらに河合村の羽根は、白山からも位山からも等距離（約31キロ）の場所に置かれた測量点であることも付け加えておこう。

こうしてみると、竹内文書に出てくる聖なる場所がいかに見事に測量によって配置されているかが浮き彫りになってくる。同時にこれらの配置を地図上で俯瞰してみると、ほぼ正三角形に近い二等辺三角形が、天柱石、尖山、二上山の正三角形以外に、四つも浮かび上がってくるのである。図2-1の番号で言うと、⑦⑨⑬、④⑧⑬、③⑧⑫、④⑨⑫だ。

このうち⑦⑨⑬と③⑧⑫の二つの三角形は、まるで六芒星のように上下逆さまに重なり合って、「聖なる場所」を守っているようにも見えるのである。

暗号解読コードとしての「竹内文書」

もはやどう否定することもできない。羽根は三角測量の測量点として存在したのだ。「羽根」は山と山、あるいは聖なる場所と聖なる場所とを結んだ直線上にあり（奥能登、富山市、萩原町、岡崎市の羽根）、かつ山と山、聖なる場所と聖なる場所を結んだラインの交差する場所にある（富山市、婦中町、河合村の羽根）。つまり三角点であり、気球の発着場であったかもしれないわけだ。

そして同時にそれは、光通信の中継所でもあったであろう。鏡でも鏡岩でもヒスイでも金属でも、光を反射できるものなら何でもいい。「はね」には光をはね返すという意味もあったのではないか。太陽光などを反射させて遠くに光を飛ばし、直線を測った。あるいはモールス信号のように光で連絡を取り合ったわけである。

ここまで来ると、竹内文書に隠された謎の意味がまた一つわかってくる。重要な測量点であり、光通信網の要所を、彼らは聖なる場所として守ったのだ。そうでなければ、天柱石、尖山、二上山、位山をスメラミコトらの神殿や御陵とはしなかっただろうし、ヒヒイロカネで葺いた屋根を想像させる「金屋」や、天空を想起する「羽根」といった地名の由来も残すことはなかったであろう。あえて意図的にそうした地名や山の名を残したということは、自分たちの仲間に、あるいは後世の人たちに測量の痕跡を知らせるためのヒントを記録として伝えたかったからではないだろうか。

つまり、竹内文書に書かれている地名や山の名は、かつて高度な測量技術を持った集団が存在したことを後世に伝えるための暗号解読コードであった可能性が浮上してくるのだ。

そしてこれらの技術はすべて、5000年前の古代イギリスにおいて使用されていたのと同じ測量技術である。彼らもまた、山と山、聖地と聖地とを直線で結んでそれを基線とし、時にはその基線の距離を整数倍にしながら、三角測量で距離と角度を測り、幾何学的に聖地を結んでいった。そこには紛れもなく、世界共通とも言える古代人の知恵と知識がある。

位山と若栃山が2本のラインの基線となった

竹内文書が暗号解読コードであるとの仮説の論証を進める前に、羽根ラインの位山以南と、羽根ラインと平行に走る「尖山ピラミッドライン」の測量的関係を「高み結びの法則」で紐解いていってみよう（図2－3）。

最初にこの二つのラインの関係を調べたときに、平行線であるということ以外に、何らかの関連があるようには思えなかった。ところが、ふと岐阜県萩原町羽根の真東の尖山ピラミッドライン上に、若栃山《わかとちやま》（標高1593メートル、岐阜県下呂市小坂町）という山があることに気づいた。地形図を見ると、標高が高い上、真西側が谷になっている。つまり西側から見ると、非常に目立つ山であることがわかるのだ。

もしかしたら、この若栃山を測量に使ったかもしれないと思い、試しに尖山ピラミッドライン上の若栃山と羽根ライン上の位山を直線で結んで距離を測ってみた。すると、約22・2キロであった。続いて位山と尖山ピラミッドライン上の日輪神社（写真2－8）を直線で結んで距離を測ったところ、約20・5キロとなった。1・7キロほど後者のほうが短かったが、何か関連がありそうだと思い、萩原町の羽根と尖山ピラミッドライン上の笠置山、笠置山と愛知県岡崎市の羽根の距離をそれぞれ測ってみた。その結果、非常に面白いことがわかったのだ。

図2-3

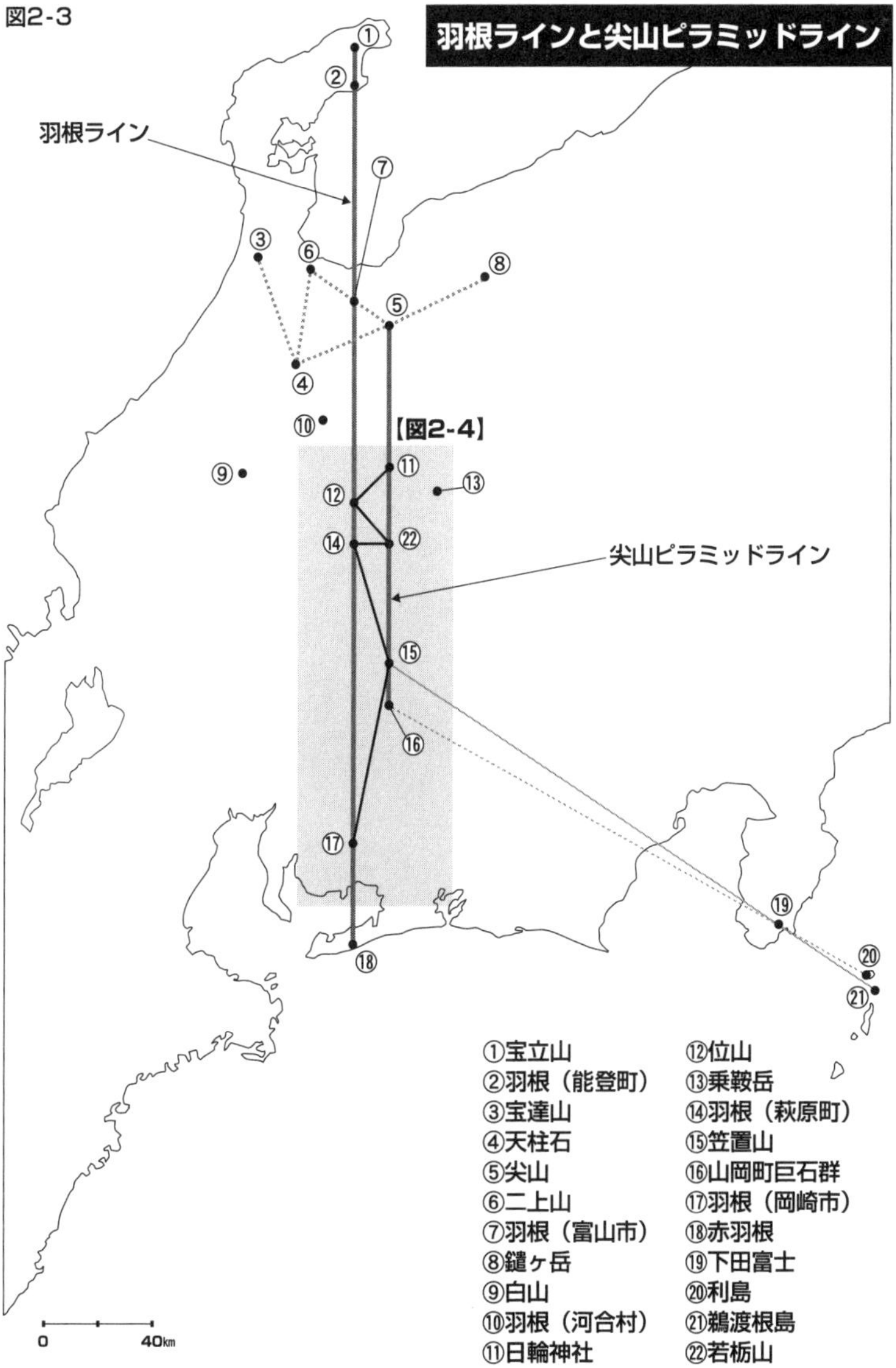
羽根ラインと尖山ピラミッドライン
羽根ライン
尖山ピラミッドライン
【図2-4】
①宝立山
②羽根（能登町）
③宝達山
④天柱石
⑤尖山
⑥二上山
⑦羽根（富山市）
⑧鑓ヶ岳
⑨白山
⑩羽根（河合村）
⑪日輪神社
⑫位山
⑬乗鞍岳
⑭羽根（萩原町）
⑮笠置山
⑯山岡町巨石群
⑰羽根（岡崎市）
⑱赤羽根
⑲下田富士
⑳利島
㉑鵜渡根島
㉒若栃山
0
40km

萩原町の羽根と笠置山の距離は約44・4キロ、笠置山と岡崎市の羽根の距離は約65・3キロとなり、位山と若栃山の距離(約22・2キロ)に対して、前者がぴったり2倍、後者が約3倍となっていたのである(図2-4)。ほかにも位山と若栃山を結んだ距離の整数倍となるケースが複数あった。

ここに何かの法則があることは明らかだ。おそらく位山以南の羽根ラインと尖山ピラミッドラインに関しては、位山と若栃山を結んだ線分を三角測量の基線としたに違いないのである。そうでなければ、このような整数倍の距離にはならないはずだ。それは、グラストンベリー・トールとバロー・マンプを結んだ距離を整数倍にして遺跡・構造物が配置された聖マイケルラインも同様である。

写真2-8 人工ピラミッド説もある岐阜県高山市の日輪神社とその山

図2-4

羽根ラインと尖山ピラミッドラインの関係

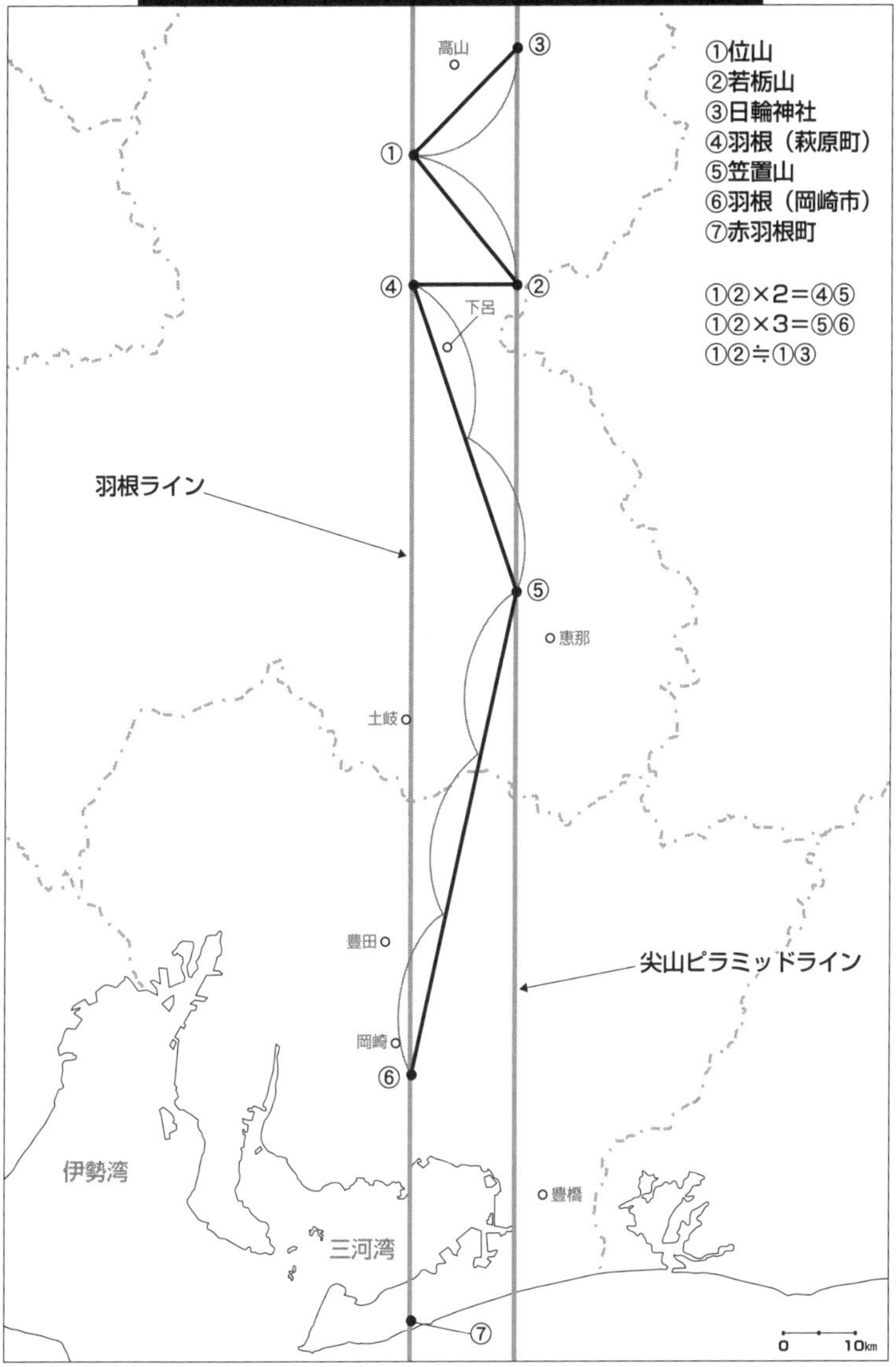

秘密裏に継承された測量技術

我々の知らない古代の歴史において、おそらく失われた文明の継承者である古代測量技術集団が「高み結びの法則」を用いて、少なくとも南北に二つのラインと正三角形などの幾何学図形を作ったのは間違いないように思われる。その測量方法は、おそらくその子孫や仲間にも引き継がれたであろう。その方法を知る彼らが、地名を残し、技術を相伝した。そして、羽根という地名が残るぐらいの長い期間において測量集団の血脈を絶やすことなく、継承し続けたのではないだろうか。

その技術は隠され、秘密裏に継承されたのかもしれない。だが彼らは同時に、測量に関する秘伝を決して絶やすことのないように、たとえ自分たちが何かの都合でその場所を去らなければならなくなったとしても、その場所の本当の意味を伝えるヒントや暗号を文章の形で書き残していたのではないだろうか。そのヒント（暗号）を読み解くことができるものが後世において現れれば、秘伝を復活させることができるからだ。その一部が、それこそ暗号解読コードのように竹内文書に隠された、と私はみている。

しかし、まだ謎は残る。日本においては、いったいいつの時代に彼らがやって来て、これらの「聖なる場所」を設計・測量したのかという問題と、これらの点と線によって浮かび上がる幾何学的な配置に込められた真の意味はいったい何なのかいう素朴な疑問だ。

「日本のいつの時代」という問いに対しては、時代がはっきりしている測量の痕跡も残されている。その明白な痕跡こそ、飛鳥京、藤原京、平城京、平安京といった日本の古都と、吉野宮、恭仁宮《くにのみや》、近江大津宮といった宮殿跡なのである。時代的に明白な痕跡を突破口にして、日本の古代測量技術の歴史の謎に迫ろう。

第3章

日本の古都と「高み結びの法則」

船岡山と甘南備山を結んだ平安京の中心線

ご存知のように平安京は、今から1221年前の794年、桓武天皇が長岡京から移って以来、1868年に首都が東京に移るまでの都だ。今の京都市の中心部である。碁盤目状に整然と区画されており、中央を南北に走る朱雀大路《すざくおおじ》（現在の千本《せんぼん》通り）や大極殿《だいごくでん》はその真北にある船岡山（標高112メートル）を基点として造られたのではないかとされている。

しかし、これは厳密に言うと正しくない。というのも、平安京自体が完全な南北線を形成していないからだ。時計の反対回りに22分55秒（1分は1度の60分の1であるから、約0・38度）ほどずれているのだ。ただし1000メートル真北に歩くと、7メートルほど西に寄ってしまうくらいの〝ずれ〟である。ほとんど南北線といっても構わない誤差であるため普通の人が気づくこともない。ところが、そうではないのだと主張した人もいた。

その人は、日本史に隠された多彩な「形」について追究、『ねじれた伊勢神宮』（祥伝社刊）などの著述がある京都大学名誉教授宮崎興二氏だ。四次元建築論で工学博士号を取っている。

宮崎氏は、朱雀大路の延長線上の南に、神仙界への入り口を暗示する朱火宮といわれる三角形の岩や山が必要だとする道教の考えに興味を持ち、実際に平安京の朱雀大路の南方にあり、朱火宮ではないかとされる京田辺市の甘南備山《かんなびやま》（標高221メートル）に登ってみた。頂上から京都市街を見晴らした宮崎氏の目に飛び込んできたのは、市街地の左右に鬼の角のようにそびえていた比叡山（標高848メートル）と愛宕山（標高924メートル）であったという。古来京都の二大守護神として崇められてきた信仰の山だ。そして、比叡山と愛宕山の間の垂直二等分線が甘南備山と船岡山を結んだ直線であり、朱雀大路の位置が決定したのであると確信した（写真3－1、写真3－2）。

素晴らしい洞察力である。平安京の22分55秒の傾きのずれは、甘南備山と船岡山を結

写真3-1　古来京都の二大守護神として崇められてきた北東の比叡山

写真3-2
北西の守護神とされる
愛宕山

んだ直線を基準にしたとすると、説明できてしまうのだ。船岡山と甘南備山は25・5キロ離れているが、南北線からは西に0・13キロほどずれている。厳密な計算ではないが、ほぼ22分55秒のずれに相当する。

宮崎氏の説をさらに確認したところ、甘南備山と船岡山を結んだ線上に朱雀大路を置いたというのは正しかったが、それは比叡山－愛宕山ラインに対する垂直二等分線ではなかった。垂直二等分線になるのは、甘南備山と、船岡山より3キロほど北北西にある船山（標高317メートル）を結んだラインであった。船山は「五山の送り火」（大文字焼き）で舟形の火を焚くことで知られる山だ。

いずれにしても宮崎氏の洞察通り、比叡山、愛宕山、船岡山、甘南備山は、平安京を造営するに当たって非常に重要な役割を演じたのは間違いな

写真3-3　京都・嵐山にある渡月橋の西にそびえる嵐山

い。このほかに、西の嵐山（標高382メートル）、東の大文字山（標高465メートル）、それに金閣寺の北側にある北区大北山の左大文字山（標高231メートル）も当然利用されたであろう。嵐山は渡月橋の西にそびえる山で、大文字山と左大文字山は、文字通り大文字焼きで有名な山だ（**写真3－3、写真3－5**）。いずれもその地域では非常に際立っている。

平安京は「高み結びの法則」で造られた

そこで私は「高み結びの法則」に従って、愛宕山と嵐山、大比叡（比叡山の最高峰）と大文字山を結んでみた。するとその二つの直線の交点Pは、なんと甘南備山と船岡山を結んだ直線上にあったのである。それだけではない。京都の西にある嵐山と東にある大文字山を結んだ直線の距離は、船岡山と平安京の南限である羅生門の距離のちょうど2倍となっていたのだ（**図3－1**と89ページの**表1**参照）。

つまり、次のことが言える。まず愛宕山と嵐山、大比叡と大文字山をそれぞれ結び、その交点Pと甘南備山を結んだ直線で、かつ船岡山を通る直線を平安京の主軸（朱雀大路）と決めた。次に船岡山から、その主軸に沿って、嵐山－大文字山基線の2分の1の距離となる場所に平安京の南門である羅生門を設置した。

これで、平安京の主軸と縦の長さ（羅生門までの南限）が決まった。次は横幅をどの規模に

図3-1

平安京と測量山の関係

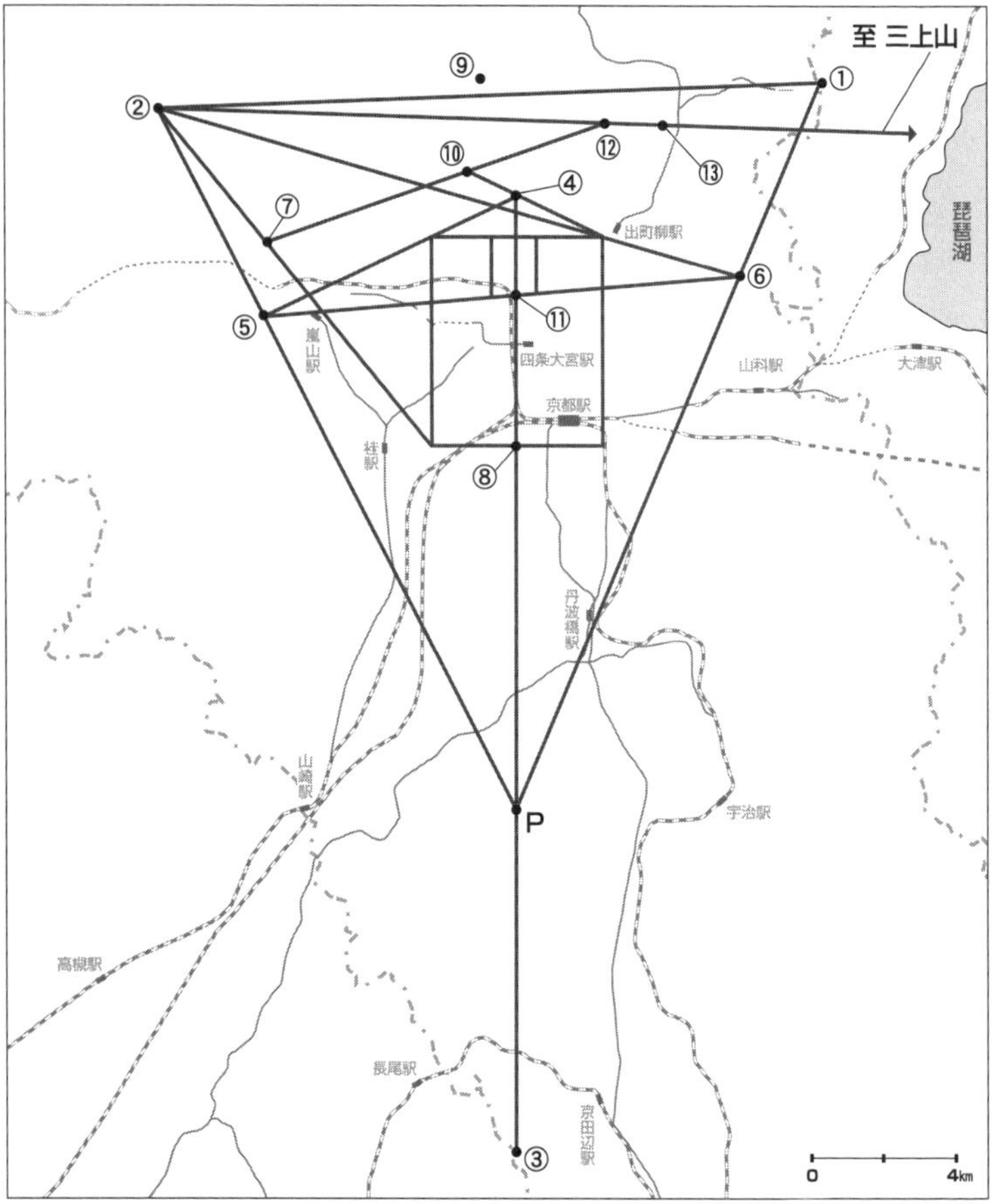

①大比叡	④船岡山	⑦曼荼羅山	⑩左大文字山	⑬東山
②愛宕山	⑤嵐山	⑧羅生門	⑪朱雀門	
③甘南備山	⑥大文字山	⑨船山	⑫西山	

天智天皇陵と嵐山を結んだ直線は、愛宕山と後宇多天皇陵を結んだ直線と平安京の中心（四条大路と朱雀大路が交差する点）で交わる。

するかである。ただし、この横幅を決める方法は何通りも存在する。そのいくつかを挙げておこう。

■愛宕山、大文字山、左大文字山、船岡山を使った方法

［1］愛宕山と大文字山を直線で結ぶ。この直線は比叡山（四明岳）と甘南備山を結んだ直線と直交する。この時できる直角三角形を測量に使う。

［2］左大文字山と船岡山を直線で結び、愛宕山－大文字山ラインと交わった場所を平安京の北東角とする。主軸と南限が決まっているので、一つの角が確定すれば平安京の大きさも決まる。

■愛宕山－嵐山ラインと大文字山、船岡山を使った方法

［1］愛宕山－嵐山ラインに対して直角に交わる直線Lを船岡山から引く。この時できる直角三角形を測量に使う。

［2］直線L上と、左大文字山－船岡山ライン上で、船岡山からの距離が嵐山－大文字山基線の5分の1、あるいは船岡山－甘南備山基線の10分の1となる場所にそれぞれ平安京の北西角と北東角を設ける。南限が決まっているので、四隅も決まる。

■愛宕山 - 比叡山基線、嵐山 - 大文字山基線などを使う方法

［1］愛宕山－比叡山基線の4分の1となる幅、もしくは嵐山－大文字山基線の3分の1となる幅を平安京の横幅に決める。

［2］縦の長さは、愛宕山－大文字山基線、もしくは嵐山－比叡山基線の3分の1に定める。すると北限も決まり平安京の大きさが決定する。

それぞれの山や平安京の配置は下の**図3-2**と次ページの**表1**を見てほしい。どの直線がどのような直線とどのように交わっているかを印した。垂直二等分線や垂線が網の目のように引かれていることがわかるはずだ。実際、図の通りに直線を引けば、平安京は何度でも作図したり再現したりできるのである。

これで船岡山－甘南備山を主軸とする平安京が定まった。平安京内の大内《だいだい》

【図3-2】

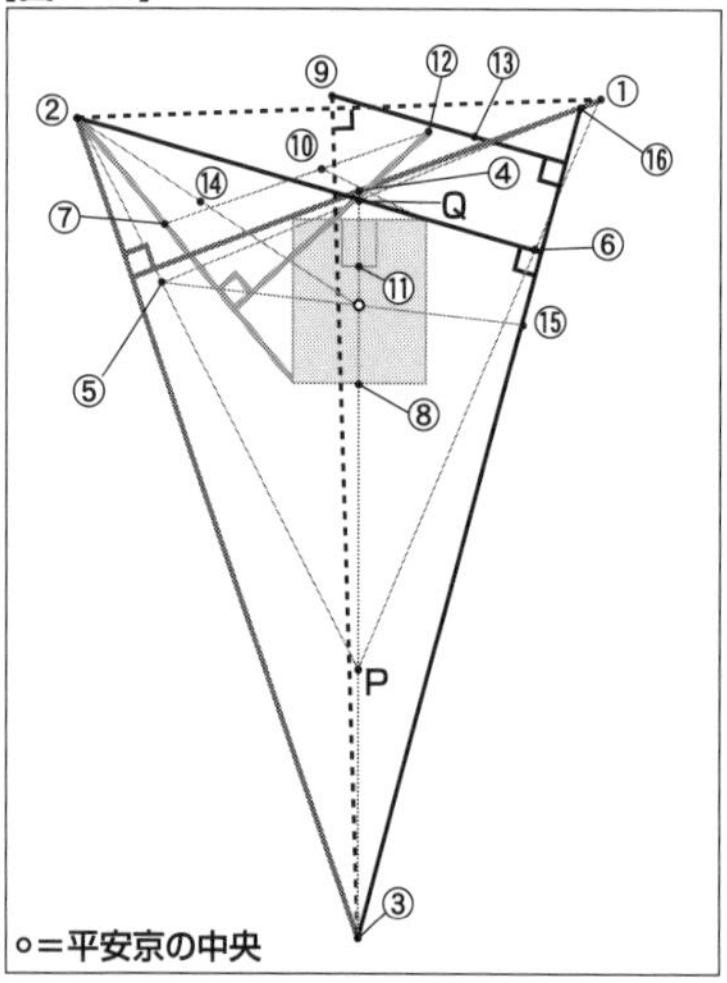

①大比叡　②愛宕山　③甘南備山　④船岡山　⑤嵐山　⑥大文字山　⑦曼荼羅山　⑧羅生門　⑨船山　⑩左大文字山　⑪朱雀門　⑫西山　⑬東山　⑭後宇多天皇陵　⑮天智天皇陵　⑯四明岳

裏《り》は、嵐山と大文字山を結んだラインに基づいて設定された可能性が強い。というのも、大内裏の南限のラインは、角度こそややずれるものの、まさに嵐山と大文字山を結んだラインとほぼ一致するからである（図3－1の直線⑤⑥）。

［表1］平安京と測量山の関係（距離）

（平安京＝東西4・5～4・6キロ、南北5・2～5・3キロ）

愛宕山－甘南備山	29・6キロ	（愛宕山－船岡山の約3倍）
愛宕山－大比叡	18・3キロ	（平安京「東西」の4倍）
愛宕山－大文字山	16・8キロ	（平安京「南北」の約3倍）
愛宕山－船岡山	10・1キロ	（大比叡－甘南備山の約3分の1）
大比叡－甘南備山	29・7キロ	（愛宕山－船岡山の約3倍）
大比叡－嵐山	16・5キロ	（平安京「南北」の約3倍）
大比叡－船岡山	9・0キロ	（平安京「東西」の2倍）
四明岳－大文字山	5・3キロ	（平安京「南北」と等しい）

大比叡－東山　　4・5キロ（平安京「東西」と等しい）

船岡山－甘南備山　　25・5キロ（平安京「南北」の約5倍）
船岡山－羅生門　　6・6キロ（嵐山－大文字山の2分の1）
船岡山－東山　　4・5キロ（平安京「東西」と等しい）

船山－大文字山　　9・0キロ（平安京「東西」の2倍）
船山－愛宕山　　9・0キロ（平安京「東西」の2倍）
船山－大比叡　　9・3キロ（平安京「東西」の2倍）
船山－四明岳　　8・9キロ（平安京「東西」の2倍）
船山－嵐山　　8・8キロ（愛宕山－四明岳の約2分の1）

大文字山－嵐山　　13・3キロ（船岡山－羅生門の2倍、平安京「東西」の約3倍）
大文字山－東山　　4・5キロ（平安京「東西」と等しい）

船岡山は人工ピラミッド・測量山だった

平安京は間違いなく、「高み結びの法則」によって造営されている。その中でも面白いのは、平安京の主軸を決めた船岡山の存在である。というのも、平安京周辺にある地域の最高峰や目立つ山を結んだ時に気が付くのは、自然の山を結んだだけのはずなのに船岡山と他の測量山を結んだ距離が非常に規則的だからだ。どういうことか説明しよう。

船岡山と羅生門を結んだ距離が嵐山と大文字山基線の2分の1であることは既に述べた。これは羅生門の位置を決めるために船岡山を使ったと推定されるため、そう不思議ではない。ところが、である。前ページの表1に記したように、船岡山と東山を結んだ距離は平安京の東西の距離と等しく、船岡山と大比叡を結んだ距離は平安京「東西」の距離の2倍となっている。また、船岡山と甘南備山を結んだ距離は平安京「南北」の距離の約5倍である。あまりにもよく出来過ぎているのだ。

さらに驚くべきことは、86ページの図（図3－1）で「P」として示してあるように、大比叡と大文字山を結んだ直線と愛宕山と嵐山を結んだ直線の交点Pは、船岡山と甘南備山を結んだ平安京の基軸線上にあることだ。これはいくらなんでも「出来過ぎ」である。ということは、もしかすると船岡山は、甘南備山と交点Pを結んだ直線上に意図的に造られた山であるかもしれないわけだ。

船岡山は標高112メートルほどの低い山だ。山の麓の標高が50～60メートルとみられることから、山自体の平地からの高さは60メートルほどとなる。その程度の高さの山なら人工的にも造れるはずだ。なにしろ既に5000年前には、高さ40メートルほどの円錐形の綺麗な丘シルベリー・ヒルをイギリスにいた古代人は造っているのだから、どんな形であれ、人工的な山は十分に造れる。加工丘であるならなおさらだ。文字通り船の形になるように自然の山（丘）を加工したのかもしれない。

興味深いのは、頂上付近にある磐座《いわくら》である。まるで削ったように三角錐のピラミッド型にした岩も見受けられるのだ（**写真3－4**）。少なくとも、船岡山は測量山としてなくてはならない山であったことは間違いない。船岡山と嵐山を結んだ直線

写真3-4　船岡山頂上付近にある磐座。三角錐のような岩も見られる

と船山と左大文字山を結んだ直線の交点と、左大文字山、船岡山の3点を結ぶとほぼ正三角形になるのも偶然とは考えづらい（94ページの図3－3のアミ掛け部分）。船岡山は意図的に測量のために配置された人工丘ピラミッドの可能性すらあるのだ。平安時代の女流作家清少納言が『枕草子』で「岡は船岡」と称えただけのことはある。

シルベリー・ヒルやマーリンの丘の時もそうだったが、船岡山が人工的な測量山だとすれば、その高さにも意味があるはずである。112メートルからの地平線への視達距離は約40キロ。見晴らしさえよければ、約25キロ先の甘南備山は言うまでもなく、約39キロ先の生駒山や約38キロ先の平城京跡まで見える計算だ。逆に言うと、途中に山が無ければ平城京までがちょうど見渡すことができる高さに丘を建造・加工したのかもしれないのである。

ほかにもうまく出来過ぎているラインはいくつもある。たとえば、愛宕山と大文字山を結んだ直線は、比叡山（四明岳）と甘南備山を結んだ直線と直角で交わる。左大文字山と大文字山を結んだ直線は、大比叡と大文字山を結んだ直線と直交する。大比叡と嵐山を結んだ直線と愛宕山と大文字山を結んだ直線の交点も、船岡山と甘南備山を結んだ直線上にある（図3－4の点Q）。そもそも甘南備山と船山を結んだラインが、比叡山と愛宕山の垂直二等分線になること自体、不自然である。

実際船山はほかにも、愛宕山と比叡山から等距離にあるだけでなく、大文字山からも等距離にある。すなわち船山、比叡山、大文字山、愛宕山を結ぶと、船山を頂点とする二等辺三角形

【図3-3】

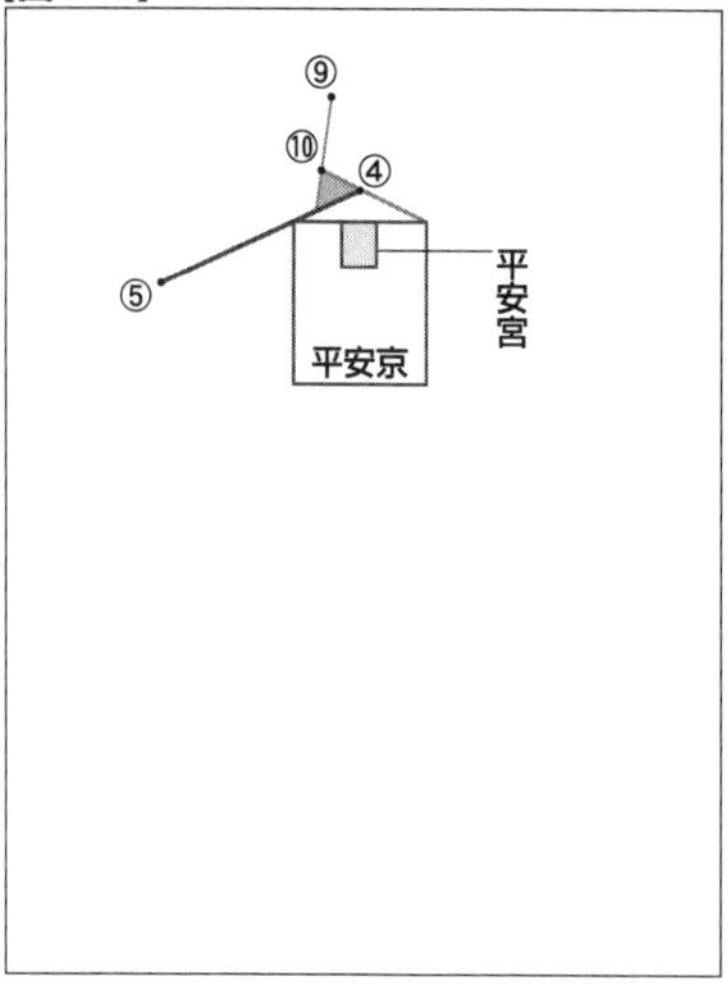

【図3-9】

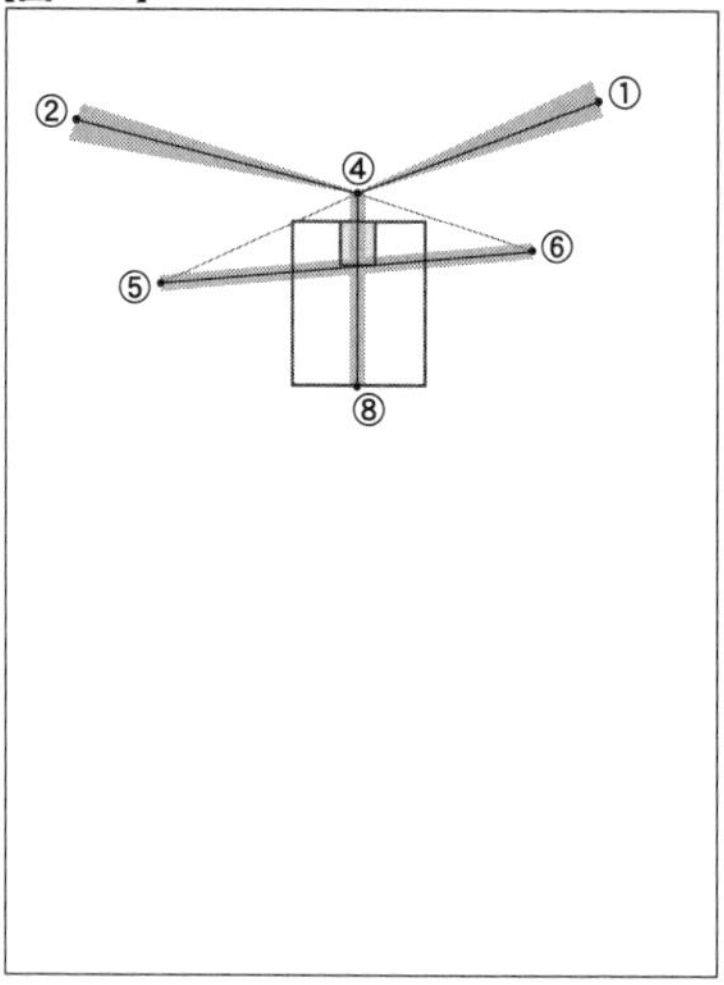

【図3-11】

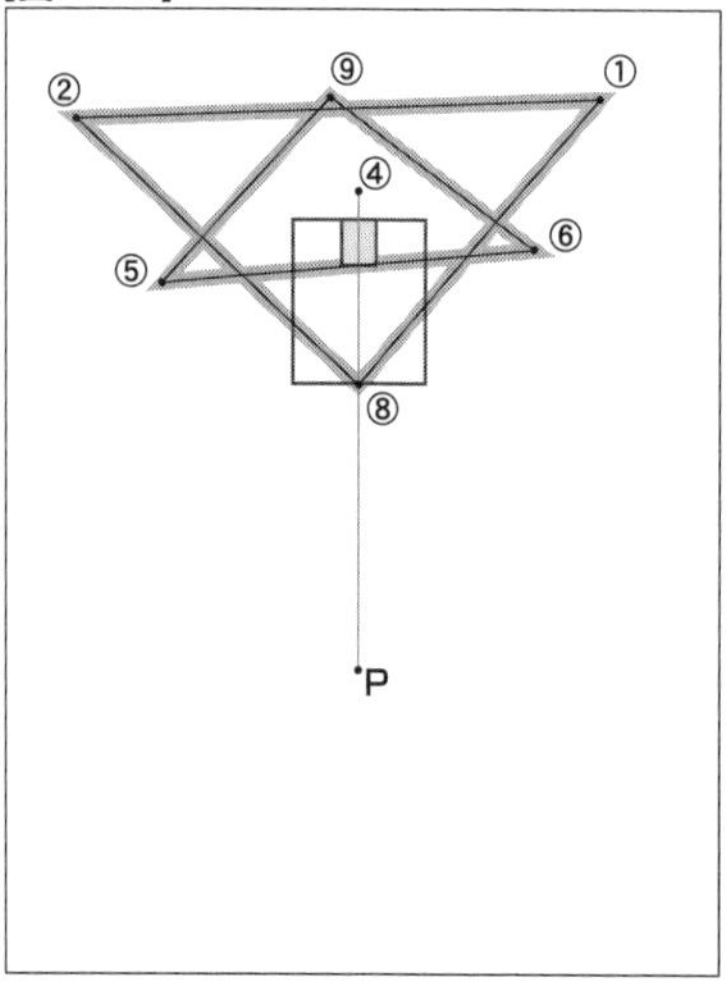

【図3-10】

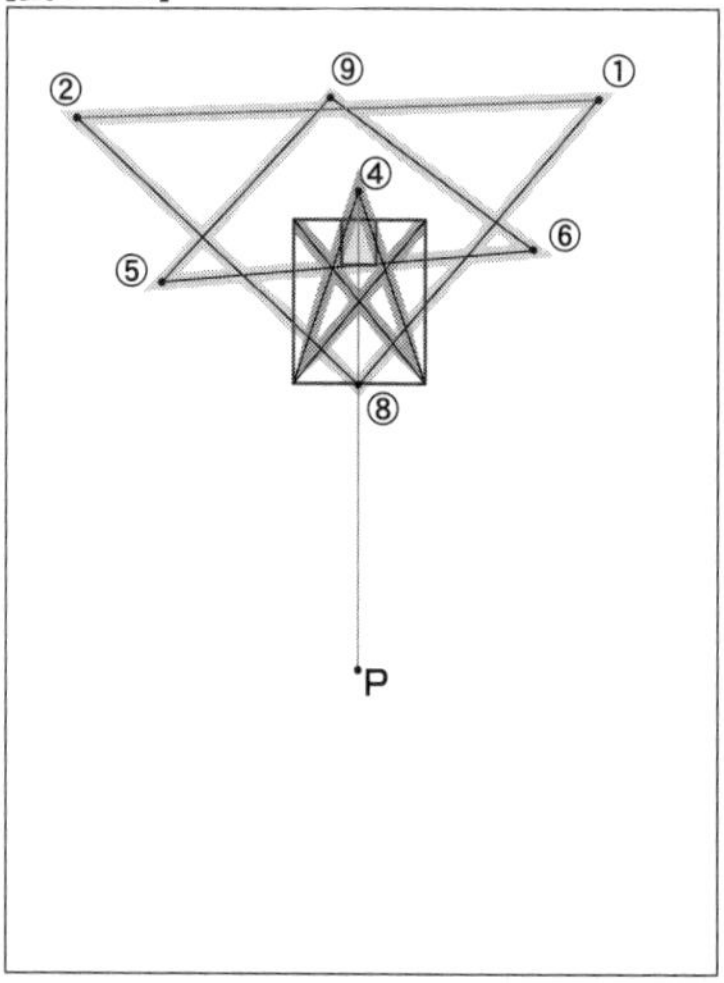

①大比叡　③甘南備山　⑤嵐山　⑦曼荼羅山　⑨船山
②愛宕山　④船岡山　⑥大文字山　⑧羅生門　⑩左大文字山

【図3-5】

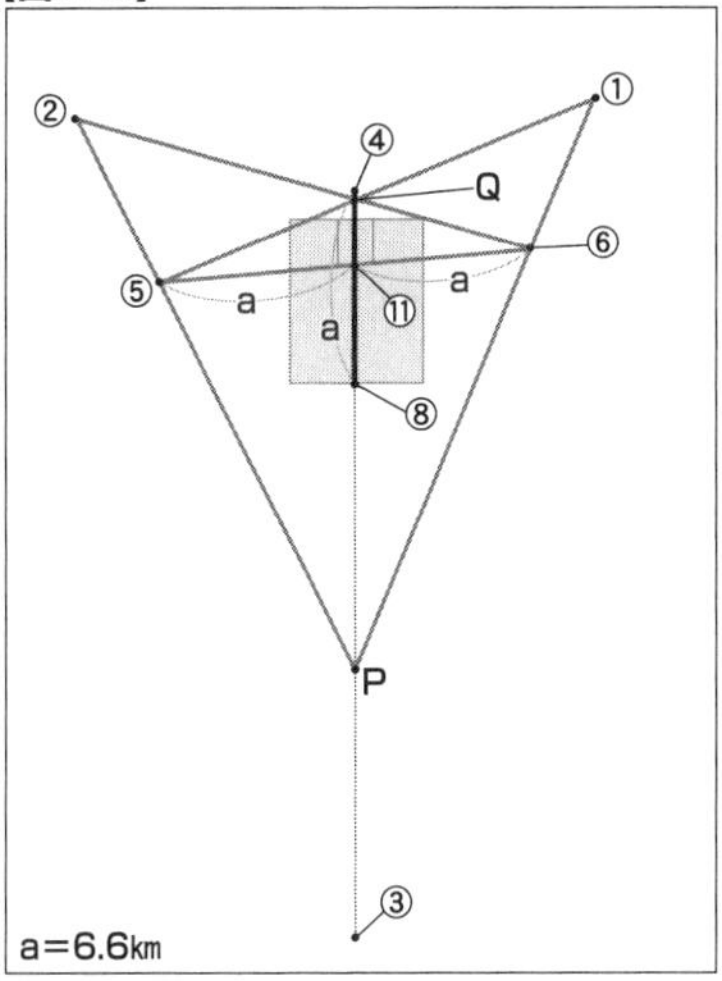

【図3-4】

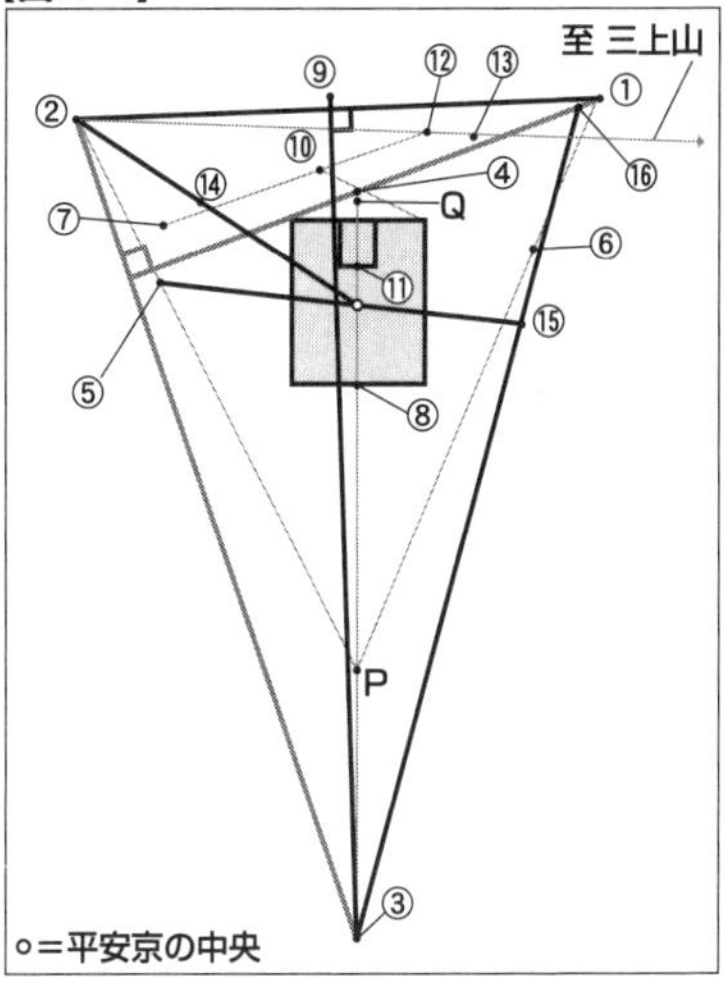

【図3-7】

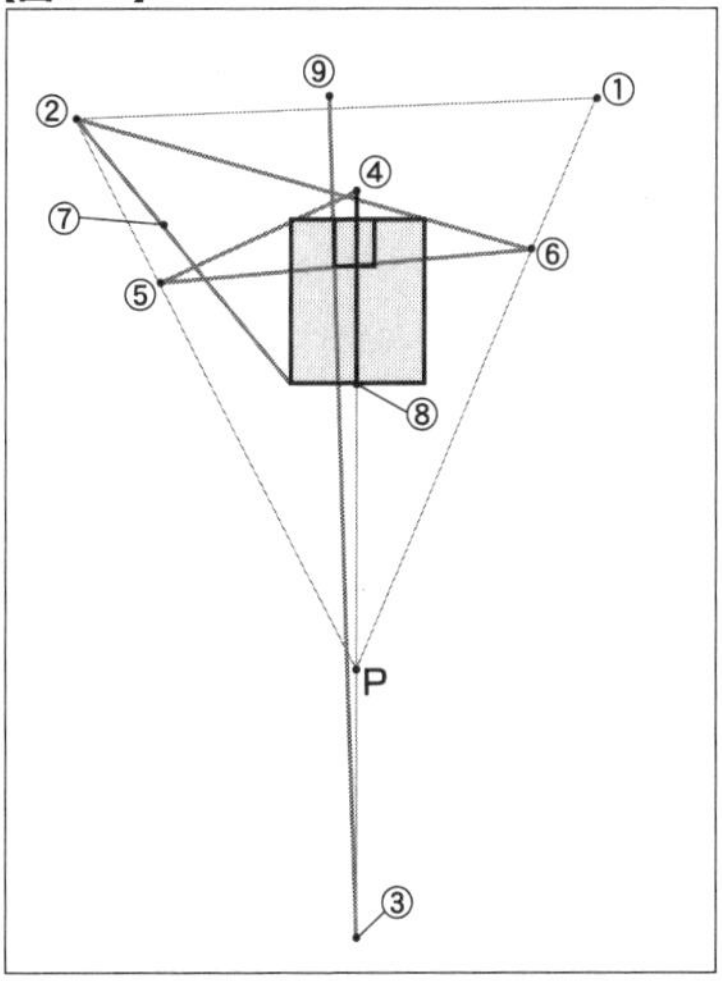

【図3-6】

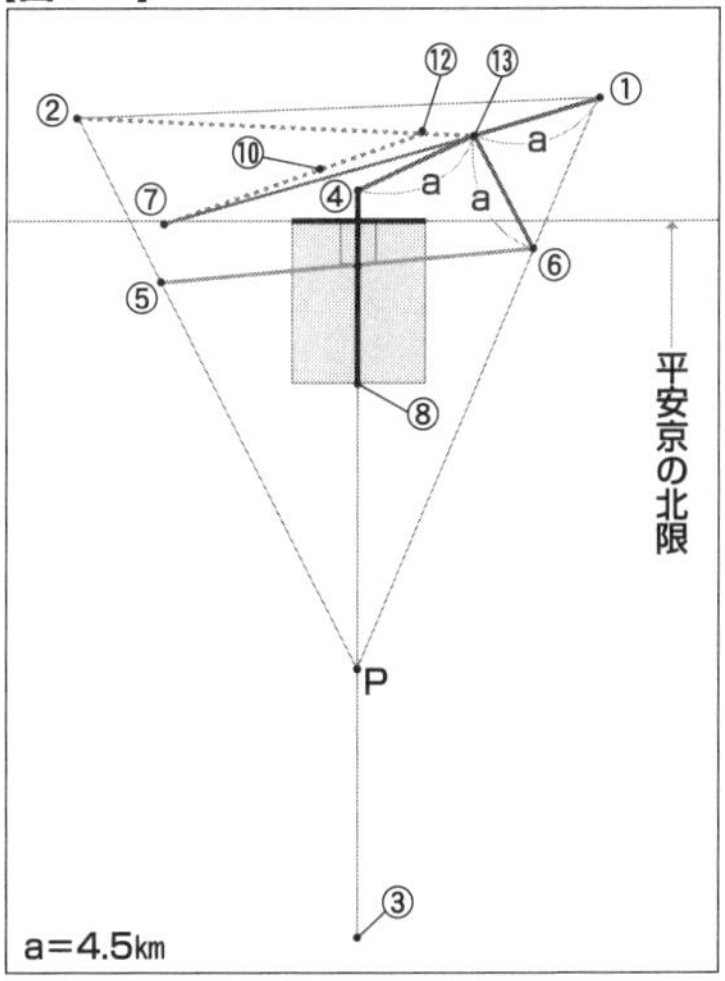

①大比叡　④船岡山　⑦曼荼羅山　⑩左大文字山　⑬東山
②愛宕山　⑤嵐山　⑧羅生門　⑪朱雀門　⑭後宇多天皇陵
③甘南備山　⑥大文字山　⑨船山　⑫西山　⑮天智天皇陵

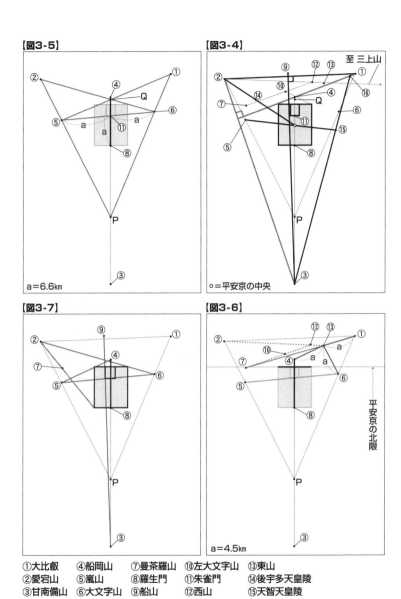

が三つできるのである。

比叡山や愛宕山が加工された山だとは思わないが、仮にそれほど標高の高くない左大文字山や船山が人工、もしくは加工された山であるのならば、そうした不自然さは解消する。平安京の周辺には、何らかの意図を持って加工された山が配置された可能性が高いのである。

「大文字送り火」の五山も測量山

既に勘のいい方は気づかれたのではないかと思うが、この人工的に建造あるいは加工された可能性のある測量山には、ある種の共通点がある。それは大文字焼き（五山送り火）に使われる五山のうち三山が含まれていることだ。何か意味があるに違いない。そこには何か隠された秘密があるはずだ、と。

結論から言うと、まさに推測通りである。実は大文字送り火の五山（東山と西山を二山として数えると六山）はすべて平安京を建造するに当たって測量山として利用されていたのだ。その論証をする前に、大文字焼きについて簡単に説明しておこう。

五山送り火は、毎年8月16日に京都市左京区にある大文字山、同区松ヶ崎の西山及び東山、北区西賀茂の船山、北区大北山の左大文字山、そして右京区嵯峨《さが》鳥居本《とりいもと》の曼荼羅《まんだら》山の五山で行われるかがり火のことだ。京の夏の夜空を焦がす京都の名物行事・伝統行事として、葵祭・祇園祭・時代祭とともに京都四大行事の一つに数えられている。

「大」「妙」「法」など山に描かれた字跡に点火して炎を燃え上がらせることにより、お精霊さんと呼ばれる死者の霊をあの世へ送り届けるのだとされている。しかし、その起源については公式な記録が存在するわけでなく、始まりは平安時代とも江戸時代とも言われている（写真3－5）。

ではその五山がどうして測量山であることがわかるのか、説明しよう。比叡山と愛宕山の垂直二等分線となる船山に関しては、議論をする必要もない。大文字山も、嵐山からの距離が船岡山と羅生門の2倍になっていることや、船山からの距離が、船山－愛宕山、船山－比叡山の距離と等しくなることから、「高み結びの法則」を使った測量に使われた山であることは明白だ。

左大文字山も、大文字山と結んだ直線が大比叡

写真3-5　五山送り火で知られる左大文字山。「大」の字跡が斜面に見える

山と大文字山を結んだ直線と直交することや、船岡山と結んだ直線が平安京の北東端を通ることを勘案すると、間違いなく測量山である。

それでは残りの三山はどうか。まず曼荼羅山は比叡山(大比叡と四明岳)と東山を結んだ直線上にある。その東山は愛宕山と西山を結んだ直線上に位置する。これだけでも十分測量山と言えるのだが、それだけではない。東山は大比叡からも大文字山からも船岡山からも等距離にあり、その距離4・5キロは平安京「東西」の距離と一致するのだ。加えて、船山と西山を結んだ直線は四明岳と大文字山を結んだ線分の垂直二等分線となり、船山と東山を結んだ直線は大比叡と甘南備山を結んだ直線と垂直で交わるのである(図3-2と図3-6参照)。

平安京・平安宮はこうして築かれた

このことから、次のことがわかる。95ページの4枚の図(図3-4、図3-5、図3-6、図3-7)を見ながら確認してもらいたい。

[1] 曼荼羅山を平安京及び平安宮(大内裏)のほぼ北限と定め、船岡山と甘南備山を結んだ直線を平安京の南北軸とした。

[2] その南北軸と、嵐山と大文字山を結んだ直線の交点付近に平安宮・朱雀門を置いた(図

3－4、図3－5参照)。

［3］同じ南北軸上で、船岡山からの距離が嵐山と大文字山を結んだ直線の距離の2分の1になる地点に平安京・羅城門を置いた（図3－5)。

［4］大比叡、大文字、船岡山から等距離になる地点にある東山を測量山として置いた。

［5］その東山と比叡山を結んだ直線上に曼荼羅山を置き、その曼荼羅山と左大文字山を結んだ直線と、東山と愛宕山を結んだ直線の交点に西山を置いた（図3－6)。

［6］愛宕山と曼荼羅山を結んだ直線上で、平安京の「東西」の幅が東山－大比叡（大文字、船岡山）の距離と同じになる地点を平安京の南西角と定めた。または愛宕山と大文字山を結んだ直線上で、平安京の「東西」の幅が東山－大比叡（大文字、船岡山）の距離と同じになる地点を平安京の北東角と定めた。あるいは、船岡山と嵐山を結んだ直線上で、平安京の「東西」の幅が東山－大比叡（大文字、船岡山）の距離と同じになる地点を平安京の北西角と定めた(図3－7)。

［7］船山と甘南備山を結んだ直線と、嵐山と大文字山を結んだ直線の交点付近を平安宮の南西端と定めた。または、船山と船岡山を結んだ直線と、嵐山と大文字山を結んだ直線の交点付近を平安宮の南東端と定めた。


五山は疑いなく、意図的に配置された、あるいは利用された測量山であったのである。この五山と比叡山、愛宕山などの周辺の目立つ山々を直線で結ぶ完璧な測量によって、平安京及び平安宮が築かれているのだ。

大文字の「大」の字に隠された秘密

平安京建造に伴う測量の秘密が判明した後、地図を見ながらボーっとしていると、大文字焼きの「大」の文字に隠された意味を調べよ、という閃きが降って湧いた。その瞬間、目の前に広げていた地図に「大」の字が浮かび上がったのである。つまり「高み結びの法則」を使って結んだ山と山の直線が見事な「大」の字を描いていたのだ。

その「大」の字はたくさんある。

まず、比叡山、愛宕山を結び、それを横線とし、船山から縦の線を下ろす。縦の線は左大文字山付近で左右に分かれ、左は嵐山、右は大文字山へと伸びていくのである。これが一つだ。比叡山と愛宕山の替わりに東山・西山と曼荼羅山を使うこともできる。船山から下ろした線は、曼荼羅山と東山・西山を結んだ横線と左大文字山の南麓で交差、そのまま嵐山と大文字山へと分かれる。すなわち五山すべてを用いて「大」の字を描くこともできるのだ（図3－8）。

平安京の基点となった船岡山を頂点として平安京の四隅を結べば、そこにも「大」の字が浮かび上がる。また船岡山を頂点として平安京の北限ラインと嵐山、大文字山を使っても「大」

図3-8

浮かび上がる「大」の字

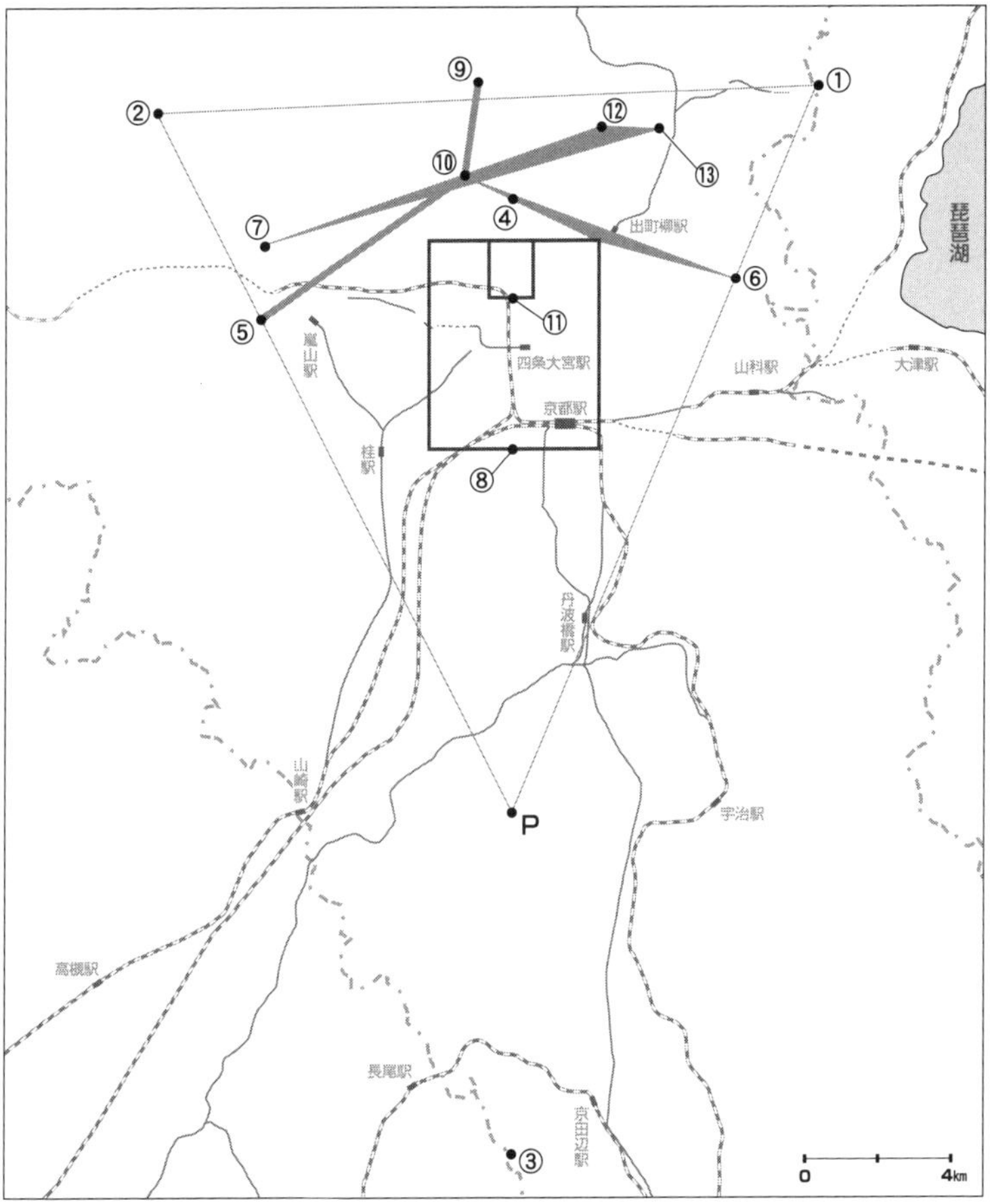

①大比叡　④船岡山　⑦曼荼羅山　⑩左大文字山　⑬東山
②愛宕山　⑤嵐山　⑧羅生門　⑪朱雀門
③甘南備山　⑥大文字山　⑨船山　⑫西山

送り火の五山と嵐山を結ぶと「大」の字ができる。

である。

次に地図を逆さまにして見てみよう。もちろんこの時に頂点として使うのが、甘南備山である。甘南備山、嵐山、大文字山、比叡山、愛宕山の五山を使えば「大」となるし、甘南備山の替わりに羅生門を使えば、綺麗な「大」の字が出来上がるのである。どちらも平安京の中央付近、より正確に言うと大内裏の中央南限辺りで「大」の字の横線と交差、左右に分かれたラインはそれぞれ平安京の北東と北西の角を通るようにして比叡山と愛宕山にいたるのである（94ページの図3－9参照）。

では、大文字焼きの「大」は、本当に高み結びの法則による測量をしたことを示すシンボルなのだろうか。私の考えでは、その答えはイエスだ。いくつかの根拠がある。

第一に、長年続けられてきた五山送り火だが、なぜ「大」や舟形、鳥居の形に焼かれるのか、だれもその理由や由来を知らないということが挙げられる。記録に残っていないのだ。ということは、秘されたシンボルである可能性が強いということになる。既に説明したように、平安京は特殊な技術を持つ、あるいは「高み結びの法則」を密かに知る測量技術集団によって、比叡山、愛宕山、嵐山、大文字山、それに北の基準となる船山および船岡山の五山を結んで建造されているのである。その特殊な技術を「大」に隠した可能性は高い。「大」が五山を結んだシンボルであることは十分にありうるのだ。

第二に火を焚くことである。実は測量で遠方の山を確認するとき、その山頂で火を焚くのが一番手っ取り早いのだ。しかも夜間のほうがいい。昼間は日中の気温で霞がかかったり光がまぶしかったり乱反射したりしてしまうので見づらくとも、温度が下がる夜間なら火を使って正確に遠方の場所を観測・測量することができるからである。日中は視認することが難しい30キロほど離れた船岡山も、夜間に火を焚くことにより甘南備山からでも容易に目視することができるようになる。そうした測量方法が行事として残された可能性もあるのだ。

第三に、「大」以外に使われているシンボルの意味である。舟形が使われるのは、一般には船の形をした山だからだということになっている。それはその通りなのだろうが、それは同時に、平安京の北の測量には、船山と船岡山という二つの舟形の山を使ったのだというメッセージにもなりうるのだ（写真3-6）。

写真3-6　船山では舟形の字跡に火が焚かれる

船はまた航海のシンボルである。航海に必要なのは、言うまでもなく、天体の観測と距離、角度、方位の測量である。東山が3点から等距離にあるのも、航海測量術の賜物であろう。つまり、平安京を建造した技術者は、航海技術にも長けた者たちであったことを示唆していることになる。

鳥居の形も意味深長である。笠木（鳥居の上に渡す横木）はまさに地形的には比叡山と愛宕山を結んだ横線だ。当然、笠木の下に渡す貫《ぬき》（柱と柱とを横に貫いて連ねる材）は、嵐山と大文字山を結んだ横線となる。鳥居の2本の柱は、平安京の東限の南北ラインと西限の南北ラインとなる。山と山を結んだ基線を象徴する2本の横木と2本の柱によって、つまり鳥居の寸法によって平安京の縦横の長さと中心が決まるわけだ。鳥居の形もまた、「高み結びの法則」を隠したシンボルになるのである。

わかりづらいのは、「妙」と「法」だ。強引に解釈すれば、平安京が何らかの法則によって築かれているので「法」であり、しかも甚だ巧みで美しく築かれているので「妙」なのかとも思う。仮にこの解釈が正しければ、「高み結びの法則」の妙技によって築かれた平安京という意味になる。

これらの文字や形の意味をつなぎ合わせると、平安京は航海技術を持つ高度な技術集団によって、船岡山と船山を北の測量山として比叡山、愛宕山、嵐山、大文字山などの山を結んだ「高み結び」という測量法の妙技によって縦横の長さや中心が決定され建造された、と読めるのである。まさに平安京の秘された建造方法を明らかにする秘密の文字・記号が五山送り火に隠されていたわけだ。

陰陽師に引き継がれた古代測量集団の「血脈」

それでは、平安京建造に携わったとみられる、航海技術にも長けた測量集団とは誰のことなのか。実はそのヒントも「大」の字の中にある。これも勘のいい方ならすぐにわかると思うが、5点を結んだ「大」は、別の形で5点を結んだ五芒星に意味が等しいのだ。少なくとも、シンボル的に同じ意味が含まれていることは疑う余地はない。

五芒星といえば、平安時代の陰陽師安倍晴明である。五行説（万物は木・火・土・金・水の5種類の元素からなるという説）の象徴として五芒星の紋を用いた。安倍晴明判紋とも呼ばれ、陰陽道では魔除けの呪符としても使われている。ということは、「大」の字は平安京建造には陰陽師がかかわっていることを強烈に暗示しているわけだ。

もし平安京が陰陽師によって建造されたのならば、「大」の字、すなわち五芒星の意味は非常に大きくなる。五芒星は魔除けの呪符になるからである。五芒星が平安京を守る、ある種の結界となりうるのだ。

五芒星という呪符の観点から平安京を見ると、実によくできている。たとえば平安京の四隅と船岡山を結んだ五芒星では、中心が平安京北端中央に位置する大内裏（宮城）に来る。まさに宮城を守るために、わざわざ船岡山を五芒星の頂点に据えたように思える。地図を逆さまにして、羅生門、嵐山、大文字山、比叡山、愛宕山の5点で五芒星を作っても、やはり中心は宮城に来る。

上下逆にしても五芒星が描けるということは、同じく呪術の目的で使われるとされている六芒星が描けるということでもある。羅城門、比叡山、愛宕山が描く三角形と、船山、嵐山、大文字山が描く三角形を組み合わせると六芒星となり、二つの三角形に囲まれた領域には、宮城と船岡山がすっぽりと入るのだ（94ページの図3－10）。

ほかにも陰陽師は、いくつかの仕掛けをしているように思われる。その一つが天皇陵を設置した場所である。たとえば天智天皇陵は、嵐山と結んだ直線がちょうど平安京の中心（図形上の中心で、具体的には四条大路と朱雀大路が交差する場所）を通るようになっている。愛宕山と後宇多天皇陵を結んだ直線を延ばしていくと、やはり平安京の中心を通る。つまり天智天皇陵と嵐山を結んだ直線とちょうど平安京の中心で交差するように造ってあるのだ（95ページの図3－4参照）。

こうした仕掛けには、竹内文書に隠された古代測量集団と同じ血筋が流れているように思えてならない。思い出してほしい。富山、石川、岐阜、長野にかけての大地には、竹内文書の「聖なる場所」を結ぶと、逆向きの形で巨大な正三角形が重なるように浮かび上がって来たのである。

自然にある山と山を結び基線とし、さらに人工丘、加工丘、神殿、御陵などを幾何学的に配置する。5000年前にストーンヘンジや聖ミカエルラインを築いた古代測量集団にも通じるものがある。同時にそれは、いつの時代かは明確ではないが、位山・羽根ライン、立石や加工山を使った正三角形の幾何学的配置を含む尖山ピラミッドライン、それに後で触れるが、伊豆下田ピラミッドラインを作った測量技術集団にもつながるものだ。

測量集団のシンボルとしての「船」

平安京を建造した測量集団の技法と、羽根ラインを作った測量集団の技法に密接な共通点があることにも改めて指摘しておきたい。測量的に非常に重要な意味を持つ北や北東にある山を船のシンボルで描いているからだ。

竹内文書の問題部分をここでもう一度、詳しく見てよう。原文は次のようになっている。

「天皇天空浮舟乗祖来ケ峯ヒ羽根飛登行所ヲ羽根ト名付ル祖来ケ峯ヲ後ニ改鏜ケ岳云フ」

(天皇が天空浮舟に乗って、祖来ケ峯に羽根飛び登り行く所を羽根と名付ける。祖来ケ峯は後に改められ、鏜ケ岳と呼ばれるようになった)

既に説明したように、ここでのポイントは、羽根ライン、尖山ピラミッドラインの測量には、天柱石と尖山を結んだ延長線上の北東にそびえる白馬鑓ケ岳が使われ、そこに「舟」や「船」のイメージが伴っているということだ。平安京の北にそびえる測量山である船山と船岡山も名前からだけでなく山の形からも「船」である。言い換えれば「船」は、古代測量集団に共通する紋章のようなものではないかとすら思えてくる。

既に述べたように、天柱石の頂上付近には、新しく作られたものではない、神代文字と思われる象形文字がいくつか岩肌に深く彫られている。その文字の一つが船のような形をしていたのである（65ページの**写真2-4**）。船が古代測量集団の紋章のようなものであるとするならば、天柱石にもその紋章が刻み込まれていたことになる。同時にそれは、船に乗って渡ってきた測量技術集団であったことを連想させるシンボルでもある。

「羽根飛登行所」の「飛」からは、光を飛ばすというイメージも浮かぶ。羽根と名付けられた場所を含む、それぞれの観測地点付近で夜間かがり火を焚きながら、位山や宝立山、宝達山、二上山、尖山、白馬鑓ケ岳といった山を使って方角や距離、角度を測量したのかもしれない。それはまさに白馬鑓ケ岳などの測量山へ光を飛ばす作業であったとも考えられる。

そう考えると、「五山送り火」に平安京建造の秘密が隠されていたように、竹内文書には、位山・羽根ラインや尖山ピラミッドライン作成の秘密が隠されていたのではないかと思われるのだ。

羽根ラインがいつの時代に作られたかの議論は後でするとして、京都以外の各地に残されている大文字焼きも、その地方で「高み結びの法則」が使われていることを示す証拠になりうるのである。それだけではない、竹内文書や「宮下文書」といった古史古伝が示唆する大和政権誕生以前に存在した日本古代の王朝も、高み結びの法則を使って遺跡の配置を検証すれば、その存在が浮き彫りにできるかもしれない。

地元でひときわ目立つピラミッド型の山や、その地域の最高峰の山などを直線で結び、古くから存在する聖地や古墳、神殿跡などの配置が幾何学模様を描いていないか、調べるのである。もしそこに、意味のある紋様なり図形が浮かび上がったら、そこに古代測量集団が都を造ったことはまず間違いないと言えるのではないだろうか。

平安京造営に関与した謎の渡来系集団

平安京を造営した測量集団と、羽根ラインを作った測量技術集団の間に共通点があるからには、平安京造営に密接に関係したとみられる人物から過去にさかのぼってたどっていけば、日本にいつごろから測量集団が存在し、どのような経路でその測量技術が伝達されたのか、わかるかもしれない。

まず、現在考えられている平安京造営に関係したとみられる人物の素性から探っていこう。平安京遷都を決めたのは、もちろん桓武天皇である。桓武天皇の母は百済系渡来人の高野新笠《たかののにいがさ》であることもあり、桓武天皇は渡来系を重用したことで知られている。また、平安京遷都に際しては、陰陽道を重視したとも考えられている。

その陰陽道と言えば、安倍晴明が師事した賀茂氏の存在を無視することはできない。賀茂氏は八咫烏《やたがらす》に化身して神武天皇を導いたとされる賀茂建角身命《かもつのみのみこと》を始祖とする氏族で、平安京造営を計画していた当時は現在の京都である山城国葛野郡・愛宕郡を支配していた。

では、この八咫烏こと賀茂建角身命が何者であったのか――。実はよくわかっていない。竹内文書とは一線を画している「正統竹内文書」を口伝継承しているという竹内睦泰氏によると、八咫烏は大国主ことオオナムジと、スサノオの娘であるタキリビメとの間に生まれた子アヂスキタカヒコネであるという。アヂスキタカヒコネの別名が迦毛大御神《かものおおみかみ》であることを考えると、まさに賀茂の大御神（賀茂氏の祖神）ということになり、説得力がある。この竹内氏の説を採用すると、陰陽道を日本にもたらしたのは、出雲族系のオオナムジであることになる。

ここが大きなポイントである。というのも、後述するが、オオナムジこそ出雲国建国に尽くした古代ユダヤの技術者だった可能性があるからだ。

そして賀茂氏とともに、平安京造営に深くかかわっていたのが、秦氏である。実際、村上天皇（946〜967年在位）の日記に「大内裏は秦河勝《はたのかわかつ》の宅地跡に建っている」と記されているくらいであるから、土地の選定における平安京造営の影の立役者であることに間違いない。大雑把に言うと、当時の京都は東が賀茂氏、西は秦氏が支配していたわけだ。

ただし、この秦氏も素性がよくわかっていない。6世紀ごろ朝鮮半島を経由して渡来した集団とみられるが、一説によると、5世紀前半ごろの応神天皇の時代に、百済より渡来した弓月君《ゆつきのきみ》を祖にしているとされている。そしてこの弓月君こそ、『新撰姓氏録《しんせんしょうじろく》』によれば、秦の始皇帝の末裔だというのである。しかも、秦氏は景教（ネストリウス派キリスト教）を信仰

写真3-7
京都市右京区太秦の木嶋坐天照御魂神社にある、珍しい三柱鳥居

するユダヤ人一族であったとする説（言語学者の佐伯好郎説）すらあるのだ。

　仮にそうだとすると、納得できる点もある。というのも、賀茂氏の始祖とされる八咫烏には三本足のカラス伝説があり、秦氏とゆかりのある木嶋坐《このしまにます》天照御魂《あまてるみたま》神社（京都市右京区太秦《うずまさ》）には三柱鳥居という、柱が三本で三正面、上からの形は三角形となっている鳥居があるからだ（写真3－7）。3点を結ぶのは、距離と角度を測る三角測量の基本である。その象徴がこの「3」の中に隠されているように思われる。

　事実、三柱鳥居の方位図を描く

図3-12

三柱鳥居の方位図

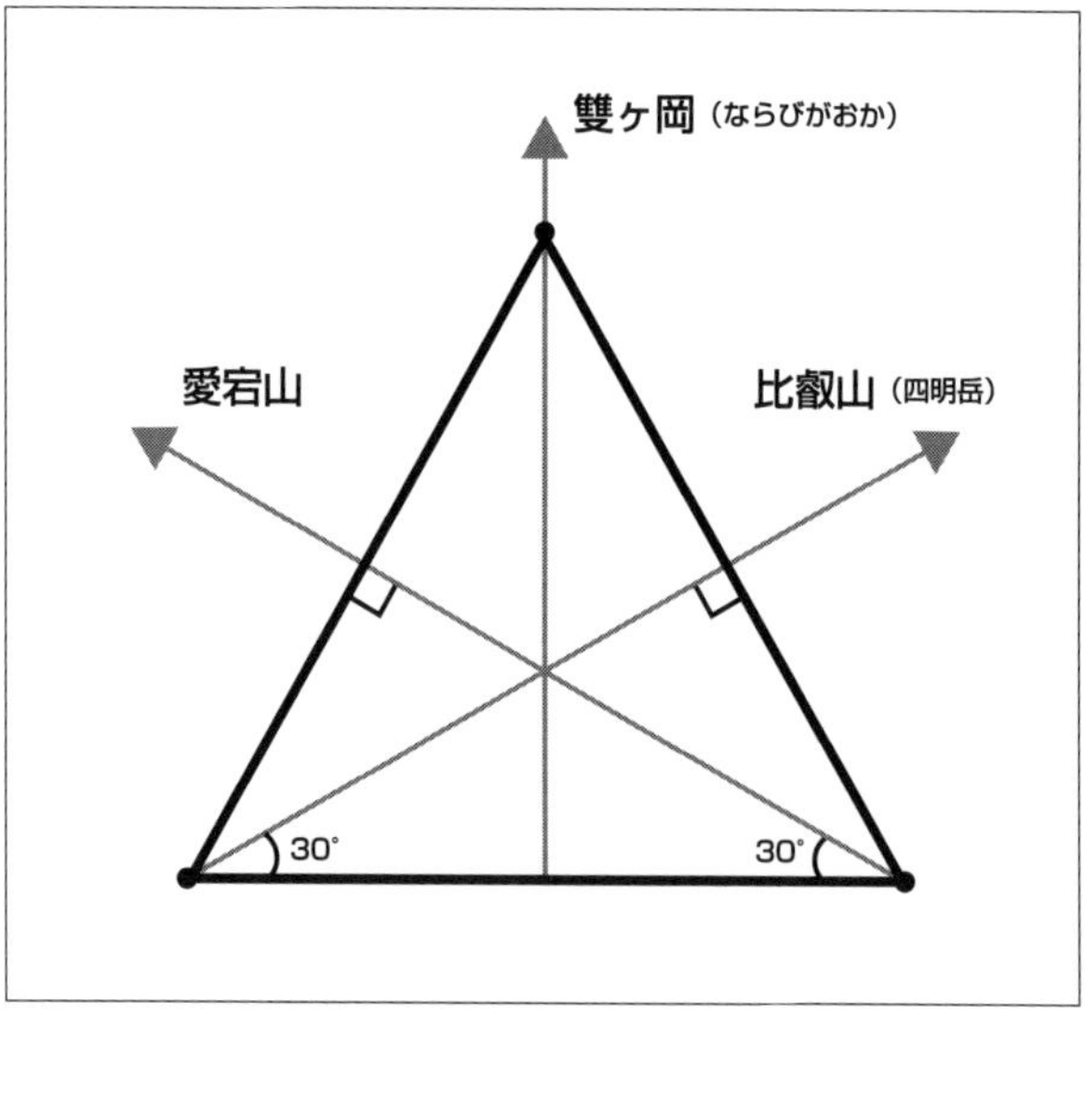

と、1本の垂直二等分線は夏至の朝日が昇る比叡山の四明岳を指し、もう1本の垂直二等分線は夏至の夕日が落ちる愛宕山を指し示しているということが古代史研究家の調べで明らかになっている（図3－12）。まさに方位を測る基準の正三角形そのものではないか。

そしてこの正三角形を二つ合わせたものが、ユダヤ人の象徴（ダビデの星）となり、陰陽道の呪符《じゅふ》として使われる六芒星となる。加えて、中国で景教の寺院を太秦寺と呼んだが、この鳥居も太秦の地にある。多くの符合があるのである。

賀茂氏も秦氏も古代ユダヤ人の技術集団の末裔であった臭いがするのは偶然だろうか。それについては後でさらに言及することにするが、陰陽道に長けた渡来系の謎の測量・技術集団が平安京造営に関与していたことは間違いないようだ。

藤原宮を定めた2本の垂直二等分線

平安京の造り方が「高み結びの法則」を使った測量法で説明できるのであるなら、それより以前の飛鳥京、藤原京、平城京などの建造方法も同様に説明が可能なのは容易に想像がつくであろう。はたして古代の都はすべて「高み結びの法則」を使って造営されていたのであろうか。

まずは藤原京である。誰もが気づくように、藤原京は畝傍山《うねびやま》、天香久山《あまのかぐやま》、耳成山《みみなしやま》の大和三山に囲まれた地に造られた（ただし最近の研究で大和三山を含む規模の都であったことがわかり、

図3-13

藤原京と測量山の関係（詳細図）

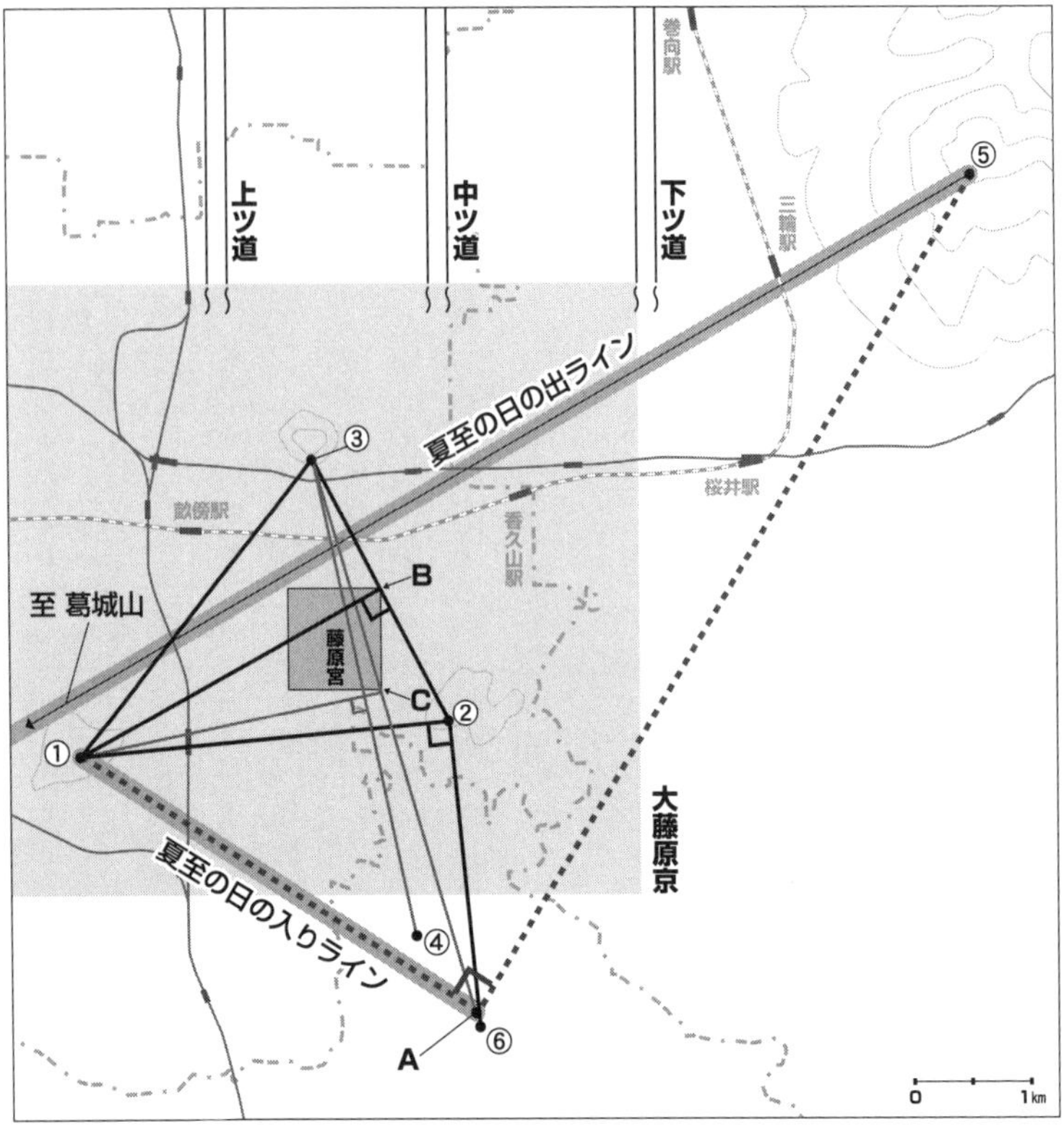

①畝傍山 ②天香久山 ③耳成山 ④甘樫丘 ⑤三輪山 ⑥伝飛鳥板蓋宮跡

大藤原京と呼ばれるようになった)。畝傍山から天香久山と耳成山までの距離は等しく綺麗な二等辺三角形になる。そして、耳成山と三輪山、あるいは葛城山と三輪山を結んだラインはほぼ夏至の日の出ラインとなるのである。ここまでは誰もが気がつく事実だ。

しかし、「高み結びの法則」は、それ以上のことを教えてくれる。その地域の最高峰、もしくはもっとも目立つ山と山を結んでそれを基線として、三角測量で都の寸法を測りながら都を築いていくからだ。

測量には、大和三山と三輪山のほかに甘樫丘《あまかしのおか》が使われた。加えて、より大きなデザインをするために、西にそびえる大和葛城山、二上山《ふたかみやま》(雄岳、雌岳)、金剛山が使われたはずである。位置関係などの事実関係だけを述べると、次のようになる(図3-13)。

[1] 畝傍山から天香久山と耳成山を結んだ直線に対する垂直二等分線を引いたその交点は、藤原宮の北東角とほぼ一致する。

[2] 畝傍山から見た夏至の日の出ライン(真北から時計回りに60・5度のライン)と、前項[1]の垂直二等分線の角度(同60・0度)はほぼ一致する。

[3] 耳成山と天香久山は畝傍山から等距離(3・10キロ)の地点にあり、畝傍山と甘樫丘を結んだ直線もほぼ等距離(3・16キロ)となる。

[4] 畝傍山から耳成山と甘樫丘を結んだ直線に対する垂直二等分線を引いた交点は、藤原宮

の南限と一致する可能性がある。

［5］伝飛鳥板蓋宮跡《でんあすかいたぶきのみや》（飛鳥京の飛鳥板蓋宮があったと伝えられている場所）と耳成山は、天香久山からほぼ等距離にある。

［6］伝飛鳥板蓋宮跡と天香久山、畝傍山の三点を結ぶと、綺麗な直角三角形を描く。

［7］伝飛鳥板蓋宮跡と耳成山を結んだ直線は、藤原宮の南東角を通っている可能性がある。

［8］畝傍山と伝飛鳥板蓋宮跡、三輪山の三点を結ぶと、ほぼ直角三角形となる。

［9］三輪山と大和葛城山を結んだ直線は、天香久山と耳成山を結んだ直線と直交し、かつ前項［1］の垂直二等分線とほぼ平行である。すなわち、夏至の日の出ラインとほぼ一致する。

［10］畝傍山、天香久山、耳成山を結んだ三角形の三辺の和は、二上山（雌岳）と大和葛城山を結んだ直線の距離とほぼ等しい。


大藤原京および藤原宮の正確な規模がわからないので厳密だとは言えないが、以上のことから確実にわかることは、藤原宮は少なくとも二つの二等辺三角形の垂直二等分線の交点を使って規模が決められた可能性があること、そして夏至の日の出ラインを意識して建造されたということだ。

夕日の飛鳥京、朝日の藤原宮

これらの事実関係に一つの仮説を加えることにより、大藤原京、藤原宮、飛鳥京の位置関係がもっとわかりやすくなる。その仮説とは、飛鳥京の測量点の位置である。飛鳥京は、飛鳥板蓋宮跡と思われる宮跡やその周辺の施設が飛鳥京を形成したであろうと考えられているだけで、全体像はわかっていない。そこで私は、飛鳥京の測量地点を伝飛鳥板蓋宮跡の70メートルほど北で、天香久山からの距離が天香久山と耳成山の距離（2・43キロ）と等しくなる地点（おそらく飛鳥板葺宮の北限）とし、かつ伝飛鳥板蓋宮跡と天香久山を結んだ線上に持って来たのだ。114ページの図（図3－13）のAの位置である。

なぜそうするかというと、伝飛鳥板蓋宮跡と畝傍山を結んだ直線の方位角（基点から北0度、東90度、南180度、西270度となる角度）は、約303度となる。ところがAを測量点（基点）にすることにより、畝傍山と結んだ直線の方位角は約300度となり、ほぼ夏至の日の入りラインと一致するのである。

もしこれが正しいとすると、次のことが言える。

［1］畝傍山を通る夏至の日の入りライン上で、かつ畝傍山と天香久山を結んだ直線に対して

天香久山で垂直に交わる直線上に飛鳥京の基点Aを置いた。

［2］その基点は、三輪山と畝傍山のそれぞれと結んだ半直線の挟角が完璧に90度となる地点でもあった。その基点を飛鳥宮の北の中心として都（飛鳥京）を築いた。

［3］同じく畝傍山を通る夏至の日の出ライン上で、かつ二等辺三角形となる畝傍山、天香久山、耳成山の垂直二等分線の交点を藤原宮の北東角に設定した。

［4］前項［3］の垂直二等分線上に藤原宮の大極殿を置いた。

［5］飛鳥京の基点であるAと耳成山を結んだ直線と、畝傍山、耳成山、甘樫丘を結んだ二等辺三角形の垂直二等分線の交点付近を藤原宮の南東角に設定した。


これで藤原宮と大極殿の位置がだいたい決まる（金剛山と三輪山を結ぶと藤原宮を斜めに横切ることから、最初に藤原宮の位置を決める時に金剛山と三輪山を使った可能性もある）。さらに藤原宮の規模を確定するために、次のいずれかをしたとみられる。


［1］先の［3］と［5］の垂直二等分線の交点B、Cを結んだ直線を東限の縦軸にして、正方形を描いた。

［2］畝傍山と耳成山（天香久山、甘樫丘）を結んだ直線の距離の3分の1の距離を藤原宮の一辺の長さとし正方形を描いた。

あとは、藤原宮の一辺の長さの約5倍を藤原京の大きさに使ったのではないかと考えられる。この測量方法が正しければ、飛鳥京は夏至の夕日が畝傍山の向こうに見える夏至の夕暮れの都であり、藤原京は反対に畝傍山から都の向うの三輪山方面に夏至の朝日が昇るのが見える夏至の曙の都であったことになるのである。

少なくとも耳成山は人工の山であった

それにしても、非常によくできた位置関係である。畝傍山（標高199メートル）と天香久山（標高152メートル）、耳成山（標高140メートル）の三山が二等辺三角形になっているのも出来過ぎの感があるが、畝傍山から甘樫丘（148メートル）までの距離がその二等辺と同じ距離だというのも不自然だ。加えて山の高さもほぼ一様である。

藤原宮跡から畝傍山を見ると、綺麗な円錐状の山に見えることや、耳成山自体が見事な円錐形の山であることなどを勘案すると、少なくとも耳成山は平地もしくは小山に盛り土などをして造られた人工の山であり、畝傍山もある方角から見ると円錐形の山になるように加工された加工山である可能性が出てくる（**写真3-8**）。

平地部分の標高が50~80メートルとみられることから、仮に耳成山が人工山だとすると、50

～90メートルの高さの円錐形の山を人工的に造ったことになる。既にあった岩山を使って、その上に土などを円錐形に盛り付けたのなら、30～50メートルほどの円錐形の山を建造したのと同じだ。つまり人工丘シルベリー・ヒルと大差ないのである。

自然の山だと考えられている大和三山のうち一つは人工の山であると考えないと、説明が難しいのも事実だ。畝傍山と天香久山が初めから大和盆地にあって、そこに三角測量に使う山、もしくは祭祀場の山として、二等辺三角形になるような位置に耳成山を建造したのではないだろうか。同様に甘樫丘を畝傍山から二等辺と同じ距離になるところに造ったのである。

そう考えないと、なぜ大和三山がつくる二等辺三角形の三辺の和が、都合よく畝傍山と三輪山を結んだ直線距離（約8・8キロ）とほぼ等しくな

写真3-8　人工山の可能性がある大和三山の一つ、耳成山

ったり、三輪山から天香久山までの距離（6・2キロ）が大和三山の二等辺の和とピタリと一致したりする説明がつかない。富山の天柱石、尖山、二上山を結んだ正三角形の三辺の和と、同じくその一辺の長さと等しくなる天柱石と宝達山を結んだ距離の和が、宝立山と位山を結んだ距離と同じになるのと同じである。天柱石が人工の立石で、尖山をピラミッド型に加工した加工山としたときに初めて、その信じられない奇跡的な配置が説明できるのである。

大和三山や三輪山、二上山を使った平城京

平城京も簡単に説明しておこう。

最初の大まかな場所を決める測量山として、大和三山、三輪山、二上山、そして意外に思われるかもしれないが、京都の三上山《さんじょうさん》や甘南備山が使われた可能性が高いのだ。123ページの図（図3－14）を見てもらいたい。三上山と二上山を結んだ直線と、三輪山と甘南備山を結んだ直線が交わる場所に平城宮があることがわかる。また同時に、図には記せなかったが、耳成山と三輪山を結んだ直線に対する垂直線を、三輪山を足（交点）として北西方向に延ばした直線と、伝飛鳥板蓋宮跡（飛鳥京）と天香久山を結んだ直線との交点に平城宮の北西端付近がある。

このように断ずると、読者の中にはただの偶然の一致ではないかと疑う人もいるであろう。しかし、ちゃんと測量した痕跡は残っており、歴史学者や古代史研究家も既に気が付いている。

7世紀半ばごろ敷設されたと推定される、藤原京からほぼ真北に向かって平行に造られた三本の古代の官道「大和三道」である。この三道は「下ツ道」、「中ツ道」、「上ツ道」で、下ツ道は平城京の朱雀大路に至り、中ツ道は平城京の東京極（左京の四坊大路）、上ツ道は平城京・外京の七坊大路に続いていたのではないかとされているのだ（図3－14、図3－15）。

藤原京から平城京までの約25キロにわたり平行線を3本引いていたのだから、山と山を結んだライン上に宮を造ることは、それほど難しいことではなかったであろう。

では、詳しく見てみよう。次ページの図（図3－14）を見ながら説明しよう。

平城宮の北部中央にあったとされる大極殿を見事に貫くのは、三上山（②）と二上山（③）を結んだ直線である。この直線と、三輪山（⑬）と甘南備山（⑪）を結んだ直線（この直線はそのまま④の愛宕山に至る）はその大極殿付近で交差する。この2本の直線の交点に大極殿を造営した可能性が強い。

次に耳成山（㉑）と三輪山を結んだ直線に対する垂線を三輪山から引いた場合、その直線は三輪山と甘南備山を結んだ直線よりも少しだけ南側を通り、平城宮の朱雀門付近を通る。一方、伝飛鳥板蓋宮跡と天香久山（⑳）を結んだ直線は、平城京の羅城門付近を通り、平城宮の西側を通り抜け、平城宮の北西500～1200メートルの場所に位置する佐紀石塚山古墳《さきいしづかやま》（成務天皇陵）と五社神古墳《ごさし》（神功皇后陵）を通るのである（図3－15参照）。

また、天香久山の真北は、現在のJR奈良駅付近で、これは平城京・左京の東端である四坊

図3-14

三上山―二上山ラインと古代の都の関係

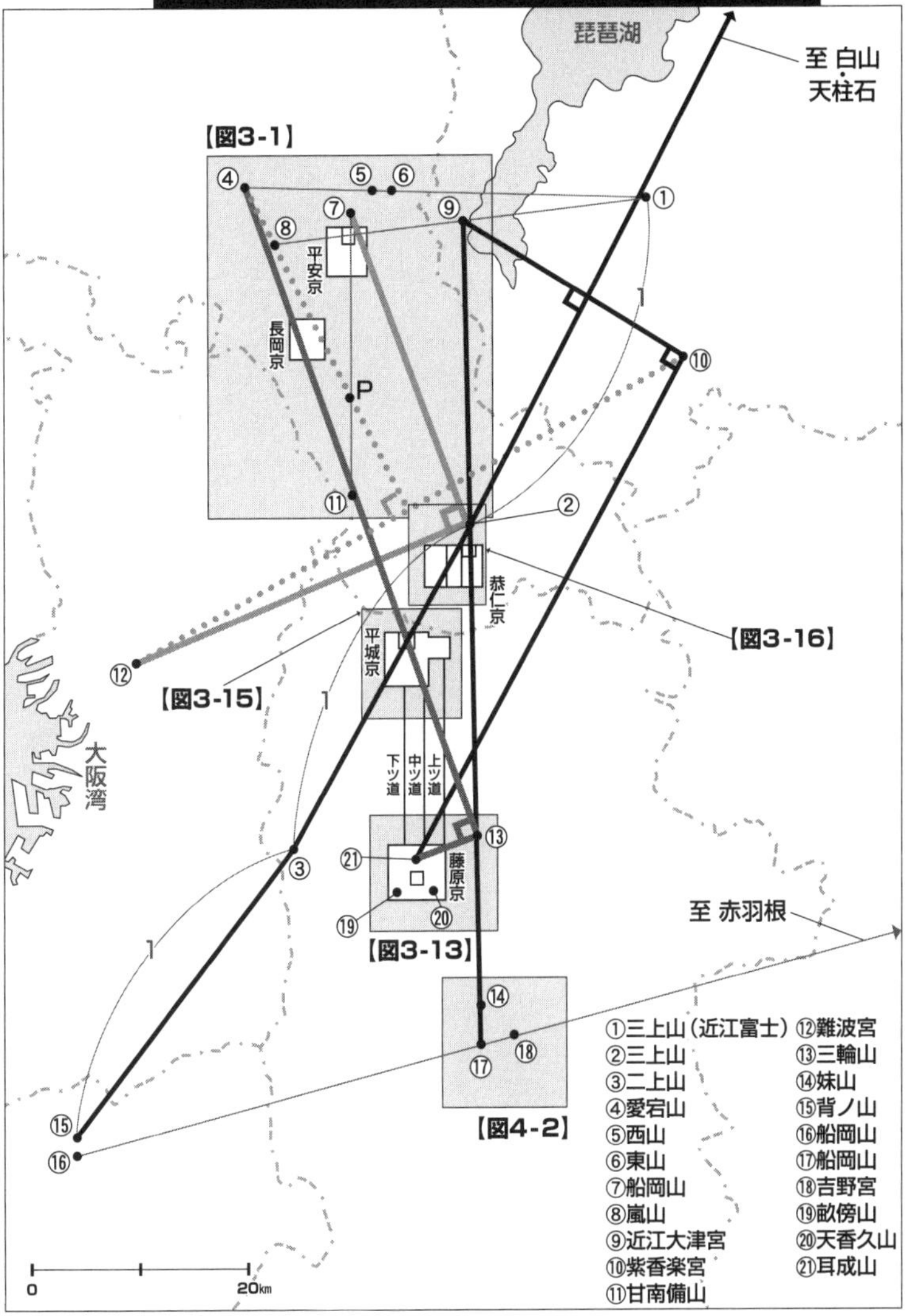

大路付近だ。耳成山の真北は、現在の法華寺の東にある海龍王寺付近で、平城京・左京の三坊大路付近。畝傍山の真北は、現在の西大寺付近で、右京の三坊大路付近である。

ということは、ストーンヘンジ複合体遺跡とエイヴベリー複合体遺跡がそうであったように、大藤原京を、経度を変えないまま緯度を北にずらしていくと、平城京にすっぽりと重なることを示しているわけだ。実際に経度を変えずに二つの古都を重ねてみると、ほぼ同じ大きさで見事に呼応していることがわかる。

今度は東西線を見ると、生駒山と春日山・御蓋山《みかさやま》を結んだ直線はほぼ平城京の三条大路と四条大路の間を貫く東西線となり、生駒山と若草山を結んだ直線は、平城宮の南西端を通る。

高安山《たかやすやま》と若草山を結ぶと、五条大路と四坊大路の交差点（外京の南西端）を通過し、御蓋山と高安山か信貴山《しぎさん》を結んだ直線は外京の南東端を通っていく。同じ外京の南東端には、三上山と耳成山か藤原宮を結んだ直線も通っている。三上山と二上山の雌岳を結んだ直線は、平城京の南西端付近を通るが、その場所はちょうど三上山と二上山を結んだ直線の中点となっている。

平城京の大きさについて言えば、南北の長さ（北辺坊を除く約4・7キロ）は天香久山と耳成山を結んだ距離の2倍に等しく、東西の幅（外京を含む約6・3キロ）は三輪山と天香久山を結んだ距離に等しい。かつ約6・3キロという距離は、畝傍山から天香久山および耳成山と結んだ距離の和にも等しい。

このように平城京および平城宮は、山と山を結んだ完璧な測量によって造営されたことがわ

図3-15

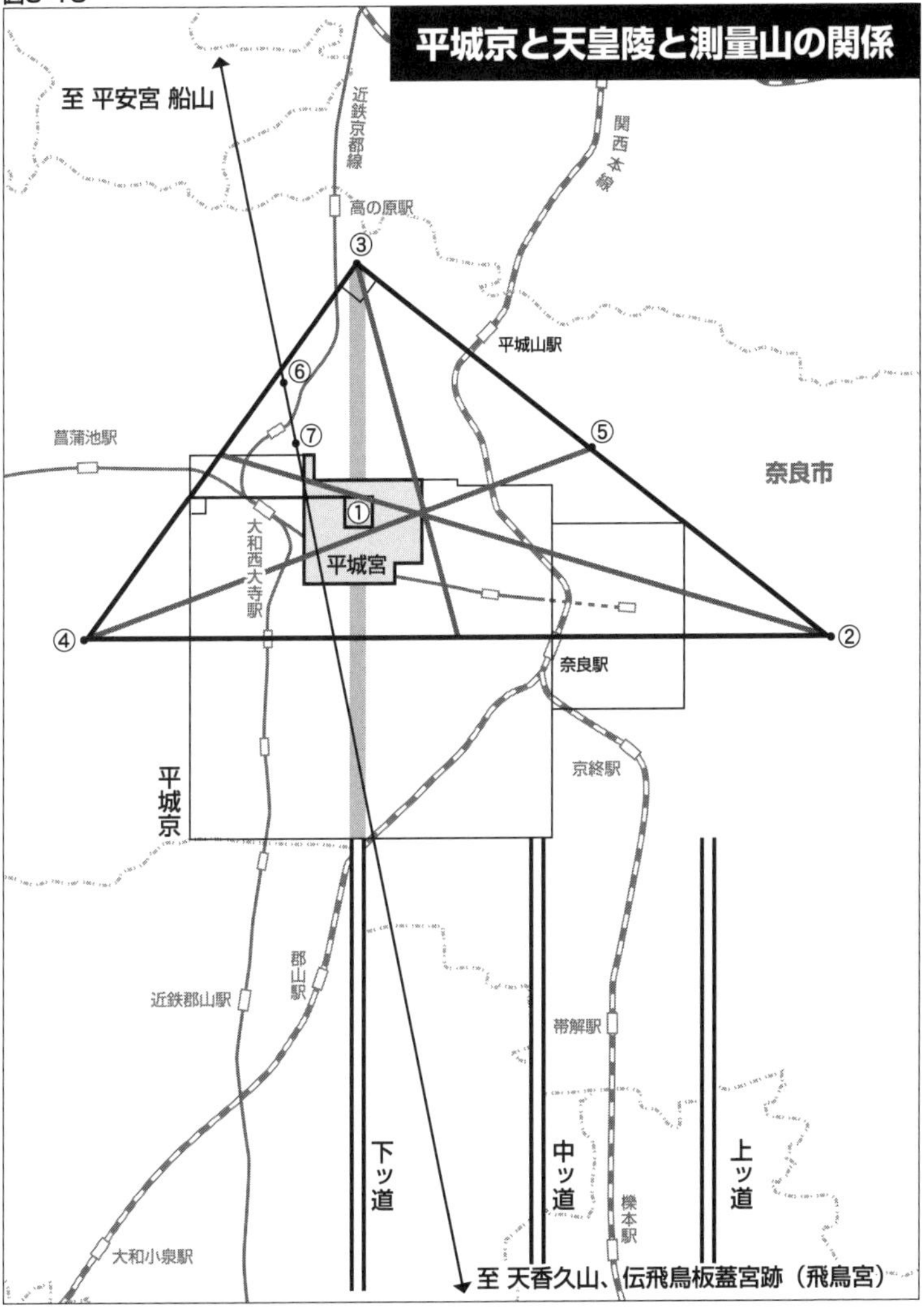

①大極殿　③平城山　⑤佐保山　⑦成務天皇陵
②春日山　④「宝来山」　⑥神功皇后陵

かるのである。

古代三大宮を結ぶ飛鳥京・天香久山ライン

伝飛鳥板蓋宮跡（飛鳥京）と天香久山を結ぶ直線について、もう少し詳しく説明しておこう。疑り深い人は、なぜ伝飛鳥板蓋宮跡（飛鳥京）と天香久山を結んだり、三輪山と甘南備山を結んだりする必要があるのかと思うだろう。それは古代人にとって三輪山や天香久山がいかに重要で神聖な山であったかを考えれば説明できるのである。

特に天香久山は「天」という尊称が付いていることからもわかるように、古代から大和三山でも最も神聖視されたとみられている。天から山が二つに分かれて落ち、一つが伊予国（愛媛県）の「天山《あまやま》」となり、もう一つが大和国の「天加具山」になったと『伊予国風土記』逸文に記されているほどだ（このような伝聞があるということは、大和三山と、伊予の「天山三山」あるいは「伊予三山」と呼ばれる星岡山、土亀山《どがめやま》、天山、それに東山との間には何らかの関係があるということだが、それについては別の機会に論述したい）。ならば、大和政権の初期の都があったとされる飛鳥京と天香久山を結ぶことは、非常に意味があったはずである。

実はそのように考えないと、説明できないこともある。この直線は、平城京の西を通り抜けた後、成務天皇陵と神功皇后陵を通ることを先に述べたが、神功皇后陵はこの直線の傾きと同じ傾きで建造されており、この直線の存在を意識して造られたとしか思えない。航空写真を見ても、ずいぶん開発が進んだとはいえ、成務天皇陵と神功皇后陵を結んだ線の間に前方後円墳のような形で緑に覆われた八幡神社があったり、成務天皇陵と平城宮の間に称徳天皇高野陵《しょうとくてんのうたかののみささぎ》があったりするなど、この直線に沿いながら北北西に向かって緑の帯が延びているように見える（125ページの図3－15参照）。

そしてさらに面白いことに、飛鳥京と天香久山を結んだこの直線は、何と後に築かれた平安京の中心を通り、北の測量基点となった船岡山の頂上付近をかすめ、比叡山と愛宕山の垂直二等分線を甘南備山と形成するもう一つの北の測量基点である船山の頂上東側付近に至るからだ。船岡山、もしくは船山と天香久山を結んだ直線は明確に、平安京の中心である大内裏を通り、平城京の中心である平城宮を通り、飛鳥京の中心であったとみられる宮殿跡に至るのである。

船山、船岡山から平城宮までの距離は、船山、船岡山から天香久山までの距離の6割強ぐらいになっている。言い換えれば、天香久山から平城宮までの距離を3倍にした場所に船山や船岡山がある。もっと具体的に言えば、船山から平城宮の中央までの距離は、天香久山から平城宮の朱雀門までの距離のほぼ2倍である。紛れもなく、古代の都を築く基軸となる直線であったことがわかる。

これは非常に重要な事実である。古代の都を築く基軸があったのであれば、なぜ平城京、平安京と並ぶ京域を持つ都であった長岡京が784年から794年までの10年間しか続かなかったのかという疑問の答えになるかもしれない。長岡京から平安京への遷都は、早良《さわら》親王の怨霊説などが唱えられているが、基軸から外れていたからであったという仮説も浮上してくるのである。その仮説が正しければ、おそらく平安遷都の背景には、朝廷内の都建造をめぐる熾烈な利権争いがあったのではないだろうか。

平城宮を決めた三上山の3本の測量線

平城京建造に使われたとみられる京都の三上山について詳しく説明しよう。三上山と二上山の雄岳、雌岳、竹内峠を結んだ3本の直線は、すべて平城京の中心である平城宮を通るのだ。三上山と二上山の雌岳を結んだ直線は、平城宮の中央の真北付近を通る。三上山と雄岳を結んだ直線は、平城宮の中央付近を通り、三上山と竹内峠を結んだ直線は平城宮の中央南にある朱雀門付近を通るのだ。すなわち三上山と二上山（雄岳、雌岳、竹内峠）を結んだ直線によって平城宮の大きさや位置が決められている可能性もあるのである。

大和盆地の西側に屹然とそびえ、古来、神聖な山岳として人々から崇められてきた二上山が測量山として使われたことに異存がある人はいないと思う。ではなぜ三上山を測量山に使ったと言えるのか。それにもきちんとした根拠がある。

京都の三上山（標高473メートル）は、歴史的な由来もほとんどなく、奇異に感じられる

図3-16

恭仁京、恭仁宮と三上山の位置関係

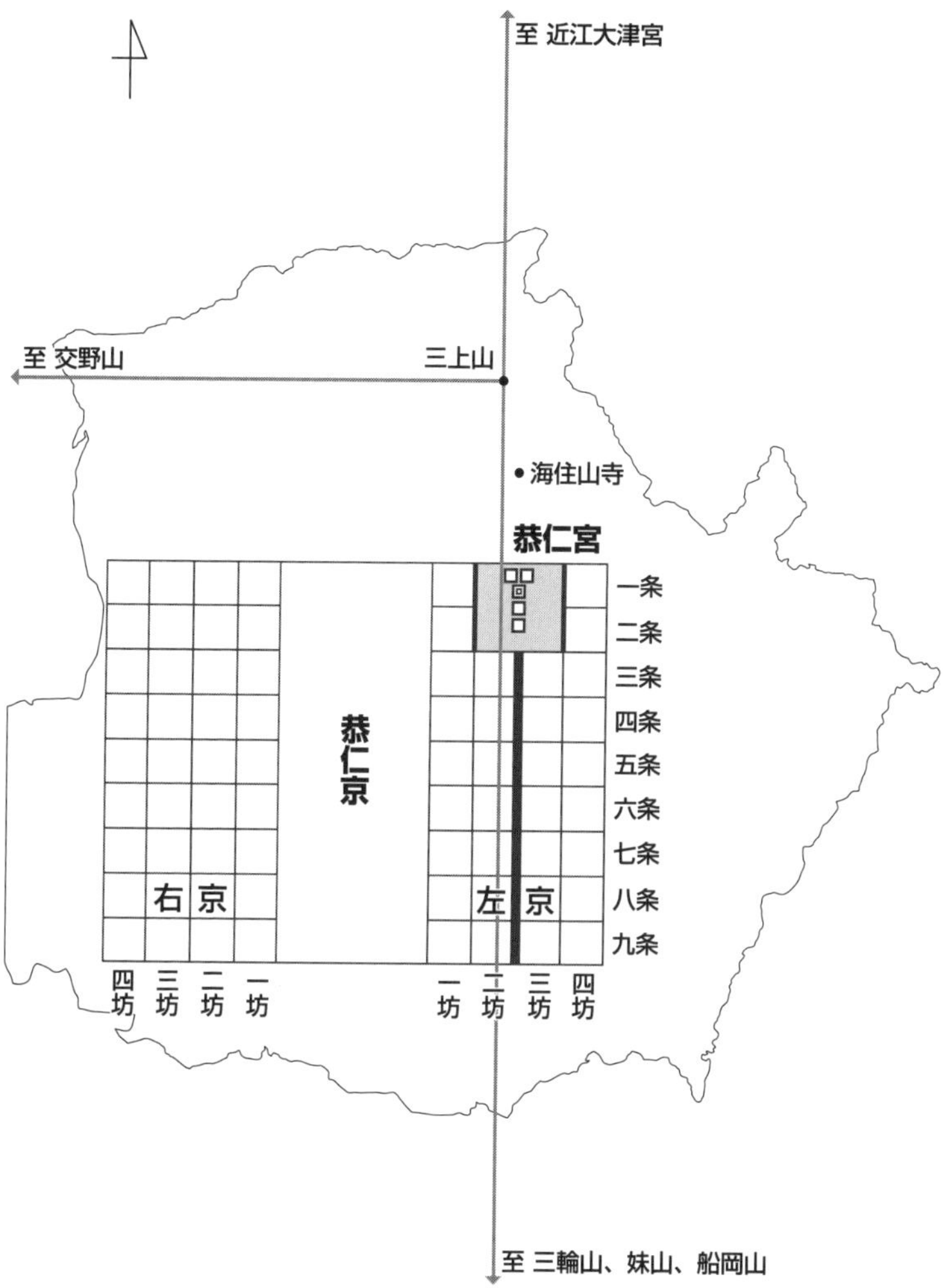

読者もいるかもしれないが、実は測量集団にとっては絶対になくてはならない山であった。

その理由は何と言っても、この山の山頂からなら360度の大パノラマが見渡せるからだ。北は比良山や愛宕山、東は三ガ岳から童仙房高原、西には生駒山系や六甲の山並み、南は奈良東大寺大仏殿の東にある芳山、花山、遠く二上山や葛城の山々など京都府、大阪府、奈良県、滋賀県、三重県の二府三県が望めるのだ。標高から計算すると、視達距離は実に90キロ近い。夜間にかがり火を焚けば、かなり遠方まで視認することができたはずだ。

そして何よりも、測量山として使われたことを示す証拠は、この山のほぼ真南約2キロの場所に、恭仁宮が建造されているからである。奈良時代の740年に聖武天皇によって平城京から遷都された宮殿が造られた。まさに三上山を南麓から見上げ

写真3-9　三上山を南麓から見上げる場所にある恭仁宮の跡地

る場所に恭仁宮はある（129ページの図3-16、前ページの写真3-9）。

図を見てもわかるように、恭仁宮は恭仁京全体からみると、かなり東の外れに造営されている。北東角の左京の北に位置しており、そこに朱雀大路が設けられているのだ。なぜこのような歪《いびつ》な形になったかについては、地形的な制約によるものであると解釈されがちだが、神聖な測量山の南に宮を置くことが重要かつ不可欠であったからだと考えると、納得がいく。つまり恭仁宮こそ、奈良時代に三上山が測量山として使われていたことを示す明確な証拠なのだ。

三上山と三輪山を結んだ地に大津・近江宮を造った

三上山に関しては、ほかにも測量上の重要基準点であったことを示す証拠はある。長岡京の基軸を作る際に利用されたとみられる交野山《こうのさん》（長岡宮の南の基軸線上にある）と三上山を結ぶと、ほぼ東西線となるのだ。交野山の緯度は北緯34度47分12秒で、三上山は北緯34度47分13秒であるから、その誤差はわずか1秒（約30メートル）にすぎない。

さらに面白いのは、三輪山と三上山を結んだ直線がほぼ南北線になることである。三輪山の経度は東経135度52分01秒であり、三上山は東経135度51分38秒となり、その誤差は23秒（約575メートル）ほどである。それだけではない。そのズレのまま三輪山と三上山を結んだ直線をどんどん北へと延ばしていくと、大津京の近江宮跡に至るのだ。見事なまでに真っすぐな直線だ（123ページの図3‐14参照）。

近江宮は、7世紀後半の天智天皇が営んだ宮で、近江大津宮、大津宮とも呼称される。その宮跡の経度は、東経135度51分18秒である。三上山との誤差は20秒（約500メートル）だ。三輪山と三上山の距離は27・9キロで、三上山と大津宮の距離は26・7キロなので、直線の傾きはそれぞれ、1キロ北に進んで20メートル西にずれるだけである。三輪山から三上山を通って大津宮まで引いたラインがいかに正確な直線であるかがわかる。1キロ北に進んで7～9メートルほど西にずれる船岡山‐甘南備山ラインとはほぼ平行線になることもわかる。

さらに三上山と三輪山を結んだ直線は、恭仁京の宮殿があった場所のすぐ西隣をも走っている。恭仁京も大津京も三上山と三輪山を測量山として直線上に並んでいるわけだ。

吉野の船岡山も都造りの基軸となった

恭仁宮と大津宮の位置を決めた三上山と三輪山のラインを三輪山から真っすぐ南へと延ばしていくと、東経135度52分01～14秒を中心に横たわる、後醍醐天皇陵がある吉野山（奈良県吉野郡吉野町）の山稜に至る。やや東に外れるが、吉野宮に比定される宮滝遺跡も近くにある。そして吉野山のそばにも船岡山（標高455メートル）と名付けられた山があり、その2・5キロ北の吉野川の両岸には、測量に使われたとみられる妹山《いもやま》（東経135度52分13秒）と背山《せやま》があるのだ。なぜ測量に使われたかがわかるかというと、大化二年（646年）の改新の詔によって、畿内国の南限（朝廷が定める国の南の境）が、「南は紀伊の兄山《せやま》より以来」と定められたからだ。兄山とは背山（背は兄、夫の敬称）のことである。南限を決めるのに背山が使われたのだから、当然背山は測量山であると言える。

紀伊の背山と吉野の背山では、場所が違うではないかとの異論もあろう。確かに畿内国の南限と定められた紀伊の兄山は、現在の和歌山県かつらぎ町の紀ノ川そばの背山であることは間違いないであろう。ところが面白いことに、紀ノ川の背山にも川の対岸に妹山（ただし背山の二峰の片方を妹山とする説もある）があり、背山と妹山を結んだ紀ノ川の中洲には、何と船岡山（標高60メートル）と呼ばれる山があるのだ。

船岡山、背山、妹山と同じ名前の山が、上流の吉野川と下流の紀ノ川にあるのだ。単なる偶然の一致ではなく、どちらも国の南限を決める測量山であったと見るのが妥当であろう。その証拠として、近江・大津宮、京都・三上山、大和・三輪山、吉野の妹山と船岡山のそれぞれの緯度と経度を見て計算すればいい。五つの測量点すべてが、1000メートル真北に進んだら約19～20メートル西にずれるという精密な角度（南北線から1度10分ほどのズレ）で一直線に並んでいるのである（次ページの**表2**）。そのような精密かつ厳密な直線が偶然の産物であるはずがない。

適当に山を選んで一直線に並べたわけではない。測量に使われたに違いない山容の目立つ山

（妹山、船岡山）、その地域の最高峰（三上山）や神奈備山（三輪山）、そして実際に建造された都（大津宮）を結んだ直線なのだ（123ページの図３−14）。

つまり大和朝廷機内国には南限を決めるのに使われたであろう船岡山、背山、妹山が二組あり、後に平安京が造られたときには北の基点として船岡山と船山が使われたわけだ。吉野の船岡山（あるいは妹山）と三輪山、三上山を結んだ線は、東の基軸となり恭仁京、大津京建造地を決めた。当然、場所が未だ特定できていない吉野宮建造にも使われたはずだ。京都の船岡山と甘南備山を結んだ線は、西の基軸となり平安京の都造りを決定した。ということは、船岡山が古代の重要な測量山であり、かつ都の軸を決める山であったことを物語っているのである。

［表２］吉野・船岡山から近江・大津宮までの直線

①吉野・船岡山：東経１３５度52分15秒
北緯34分22分14秒
②吉野・妹山：東経１３５度52分13秒
北緯34度23分39秒
③大和・三輪山：東経１３５度52分01秒
北緯34度32分06秒

④京都・三上山：東経135度51分38秒
北緯34度47分13秒
⑤近江・大津宮：東経135度51分18秒
北緯35度01分42秒

表2について説明しよう。経度1秒の差を25・3メートル、緯度1秒の差を30・8メートルで計算すると、①と②の点を結ぶと、1000メートル真北に進んで西に19・3メートルずれたライン、②と③を結ぶと、同西に19・4メートルずれたライン、③と④を結ぶと、同西に20・8メートルずれたライン、④と⑤を結ぶと、同西に19・0メートルずれたラインとなる。ということは、たとえば三上山の山頂で30〜40歩ほど東に寄れば、つまりその程度の微調整をするだけで、完璧な一直線になる計算だ。①〜⑤の点は、非常に精密な測量によりほとんど誤差のない直線上に配置されていることがわかるのである。そのような直線が偶然の産物である可能性は極めて低い。

納得がいく近江富士「人工ピラミッド山説」

しかし、最も興味深い符合は、近江（滋賀県野洲市）の三上山《みかみやま》（標高432メートル）と京都の三上山を直線で結んだときだ。図3－14を再び見てもらいたい。その直線は大和盆地を斜めに横切り、二上山の雄岳と雌岳（厳密には竹内峠を指すが、角度にして0・5度未満の差にすぎない）を結ぶのである。つまり平城宮中央北の大極殿付近を通る直線となるのだ。

なぜこの二つの山を結ぼうと思ったかというと、それは読み方こそ違え同じ名前の山だからである。しかも近江の三上山は、「近江富士」と呼ばれる平野部の残丘だけあって、どこからでも目立つ。下田富士や尖山に似たピラミッド型の山で、琵琶湖をはさんだ湖西からでも望める山だ（写真3－10）。俵藤太《たわらのとうた》のムカデ退治の伝説で知られ、頂上には巨石の盤座があり御上《みかみ》神社の奥宮が祀られている。

同じ名前の山と山を結ぶことに何の意味があるのかと、訝《いぶか》る人もいるかもしれない。しかし、そ

写真3-10　美しい山容を誇る近江富士。琵琶湖の対岸からでもはっきりと見える

れはただの直線ではない。実は京都の三上山は、近江の三上山と大和の二上山（雄岳）を結んだ直線（66・9キロ）のちょうど中点に位置するのだ。具体的には近江の三上山と京都の三上山の距離は、33・4キロ。京都の三上山と二上山の雄岳までの距離が同じく33・4キロなのである。

三上山と三上山と二上山。名前が非常によく似た「神（上）の山」が一直線上に並ぶのは偶然だろうか。しかも中点に京都の三上山があり、その中点にある三上山と大和の三輪山という「三」の付く神聖な山を直線で結ぶと、北には近江大津宮跡、南には吉野宮造営の重要な測量点となったとみられる妹山と船岡山があるのだ。まさに「神が造りし神の山々」のラインだ。すべてが測量で使われていたことは、疑う余地はない。しかも、その配置は偶然にしては出来過ぎている。二上山が人工の山ではないのだとしたら、滋賀の三上山か京都の三上山のいずれか一つは人工の山でないと説明が難しくなる。

この説明の難しさを解消してくれるのが、近江富士の人工ピラミッド山説である。山頂と北東にある太郎坊宮を結ぶ線が夏至の日の出ライン、冬至の日没ラインに一致しているのだともいう。

この均整のとれた円錐形の近江の三上山が人工山、あるいは加工山であれば、納得がいく。すなわち三輪山と京都の三上山を結んだ線をほぼ2倍にした線上に近江宮を築き、大和の二上山と京都の三上山を結んだ直線上で、かつ京都の三上山から距離が、二上山の雄岳と京都の三上山を結んだ距離と同じになる場所に人工の山を築いたことになるのである。その方がはるかにすっきりするし、説得力があるのだ。

さらに言うならば、近江の三上山は琵琶湖の対岸にある京都の愛宕山と五山送り火の西山と東山を結んだ直線の延長線上にあり、京都の嵐山と近江大津宮を結んだ直線上にも位置しているのである（123ページの図3-14、86ページの図3-1参照）。少なくとも人工的な測量山であることは疑う余地もない。

都を守護した平城三山とはどこか

話を平城京造営に戻そう。708年（和銅元年）の元明天皇の平城遷都の詔には次のように書かれている。

方今（まさにいま）
平城之地（へいじょうのち）
四禽叶図（しきんとにかない）
三山作鎮（さんざんしずめをなし）
亀筮並従（きぜいならびにしたがう）

宜建都邑（とゆうをたつべし）
（まさにこの平城の地は、四方を神に囲まれて三山が鎮座している。亀甲占いによってもそれは裏付けられており、条件が揃っているので、都を建てるのだ）

ここに出てくる三山とは、東の春日山（御蓋山）・北の平城山《ならやま》・西の生駒山なのではないかというのが通説となっている。生駒山も春日山も平城山も間違いなく平城京の場所を決める際の測量で使われた山であるとみられることからほぼ相違ないと思われるが、若干捕捉的に説明する必要がある。というのも、三山のうち平城山の丘陵地帯は開発が進み、今ではほとんど昔の面影が残っていないからだ。

それでも、平城山の跡を探して国土地理院の2万5000分の1の地図を使って調べたところ、平城宮・第一次大極殿の真北2・5キロにある平城山丘陵に標高107メートルと印された測量点（地図上の高所）があることに気が付いた。今では平城第2号公園としてテニス・コートもある市民の憩いの場になっている、ちょっと高台の場所だ。この平城山の測量点と平城宮の中心である第一次大極殿の東の境界辺りを結ぶと、朱雀門と羅城門の東端付近を通り、そのまま下ツ道を経て藤原京へと至る。さらに面白いことに、この平城山の測量点と春日山を結ぶと、ちょうど平城京・外京の北東端を通るのである（125ページの図3-15参照）。

実は平城三山がどこかという説には、もう一つある。生駒山ではなく宝来山古墳（垂仁天皇陵）などの古墳がある平城京西の丘陵地帯ではないかとの説だ。この説に従って、垂仁天皇陵の付近で測量山がないかどうか探してみた。再び国土地理院の2万5000分の1の地図を使って調べたところ、奈良市の宝来町にそれらしい丘陵地帯と測量点が見つかった。その丘陵も既に開発され、奈良国際ゴルフ倶楽部のゴルフ場になっているが、地図には明確に標高118メートルの測量点が記されている。

この測量点の場所が見事なのである。この測量点を、宝来山古墳のそばで奈良市宝来にあることから便宜上「宝来山」と呼ぶことにするが、緯度を調べたところ、北緯34度40分53秒と秒数まで約8キロ離れた春日山と一致するのだ。つまり「宝来山」と春日山を結ぶと、平城京の中央・四条大路付近を貫く完璧な東西線となるのである（125ページの図3－15参照）。

5000年前の古代イギリスには、8・4キロ離れた東西線上に秒まで緯度が一致する人工丘を二つ造るだけの測量技術があったのである。1300年ほど前の平城京造営に当たって、「宝来山」と春日山が測量点でなかったわけがない。

このように平城京を守護する三山を、真北の平城山、真東の春日山、真西の「宝来山」と解釈すると、測量的な観点からは俄然説得力が増してくる。その測量の観点から議論を深めるならば、この三山は非常によく計算された配置になっているのである。

大和三山と平城三山が見事に呼応

125ページの図（図3－15）を再びよく見てほしい。三山は平城山で直角となる直角三角形になっているのだ。しかも、三辺の長さは8・3キロ、6・6キロ、5・0キロとなっており、三辺の差がほぼ1・6キロと均一なのである。また平城山と「宝来山」を結んだ直線は、大極殿の北端をそのまま西に延ばしていった直線と平城京の西端の南北線（左京の五坊大路）の交点付近で交わるのだ。「宝来山」の人工山説が出てきてもおかしくないような配置だ。

生駒山は確かに測量に利用したと思われるが、近くに「宝来山」があったならば、それを使わない手はない。平城山、春日山、「宝来山」を平城三山と見なすことで、藤原京造営に使われた大和三山との対比も容易になる。配置が大和三山に似ているのである。

たとえば、畝傍山から対辺に引いた垂直二等分線の交点に藤原宮の北東角を置いたように、平城三山の各頂点から対辺への二等分線も意味のある直線になっているのだ。平城山からの二等分線は平城宮の北東角を結んでいるし、春日山から下ろした二等分線の交点は平城京北辺坊の北限と交わっている。「宝来山」からの二等分線は平城山丘陵の佐保山を指しているように見える。そして三つの二等分線が交わる点は平城宮の東端であり、大極殿の真東でもある。平城三山が平城京造営にいかに重要な役割を演じたかがよくわかるのである。

このほか、平城京造営に関しては、おおよそ次のようなことが言えるのではないかと思っている。

[1] 生駒山と若草山を結んだ直線と、既に説明した三輪山を足とする垂直線との交点付近に平城宮の朱雀門を設置した。

[2] 京都の三上山と二上山を結んだ直線と、高安山と春日山を結んだ直線の交点付近を平城京の南西角と設定した。

[3] 畝傍山と京都の三上山を結んだ直線と若草山と葛城山を結んだ直線の交点付近を平城京・左京の南東角に定めた。

[4] 平城京の幅（外京を除く東西約4・3キロ）は、若草山と春日山を結んだ距離（1・1キロ）の4倍とした。

[5] 平城京の縦の長さ（北辺坊を含む南北約5・0キロ）は、高安山と若草山を結んだ距離（約19・8キロ）の4分の1とした。

これらの仮説が正しいかは引き続き検証が必要だが、三上山と二上山（雄岳、雌岳、竹内峠）を結んだ三直線はどれも東西に走る平城山丘陵の上を通っていることから、少なくとも平城山丘陵の丘も利用しながら平城京の規模を決めたことは間違いないのではないかと思うのだ。

直交線上に築かれた難波京と紫香楽宮

最後に難波京と紫香楽宮《しがらきのみや》の位置関係についても触れておこう。難波宮は、奈良時代前期の726年、聖武天皇が平城京の副都として造営した宮殿だ。飛鳥時代にも難波宮（前期難波宮）が造営されたことがわかっているが、場所はわかっていない。744年に恭仁京から難波宮への遷都が実施されたときに、難波宮の周辺に京域、すなわち難波京も造営されたと考えられている。場所は現在の大阪市中央区にある。

紫香楽宮は、740年の藤原広嗣の乱ののち恭仁京に移った聖武天皇が742年に近江国甲賀郡（現在の滋賀県甲賀市）に造営した離宮だ。後に甲賀宮とも称され、都となった。

この二宮については次のことが言えるのである（123ページの図3-14参照。ただし、図を見やすくするため何本かの直線は省略してある）。

［1］難波京は、春日山と「宝来山」および生駒山を結んだ直線上に築かれている。特に難波宮の中心の緯度（北緯34度40分51秒）は、春日山の緯度（北緯34度40分53秒）とほぼ同じ（緯度差で100メートル）である。

［2］難波京と京都の三上山を結んだ直線は、三上山と京都の船岡山（あるいは船山）を結ん

だ直線と（三上山で）直交する。

［3］難波京と三輪山を結んだ直線は、難波京と京都の船岡山を結んだ直線と（難波京で）直交する。

［4］難波京と近江の紫香楽宮を結んだ直線は、愛宕山と嵐山を結び、さらに長岡京の宮殿そばを通る直線と直角で交わる。

［5］近江大津宮と紫香楽宮を結んだ直線は、近江富士と呼ばれる三上山と二上山（雌岳）を結んだ直線と直角で交わる。

［6］近江大津宮と紫香楽宮を結んだ直線は、耳成山と紫香楽宮を結んだ直線とも（紫香楽宮で）直交する。すなわち、耳成山と紫香楽宮を結んだ直線と、三上山（近江富士）と京都の三上山の頂上付近を通り二上山の雌岳を結んだ直線は、平行線となる。

神事と測量技術を合体させたグループがいた

これらの事実からわかることは、少なくとも1300～1400年前までには、日本でも高みと高み、山と山を結ぶ測量技術が確立していたということである。なぜなら、「高み結びの法則」を使えば、古代において日本に存在した都の造営場所をどう測量して決定したかは、おそらくすべて説明できるからだ。

ただし、私は今ここですべての遺跡を検証するつもりはない。「高み結びの法則」を使って、それぞれの国や地域の専門家が遺跡の配置の謎を解いていけばいいのだ。そうした作業が進めば進むほど浮き彫りになってくるのは、かつて高度な測量技術を持っていた古代文明の真の姿である。

では、そうした高度な測量技術を駆使して、平安京以前に古代の都を次々と造営していった測量技術集団とは、どういうグループであったのだろうか。残念ながらその記録はほとんど残っていない。「平城遷都の詔」に「四神相応」に相当する「四禽」という言葉が見受けられることから、中国大陸から流入した風水の影響があることは読み取れる。ということは、少なくとも渡来系の測量技術集団がいたことは間違いないであろう。

そうであるならば、平安京造営の背後に渡来系の秦氏と賀茂氏がいたように、平城京造営の背後には誰がいたのであろうか。答えは誰もが認める藤原不比等《ふじわらのふひと》である。

藤原氏の事実上の祖とされる藤原不比等は、ご存知のように645年に中大兄皇子《なかのおおえのおうじ》（のちの天智天皇）らと協力して飛鳥板蓋宮で、当時権勢を揮っていた蘇我入鹿を暗殺し、大化の改新で大功を立てた藤原鎌足の息子である。不比等はさらに大宝律令の制定に加わり、養老律令の制定を指導するなど律令制度の確立で功を挙げ、藤原氏隆盛の基礎を作った。

その藤原氏は元々、忌部《いんべ》氏とともに神事や祭祀を司った中臣氏であった。天児屋命《あめのこやねのみこと》を祖として、現在の京都市山科区中臣町付近の山階《やましな》を拠点としていたとされている。

しかしながら、藤原氏にも中臣氏にも測量集団に関係すると思われる記述がほとんど見つからない。唯一関係したとみられるのが、地鎮祭などの宗教儀礼であろうか。藤原氏の祖神である天児屋命は、アマテラスの岩戸隠れの際、岩戸の前で祝詞《のりと》を唱え、アマテラスを岩戸から外に出す手伝いをした神だからである。これはのちの陰陽道にも通じるものだ。

ということは、おそらくそういう古神道的な宗教儀礼と渡来系の測量集団による技術が組み合わさって平城京やそれ以前の都は造営されたのではないだろうか。そして、その神事と測量技術を合体させたグループの流れが、のちの平安京の時代に陰陽道へと集約されていったと思われるのだ。

隠し絵のように残された古代文明の痕跡

その測量技術がどこからもたらされたのかというと、やはり一番怪しいのは大国主ことオオナムジに代表されるような国土造りのエキスパート、おそらく大陸を渡って来た技術集団だ。だがもう一つの可能性として、大和朝廷が誕生する前、もっと言えば、スサノオが出雲を平定する前から既に日本に「国」を作っていた越国や飛騨国の測量技術集団であったかもしれない。いずれにしても、どういう経緯かはわからないが、その技術は出雲族に継承された。その出雲族から大和族に技術や知識は受け継がれ、都造営の際に活用されたのだと私は考えている。

そのことは『古事記』の神武東征の記述を読むとはっきりする。神武天皇が大和を平定する前には、既に飛鳥や橿原地方は豪族、すなわち大和国の王たちが支配していたのである。大和平定後に神武が最初に宮を築いたのは、大和三山の畝傍山であった。ということは、畝傍山にあった豪族の宮殿を奪い取ったとみることが妥当であろう。神武東征の前には、既に大和三山を活用し、それを中心とした豪族の都があったわけである。

しかも、その大和の王たちの中には、スサノオの息子であるニギハヤヒ（注：正統竹内文書の口伝による）や、ニギハヤヒと縁戚関係にあるナガスネヒコがいたのだ。神武が東征するずっと以前に、出雲族が大和地方に進出して地方の豪族らと都を築いていた図式が浮かび上がってくる。つまり、後から来た神武に代表される日向族（のちの大和族）は、既に出雲族や大和の豪族らが築いた都の跡地を再開発・再利用して、新たな都を造営していったとみられるのだ。そうした興亡の歴史は、世界ではずっと昔から続いている。言い換えれば、我々の文明は古代測量・技術集団たちの偉業や叡智の上に成り立っているのだ。

たとえば5000年前にイギリス諸島にいた古代人たちは、ストーンサークルやエイヴベリーの巨大複合体、それに「聖ミカエルライン」と呼ばれている長大なラインを建造したが、それらの建造物・構造物は、後にイギリスに流入してきたキリスト教徒らによって再発見・再認識され、多くは教会や砦、城として再利用された。もちろん一部は破壊され、今は跡形もなくなっているものもある。それでも幸いなことに、彼らの痕跡をたどることは十分可能だ。

5000年の歳月の間に我々が忘れてしまった古代文明の痕跡は、一部は地名や伝説・神話として語り継がれ、あるものは廃墟として我々の文明の中に現存する。それらは、古代測量集団たちが彼らの偉業を後世に伝えるために残した記録とも言えるものだ。そして、まるで隠し絵のように我々の文明の中にひっそりとはめ込まれているのである。

日本でも同じようなことがあったとしても、まったく不思議はない。実は、その手がかりとなる言葉が、何と『万葉集』の中に隠されているのである。

第4章

古代測量集団の知られざる正体

『万葉集』に隠された船岡山と背山の秘密

歌の中に驚くようなヒントが隠されている場合がある。『万葉集』に収められた柿本人麻呂の歌とみられる「大穴道少御神《おおあなむちすくなみかみ》の作らしし妹勢能山《いもせのやま》を見らくしよしも」（大意：大汝《おおなんじ》と少彦名《すくなひこな》の神がお作りになった妹背の山を見るのはいいものだな）という歌だ。そこには何と測量山として妹勢能山を造った神の名前が書かれているのだ。

その妹勢能山だが、おおかたの万葉集の研究家は紀伊国の背山の二峰、もしくは背山の対岸にある妹山と背山（いずれも和歌山県伊都郡かつらぎ町）を詠んだ歌であると考えている。ところがこれには異論があり、吉野の妹山・背山のことではないかというのである。実は私もこの説に賛同する。というのも、測量技術集団の観点からこの歌を読み解くと、吉野の妹山と背山のほうが、はるかに説得力があるからだ。詳しく説明しよう。

紀伊国の背山が国土の測量に使われた山であることは、誰も異論はないだろう。大化の改新の詔で、兄山（背山）が機内の南限とされたからだ。紀ノ川を挟んだ対岸に妹山があり、かつ川中に船岡山という名の島があるが、その上流の吉野川の奈良県吉野町にも同じように背山と妹山があり、そばに船岡山があることは先に述べた。同じ測量の山でなければ、背山、船岡山、妹山とは名付けられないはずだ、と。

どちらも測量山であったという根拠はそれだけではない。紀伊国の背ノ山・船岡山と、吉野の背山・船岡山は、測量上非常に重要な配置となっていることが一目瞭然なのだ。どういうことかと言うと、**図4-1**を見てもらいたい。紀伊の背ノ山と吉野の背山を結んだ直線の先には吉野の妹山がある。しかも背ノ山と背山を結んだ直線のちょうど真ん中に、万葉集の研究家なら誰でも知っている真土山《まつちやま》があるのである。

真土山は、大和国と紀伊国との国境に位置する山（現在は奈良県五条市上野町から和歌山県橋本市隅田にまたがる山）で、古来旅人が旅の目安とした山であったことが知られている。飛鳥方面を出発して南に向かった旅人は、吉野川に突き当たり、そこから少し西へ向かうとこの山が見える。そして、この山を越えると紀伊国に至る。『万葉集』の弁基の歌に「真土山夕越

図4-1 **二つの背山、妹山、船岡山と吉野宮の関係**

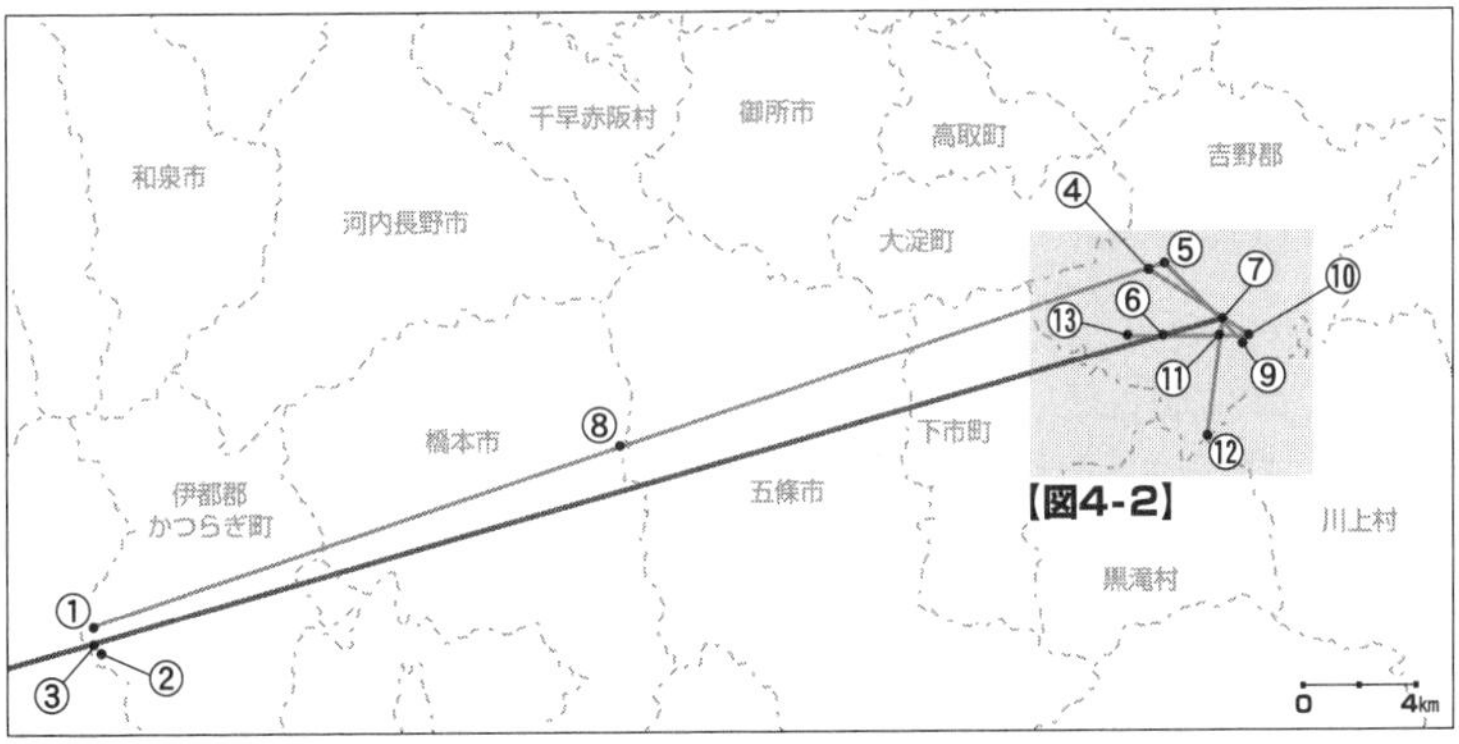

①背ノ山　④背山　⑦宮滝遺跡（吉野宮跡）　⑩三船山の最高峰（487m）　⑬金峯山寺
②妹山　⑤妹山　⑧真土山　⑪象山
③船岡山　⑥船岡山　⑨三船山（御船山・442m）　⑫青根ヶ峰

え行きて廬前《いほさき》の角太川原《すみだがはら》にひとりかも寝む」（真土山を夕方に越えて行って、廬前の角太川原に独りで寝ることであろうか）とあるのは、真土山が旅の目安になっていたことを物語っている。

ただし真土山は、標高100～160メートルほどの丘陵のような低い山で、しかも現在は国道や高速道路の建設で開発が進み、昔はどのような山容であったかもわかっていないため、どこが測量点であるか定かではない。それでも、この国境の真土山は背山（背ノ山）と背山を結んだ直線上にあり、どちらの背山からも約20・6キロと同じ距離にあるのだ。これが偶然だと言えるだろうか。

もう一つの根拠を提示しよう。紀伊の船岡山から吉野の船岡山に向かって直線を引いていくと、吉野山の中心にある金峯山寺《きんぷせんじ》のそばを通り、吉野の船岡山の頂上を通った後、吉野町の宮滝遺跡に至るのだ。その宮滝遺跡こそ、吉野宮が造営されたと考えられている遺跡なのである。そして宮滝遺跡と紀伊の背山を結ぶと、やはり真土山の南麓を通るという具合だ。

ここでもう一度、平安京を造営するときに基軸として使われた船岡山のことを思い出してもらいたい。船岡山と甘南備山を結んだ直線によって平安京は決まったのだ。すると、吉野宮は紀伊の船岡山と吉野の船岡山を結んだ直線によって決まったということが、同じ法則によって確認できるわけだ。そうでなければ、紀伊の背山と、真土山、それに吉野の背山と妹山が一直線上に並んでいること、二つの背山から等距離の場所に国境の真土山があること、紀伊の背山と吉野宮とされる宮滝遺跡を結ぶと真土山南麓を通ること、それに吉野の船岡山と妹山を結んだ直線が三輪山、恭仁宮、三上山、近江大津宮を結ぶことの説明がつかない。

神代に定められた宮の位置

実は吉野には、もう一つ船の付く有名な山がある。それが三船山（御船山）だ。三船山がなぜ有名かというと、吉野宮に比定されている宮滝遺跡に近くて目立つ山だということもあるが、やはり『万葉集』によく取り上げられた山だからだ。2首ほど紹介しよう。

滝の上の　御舟《みふね》の山に　瑞枝《みづえ》さし　繁《しじ》に生ひたる　栂《つが》の樹の　いやつぎつぎに　万代《よろづよ》に　かくし知らさむ　み吉野の　蜻蛉《あきづ》の宮は　神柄《かむから》か　貴くあるらむ　国柄か　見が欲しから　む　山川を　清み清《さや》けみ　うべし神代ゆ　定めけらしも（笠朝臣金村《かさのあそみかなむら》）

（大意）吉野川の激流のほとりの御船の山に、みずみずしい枝を張り出して、すき間なく生い茂る栂の木――その様と「つが」という名のように次々と、代々の天皇がこのように万代の末までお治めになっていく。ここ吉野の蜻蛉の離宮は、この地の神のご威光からこんなにも貴いのか。国柄が立派なためか、誰もが見たいと心惹かれる。山も川も清くすがすがしいので、なるほど神代からここを宮とお定められたのであるらしい。

滝の上の三船《みふね》の山は畏《かしこ》けど思ひ忘るる時も日もなし（車持朝臣千年《くらもちのあそんちとせ》）

（大意）滝の上にそびえる三船の山の霊威は恐れ多いほど素晴らしいけれども、だからと言って都に残してきたあの人のことを思い忘れる日は一時もない。

この歌からも、三船山が非常に神聖で重要な山であったことがわかる。そして、平安京造営にも、船山、船岡山が重要な役割を演じたことを考えると、ここにも相似形があるわけだ。ということは、この三船山も吉野宮の測量に使われた可能性が高いことがわかってくる。

聖山から引ける三つの二等辺三角形

そこで実際に地図で、三船山が船岡山や背山や宮滝遺跡とどのような位置関係にあるかを確認してみた。すると、三船山は背山と宮滝遺跡を結んだ直線の延長線上にあり、宮滝遺跡と象山《さきやま》を結んだ直線上に青根ケ峰《あおねがみね》がある。そして三船山と象山、船岡山、それに7世紀に活動した伝説的な山林修行者・役小角《えんのおづの》が開創したと伝えられる金峯山寺がほぼ一直線上に並んでいるのである（図4－2）。

なぜ象山や青根ヶ峰を測量山に入れるのかと疑問に思う読者もいるだろう。実は、吉野宮を語るうえで、三船山、象山、青根ヶ峰はどうしても外せない山々なのだ。それは山部赤人ら名立たる万葉歌人が歌に残しているからだけではない。吉野宮跡に立ったときに、必ず目に入る山々でもあるからだ。

その山々は、吉野宮跡（宮滝遺跡）のある奈良県吉野町宮滝の吉野歴史資料館から一望に収めることができる。一直線上にあるのに、どうして奥の青根ヶ峰が見えるのかと思われるかもしれないが、宮跡から少し北東に寄った高台に資料館があるので見えるのだ。写真

図4-2

吉野宮（宮滝遺跡）と測量山の関係

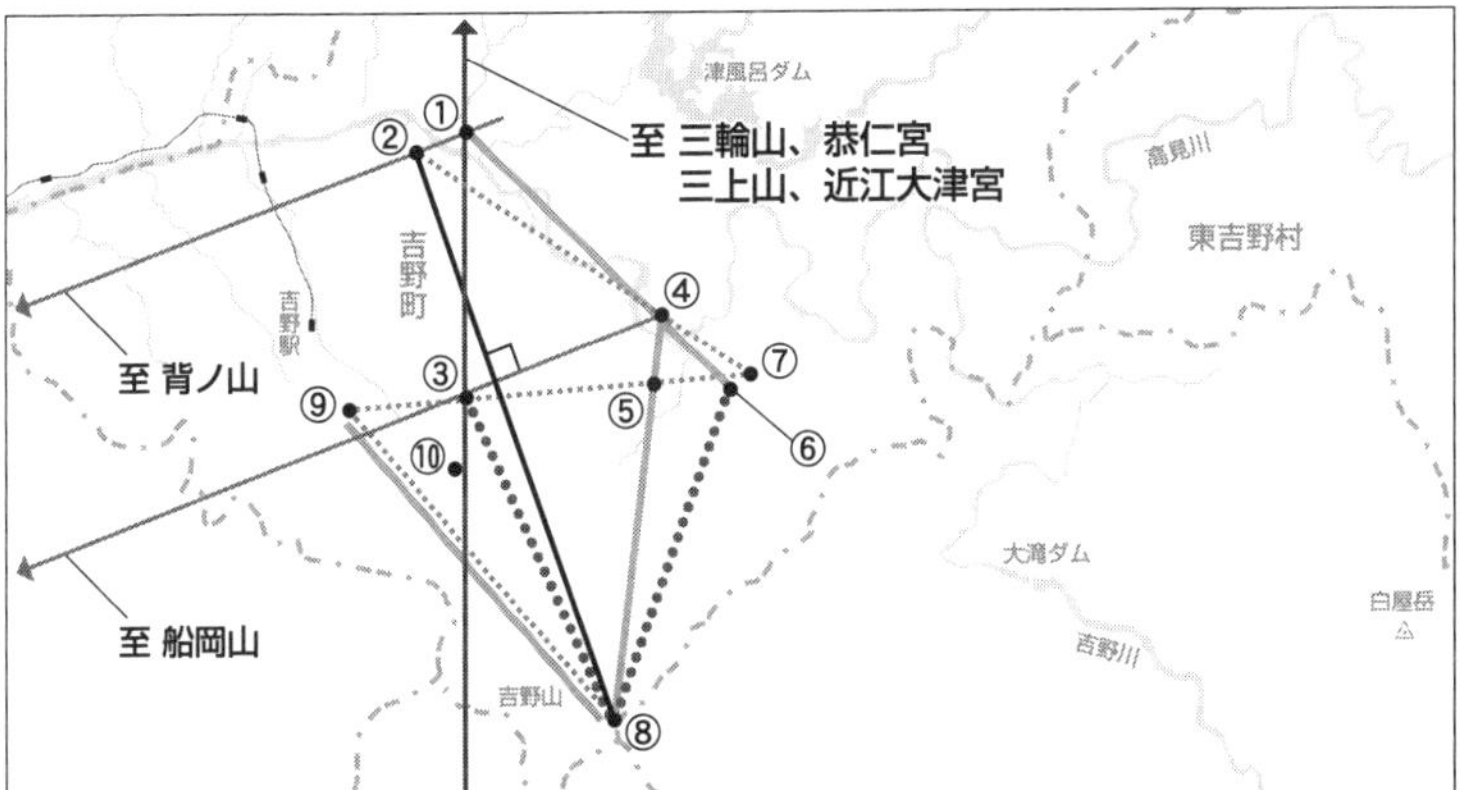

①妹山
②背山
③船岡山（455m）
④宮滝遺跡（吉野宮跡）
⑤象山（407m）
⑥三船山（442m）
⑦三船山の最高峰（487m）
⑧青根ヶ峰（858m）
⑨金峯山寺
⑩後醍醐天皇陵

⑧⑨＝⑧④＝4.0km
⑦⑨＝⑦②＝4.1km
⑧③＝⑧⑥＝3.6km

４－１を見てほしい。資料館の二階から撮影したものだが、右手前が象山の東麓で一番奥に見えるのが青根ヶ峰である。

　青根ヶ峰は、吉野山最南端にある吉野山最高峰（標高８５８メートル）の山だ。古くから「水分山《みくまりやま》」とも呼ばれる神奈備山《かんなびやま》で、『続日本紀』文武二年（６９８年）四月の条に「芳野水分峰神に馬を奉り祈雨した」と書かれている。古代人にとって雨乞いをする信仰の山であったわけだ。実際にこの山は分水嶺となっており、東は音無川、北は喜佐谷川、西は秋野川、南は脇川に流れる水源がある。

　面白いのは、この吉野山最高峰にして神聖な山である青根ヶ峰と吉野の背山を結んだ直線が吉野宮跡（宮滝遺跡）と吉野町及びかつらぎ町にある二つの船岡山を結んだ直線と直交することである。距離を測っても、青根ヶ峰からは吉野宮跡と金峯山寺は同じ距離（４・０キロ）にあるし、妹山と背山とも等距離（６・０キロ）、三船山と船岡山ともほぼ同じ距離（約３・６キロ）にあるのである。つまり、青根ヶ峰を頂点として三つの二等辺三角形が描けるのだ。さらに三船山から背山と金峯山寺ま

写真4-1
「水分山」とも呼ばれた吉野山最高峰の青根ヶ峰（写真一番奥の山）

での距離もそれぞれ４・１キロと等距離にある（155ページの図４－２参照）。

これらのことから吉野宮は、かつらぎ町と吉野町の船岡山を結んだ直線と、青根ヶ峰と象山を結んだ直線、それに三船山と背山を結んだ直線という三つの直線の交点に意図的に造営されたことがわかる。二つの船岡山と三船山という、三つの「船」が付く山が吉野宮造営の測量山に使われていたわけだ。

古代の都や宮を指し示す三つの船岡山

「船岡山」や「船山」が都や宮殿造営の重要な機軸となっていたことを示すもう一つの証拠は、船岡山同士を結んでみればよくわかる。船岡山を結んで造営されたのは、吉野宮だけではないのである。それを示したのが、次ページの図４－３だ。

吉野の船岡山と京都の船岡山を結んだ長大な直線は、飛鳥京と藤原京の東を通り抜け、平城京の中央を貫き、恭仁京の西端をかすめながら平安京の中央部（平安宮）を抜けて船岡山に至るのである。その延長線上には船山もある。

次に紀伊の船岡山と京都の船岡山を結ぶと、それは長岡京の中心部である長岡宮を貫き、同じく平安京の中心である平安宮（大内裏）を抜ける。そして、紀伊と吉野の船岡山から京都の船岡山に向けて引いた直線のどちらも、測量山である背山（前者は東麓、後者は山頂）を通過

図4-3

古代の都、神社と測量山の関係

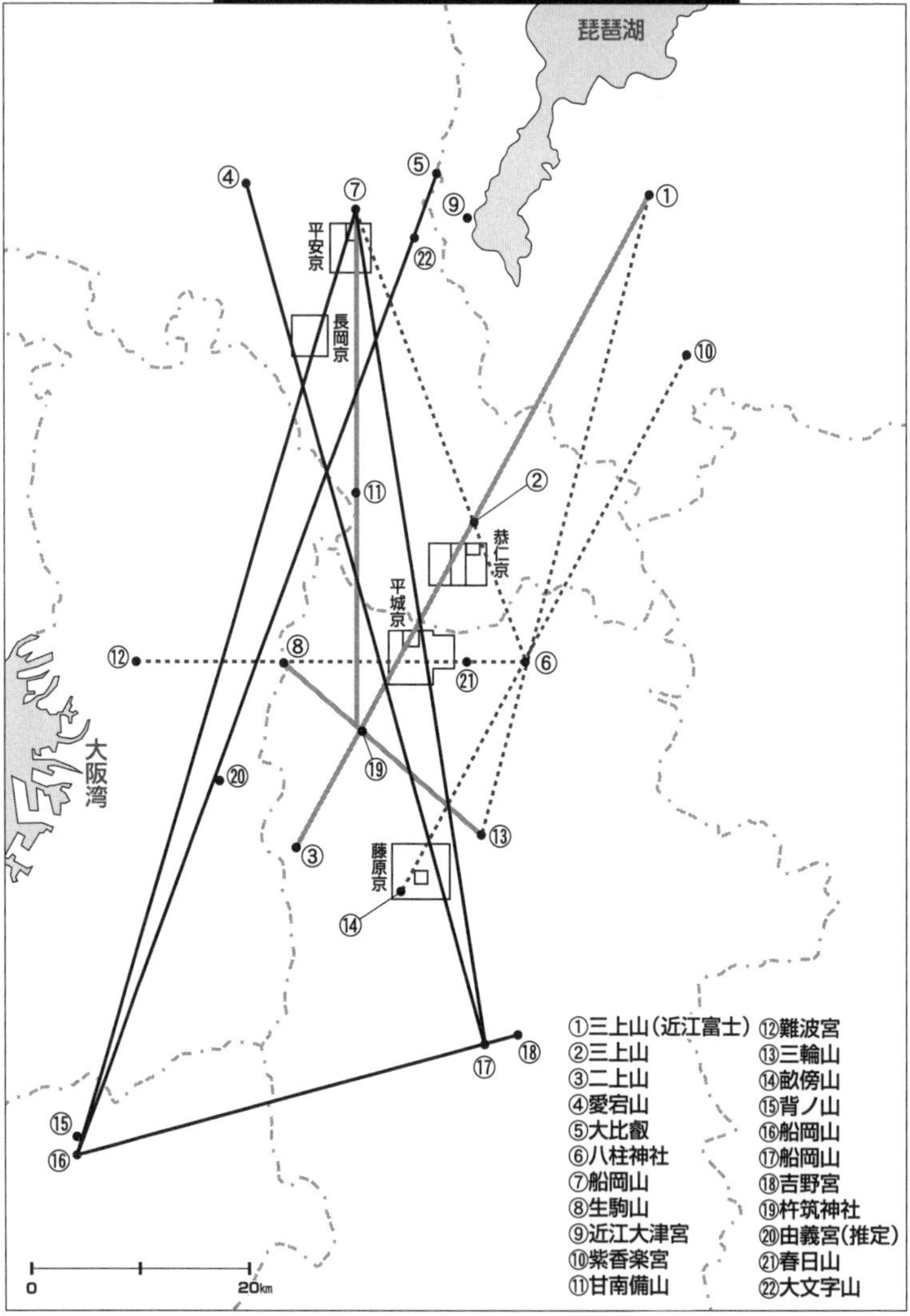

するのである。

それだけではない。図4-3をもう一度よく見てもらいたい。紀伊の船岡山(⑯)と吉野町の船岡山(⑰)を結んだ直線は、吉野の船岡山と京都の愛宕山(④)を結んだ直線と吉野の船岡山でほぼ直角に交わる。しかもその巨大な直角三角形の愛宕山と吉野町の船岡山を結んだ辺は、長岡京を通り、平城京の南西角をかすめ、藤原京と飛鳥京を貫くのである。次に紀伊の船岡山と比叡山を結ぶと、由義宮《ゆげのみや》跡地とみられる場所(大阪・八尾《やお》市の由義神社付近)を通り、交野山の西麓を通り抜け、大比叡と大文字山を結んだ直線と一致・合流するのである。すなわち京都から和歌山、奈良にかけて三つの船岡山が大比叡と愛宕山とともに大地に描く三つの大三角形は、見事に都や宮の配置を正確に指し示しているのである。

つまり、ほとんどすべての都や宮が「船」という名が付く測量山や測量点によって完璧に配置されていたわけだ。こうなると、近畿地方に配置された三つの船岡山は、「羽根」と同じように三角測量点であったとみなさざるをえなくなる。

「妹勢能山」は人工ピラミッド山だった

しかし、自然の山がこれほど完璧な配置で並ぶことなどありうるのだろうか。やはり不自然であり、到底自然ではありえない配列に思われる。むしろ、これまでに紹介した山のいくつかは、自然の山をピラミッド型もしくは円錐形に加工して神奈備山にしたと考えたほうがはるかに理に適っているのだ。

それを念頭にして下の写真４－２を見てほしい。これは吉野川の下流（西方面）から吉野町の妹山と背山を撮影したものだ。どちらも綺麗な円錐形をしているが、特に妹山はピラミッドのように美しい形をしている。妹山の写真を拡大したのが写真４－３である。私も初めてこの山を見たときは、そのあまりにも均整のとれた山容に驚かざるをえなかった。紀伊の背ノ山や吉野町の船岡山、それに中間点にある真土山はその規模と形から見て完全な人工の山ではないにしても、吉野川の下流から見ると見事にピラミッド型の吉野町の妹山と背山、それに船のような形に見える紀伊の船岡山が加工山、もしくは人工山であったのではないかと思うのだ。

写真4-2　吉野川下流から見た背山（右）と妹山（左奥）

写真4-3
妹山は円錐形に加工された山のように見える

すると次の仮説が成り立つのである。

［1］紀伊の測量山である船岡山と吉野町の船岡山を結んだ直線上に、吉野宮のおおよその造営地を定めた。

［2］畿内国の南限と定めた背ノ山と大和国と紀伊国の国境にある真土山を結び、その距離を測った。そして、その距離と等しくなる延長線上の吉野の地点に測量山として背山を配置した。

［3］同時にその背ノ山と背山を結んだ直線の延長線上で、吉野町の船岡山と大和の三輪山、それに京都の三上山を結んだ直線と交わる点に人工ピラミッドとも言える妹山を建造した。

［4］背山と三船山を結んだ直線と、吉野最高峰の青根ヶ峰と象山を結んだ直線との交点に吉野宮の中心を置いた。

順序に若干の相違はあるかもしれないが、吉野宮造営の測量的手順は以上のようではなかったかと考えられる。このことからわかるのは、吉野の背山と妹山（二つ合わせて妹背山）は、吉野宮を造営するのに決定的な役割を演じたということだ。一方、紀伊の背ノ山は畿内国の南限ではあるが、それほど吉野宮造営に大きな役割を担っていたとは言えない。紀伊国で測量上重要だったのは、むしろかつらぎ町の船岡山のほうではないかと思われる。

吉野の妹背山が意図的に造られた山であった――そのことがわからないと吉野宮の造営の秘

密がわからないということは、柿本人麻呂の前掲の歌を理解するうえで極めて重要なポイントである。しかも、吉野の妹背山には、歌に詠まれている通り、妹山に「大穴道」(オオナムチ、すなわち大国主命のこと)を祀った大名持神社があるのだ。

これに対して、紀伊の背ノ山の二峰や妹山の山中には神社はなく、その間にそびえる川中の船岡山には厳島神社があるものの、かなり離れた場所に寺社があるだけである。その山容は、旅の目印にはなったとは思うが、神々が造ったとされるような信仰の山だとするには決め手に欠ける。柿本人麻呂が詠った「妹勢能山」は紀伊の妹背山ではなく、吉野の妹背山なのだと、測量師の観点から断言できるのである。

『万葉集』から浮かび上がる謎の測量集団

残る問題は、他の都や宮殿造営との関連でどちらの山や都・宮殿が先に造られたのかということだ。少なくとも吉野宮はかなり早い時期に造営されていた。『日本書紀』には応神天皇や雄略天皇の吉野行幸の記事が見られるからだ。ただし確実に離宮が存在したと言えるのは、斉明天皇時代の656年とされている。飛鳥に都が置かれていた時代だ。

ということは、吉野の船岡山を利用して、紀伊の船岡山を建造、ほぼ同時に吉野の背山と妹山を造り、後に平安京を造るときに京都の船岡山を造ったとも考えられる。いずれにしても、飛鳥時代にはすでに吉野町の背山と妹山は造られていた可能性があるわけだ。

さてここで、柿本人麻呂の歌に詠まれた「妹背山ピラミッド」の建造者、「大穴道少御神」に話を移そう。

大穴道とは大汝（オオナムチ）、すなわち大国主であり、少御神とは少彦名（スクナヒコナ）のことで、既に紹介したように『古事記』の出雲の国づくり神話に登場する。この出雲の国づくり神話は、神武が日向国から東征してナガスネヒコ軍を破って大和に王朝をつくる、そのはるか前の話だ。この辺りの詳細な物語は拙著『竹内文書の謎を解く２』をお読みいただきたいが、簡単に説明すると次のようになる。

出雲族の王スサノオの娘スセリビメと結婚した大国主ことオオナムチ（オオナムヂ、オオナムジとも書く）は、出雲国の実質的な王（実際はスセリビメが女王で、オオナムチは女王の婿）となった。そこで国造りを始めるのだが、そのときオオナムチを助けたのが「天の羅摩船《かがみのふね》」に乗ってやって来たカムムスビの子スクナビコナであった。二人は協力して国造りに成功したが、途中でスクナビコナが亡くなってしまう。その時、大和を含む近畿の王であったニギハヤヒノミコト（別名大歳）がオオナムチをバックアップしたという話だ。

記紀神話では、天孫族が降臨する前のスサノオ系の国津神の物語にされているが、当時は実質的に出雲族やニギハヤヒの王国が近畿地方や山陰地方一帯を支配していたのである。天孫族は九州の日向を支配していた豪族「日向族」であった。そうした神話に隠された歴史を知っていると、柿本人麻呂の歌もさらに理解が進む。

つまり、オオナムチもスクナビコナも、大和政権が出来るはるか前に日本に存在した測量や土木技術の知識を持つ国土造りのエキスパートであった、ということだ。しかも彼らの出自はわかっていない。『日本書記』ではオオナムチはスサノオの子孫ということになっているが、スサノオの娘と結婚しているわけだから、婿養子であったとみられる。唯一わかっているのは、スクナビコナがカムムスビ（カミムスビ）の子であったということだけである。まさに謎の測量・技術集団だ。

オオナムチとスクナビコナは風水師兼測量師か

カミムスビもまたタカミムスビと同様に、「ムスヒ（ムスビ）」の神である。「ムス」とは「産」とか「生」という意味であり、「ヒ」は「霊力」という意味だ。併せて天地万物の「大本」となる力を生み成す霊妙な神霊ということになる。

「高み結びの法則」には、まさにそういう意味があったのではないか。大地のエネルギーを読み、そのエネルギーを人工丘や加工丘、巨大ヘンジや巨石施設を使って山から山へと誘導しながら自分たちの「都」をパワースポット化したとみられるからだ。彼らは大地にパワースポットを作る方法を知る人たちであった。ならば、カミムスビも、大地のエネルギーの生み出し方や増幅の仕方を知る風水師兼測量師（のちの陰陽師）であった可能性が強いことになる。

スクナビコナもカミムスビの子であるのだから、やはり風水師兼測量師の知識があったとしても不思議はない。一方、オオナムチについては、謎は謎のままだ。いずこからか彗星のごとく現れて、出雲国の王スサノオの娘と結婚、実質的な出雲王となったのである。かなりの才能や技能があった人物に違いない。

実はこのオオナムチこそ、特殊な技術を持つ古代ユダヤ人（必ずしも現代のイスラエルにいるユダヤ人の先祖とはかぎらない）であったのではないかと思っている。その根拠も拙著『竹内文書の謎を解く2』に詳しいが、簡潔に説明すると、次の通りである。

［1］オオナムチの子であるタケミナカタが祭られている諏訪大社では、古代イスラエルと何らかの関係があるかのような神事が行われていること。すなわち、『旧約聖書』に記されているソロモン王の神殿建設の物語と諏訪大社の御柱祭、それに『旧約聖書』のイサク奉献伝承と御頭祭にはそれぞれ相似性があること。

［2］御頭祭が行われる上社前宮の裏手には守屋山があるが、この名前はイサクを神に捧げようとした「モリヤ山（モリヤの丘）」と同じ名であること。

［3］オオナムチが国譲りをする際の条件にした「巨大な神殿」の話が『旧約聖書』の「ヨシ

ュア記」に出てくる「巨大な祭壇」の話と共通点があること。

［4］オオナムチが祀られている出雲大社とその子タケミナカタが祀られている諏訪大社のある地域でのみ十月は神在月《かみありづき》とされ、それぞれ祭が催行されるが、それが古代イスラエルの人々が結束を強めるために、少なくとも年に一回カナンの地の中心であるシケムに全十二部族が集まって神ヤハウェとの契約を確認する儀式に似ていること。

以上の理由から、オオナムチは古代ユダヤ人であったのではないかと思われるのだ。たとえそうではなかったとしても、オオナムチとスクナビコナは神とも比較されるような高度な国造りの技術を持つ集団の代表者であった可能性は強いと言えるのではないだろうか。

神武以前に出雲系が大和に都を造営していた

オオナムチとスクナビコナが、出雲の国だけでなく大和の国づくりにも絡んでいるとしたら、吉野の妹背山も人工的に造った可能性はある。不思議に思われるかもしれないが、実際に大和には出雲の神々を祀った神社は多い。この吉野の妹山の麓にある大名持神社もそうだが、紀伊の船岡山にある厳島神社のご祭神もスサノオの娘であるイチキシマ（日向族のアマテラスとの「誓約」、つまり政略結婚で生まれた子）だ。

実はもっと面白いことがある。その地域の最高峰の山や目立つ山を結び、どのように古代の都を京都や奈良に造営していったかを調べているうちに、山と山を結んだ直線がどういうわけか、こちらが全く意図していないのに2カ所で集中的に交差することに気が付いたのだ（158ページの図4-3参照）。

その一つは、奈良県大和郡山市山田町だ。近江の三上山－京都の三上山－大和の二上山を結んだ直線、大和の三輪山と奈良の生駒山を結んだ直線、それに京都の船岡山と甘南備山を結んだ直線がこの一点で交わる。

その点の近くにあるのが、杵築《きつき》神社である。祭神はスサノオで、神社の境内で、大きな松明《たいまつ》のような櫓《やぐら》を組み、これに火をつけて燃やす「でんでらこ」という奇祭で知られている。これは、スサノオがヤマタノオロチを退治した伝説と関係があるのではないかとみられている。いずれにしてもスサノオは出雲の王であるから、出雲の神が祀られているわけだ。

もう一つの交差点は、奈良市誓多林町《せたりんちょう》だ。奈良の春日山の東方の地点である。近江富士（近江の三上山）と大和の三輪山を結んだ直線、京都の三上山と船岡山を結んだ直線、難波宮－生駒山－平城京－春日山を結んだ直線、それに紫香楽宮（比定地）と大和の畝傍山を結んだ直線の合計四つの直線の交点になる。

その点の近くを調べたが、何もない山の中だ。ところが、その点を中央にして東と西にそれぞれ800メートルほど進むと、それぞれの地点に八柱《やはしら》神社がある。なんでも誓多林町はもともと、上、中、下の誓多林に分かれていて、それぞれに八柱神社があったが、大正9年（1920年）に中誓多林の八柱神社に合祀された。それでも境内地と社殿は残っているのだという。

祭神はスサノオと、イソタケ（五十猛）、ヤシマジヌミ（八島士奴美）、オオドシ（大年）、オオヤツヒメ（大屋津比売）といったスサノオの子供とされる神々――そう、つまりここでも出雲の神々が祀られているわけである。

このように、測量上、重要な交点に出雲系神社があるということは、出雲の神々がこの測量に関与していたことを示しているのではないだろうか。特に奈良市誓多林町の八柱神社は非常に示唆に富んでいる。八柱とは8方向という意味でもある。交差した四つの直線が織り成す方角も、見事に8方向を指し示しているからだ。すなわち難波宮－春日山ラインが東西方向、近江の三上山－三輪山ラインはやや傾くが南北方向、船岡山－三上山ラインが北西から南東方向、そして紫香楽宮－畝傍山ライン北東から南西方向である。

柿本人麻呂が「大穴道少御神の作らしし妹勢能山」と詠った背景には、まさしく神武がニギハヤヒ（大歳）から大和の国を奪い取る、あるいは譲り受けるはるか以前に、出雲系の神々が都を測量して造営していたという「歴史的事実」があったからではないだろうか。

鍵を握るのは越の王ヤマタノオロチ

仮にスサノオやニギハヤヒ、オオナムチ、スクナビコナといった出雲系神々が出雲だけでなく近畿地方一帯に都を築いていたとしても、実際最初に都を造ったのは、出雲系の神々だったとは限らない。というのも、既に見てきたように、越の国や飛騨、美濃に至るまで長大なラインを築いた測量技術集団が存在していることは間違いないからだ。越や飛騨の山と山を結び羽根ラインを作った人たちは、出雲系の神々とは思えない。

スサノオのヤマタノオロチ退治の話を思い出してほしい。『古事記』によると、スサノオは「古志の八俣のをろち」を殺したことにより、アシナヅチ、テナヅチという老夫婦の八番目の末娘「櫛名田比売《くしなだひめ》」を娶《めと》ったことになっている。「古志」とはすなわち越の国（富山）である。越の国に「八尾」という地名があることも偶然ではないであろう。八俣の大蛇は八つの頭と八つの尾をもっていたからだ。また八尾町は、婦中町の「羽根」のすぐそばにあることも示唆に富んでいる。八俣の大蛇は越国の王であった可能性が強いのである。

従って八俣の大蛇退治の物語は、スサノオが出雲・山陰地方を支配して王となる前に、越の国から山陰地方までを支配していた越国の王が存在したとみるのが妥当なのである。もしかしたら、その越国の王、あるいは飛騨国の王が中部から近畿、山陰にかけて測量してラインを作り、都を築いていたかもしれないわけだ。その後、後から来たスサノオやその子ニギハヤヒらが各地を征服、もともと築かれていた都を再利用したのだとも考えられる。その都をさらに再利用したのが、日向国から攻めてきた神武ら大和族である。

そうした入れ子的な構図は、古代イギリスにいた測量集団が築いた「聖ミカエルのライン」を見るとわかることは既に述べた。聖ミカエル教会が一直線に並んでいるのでそう呼ばれているが、このラインはキリスト教が流入するはるか前から存在していたのである。

5000年前に彼らはまず、大地のエネルギーの流れを見たり、「高み結びの法則」を使って測量したりしながら、巨石文明の都を造営して、長大なラインを作った。それを後にイギリス諸島を支配したケルト人たちが再利用し、その後紀元後になってキリスト教徒たちが再々利用して加工丘の上に聖ミカエル教会を建てるなどして吸収していった。そしてそれが「聖ミカエルのライン」と呼ばれるようになったわけである。

それと同じことが古代日本でも起きたに違いない。たとえば、吉野宮跡がある宮滝遺跡は、いくつもの異なった年代の遺構が存在する重層遺跡である。多くの掘立柱の建物遺構や敷石、溝の遺構、土坑などから縄文時代後期～晩期、弥生時代の中期などの多数の土器が出土している。特にここから出土した縄文土器は宮滝式土器と呼ばれるほど有名で、紋様をつけるのに巻貝を多用しているという特徴がある。貝があったということは、交易も盛んであったということだ。

吉野宮が造営されるはるか前の縄文時代から、宮滝遺跡の地は縄文人の「都」であった。海と山を結ぶ交通の要所であると同時に、吉野地方きっての住みよい場所であったわけだ。だからこそ、弥生時代にも交易の地として使われ、大和政権においても吉野離宮を造営することになったのである。

柿本人麻呂はまさにそのことを言っていた可能性がある。自分たちが吉野宮を定めるはるか昔に、神々が宮滝遺跡に都を造っていた。都造営のために神々は、山と山を結び、要所要所には測量山すらも人工的に造ったのだ、と。もちろん当時は縄文人という言葉すらなかった時代であるから「神々」という表現でしか語れなかったのである。

竹内文書に残された真の古代史の断片

これは私の持論なのだが、古代の測量技術集団は、大地のエネルギーが山や丘などの高みによって増幅されることを知っていたのではないだろうか。増幅されたエネルギーは、次の高みでまた増幅される。すると、山と山の間でエネルギー増幅のリズムができると、その山と山の距離が一つの基準周期あるいは基準周波数となって、まるで波のように、あるいは倍音の「共鳴」のように、エネルギーが増幅されながら伝わっていくことを知っていたのではないかと思われる。だからそのエネルギーが弱まることのないように、「高み結び」のラインを作った。基準周波数の倍数となる地点に丘や山がない場合は、そこに盛り土などして人工ピラミッドや加工丘まで建造したのである。

大地のエネルギーが山によって増幅されるなどという話は聞いたこともない、という人もいるであろう。では、なぜ山の上がすがすがしいのか。登山家が山頂を目指すのは、単に「そこに山があるから」だけではない。それは山頂が、大地のエネルギーが集中・増幅し、協和音のような調和を作りだすポイントであるからだと私は思っている。

古代の測量技術集団はそれを知っていた。越王のオロチを破ったスサノオは、おそらく政略結婚であったのだろう、その〝報酬〟あるいは〝戦果〟として越国王の末娘（八番目の娘）とみられるクシナダヒメを娶り、新居の宮殿造営の場所を山陰地方に探したと『古事記』の出雲伝説に記されている。そして、気分がすがすがしい場所をとうとう見つけ、そこを「須賀」と名付け、「須賀宮」を造営したとある。つまりスサノオは、エネルギーが集中する地点、すなわち今風に言うならばパワースポットを感知して、そこに宮殿を築いたことになる。

あるいはスサノオは、征服した越国の測量技術集団に命じて、すがすがしい土地、すなわちパワースポットに宮殿を造営させたとも考えられる。というのも、越国には既に、羽根ライン、尖山ピラミッドライン、天柱石を使った正三角形などを作ることができる高度な測量技術集団がいたとみられるからだ。

ここが実は非常に重要なポイントである。なぜ私が、大和政権誕生以前に越や飛騨の地に高度な測量技術集団がいたと判断するかというと、序章でも触れたが、それは記録に残されていないからだ。スサノオら出雲族が宮殿を造営した記録は『古事記』に残されている。当然、大和に王朝を築いた神武以降の歴代天皇の業績は、記紀に詳しい。その記紀など公的文献には記されていないのが、羽根ラインであり、天柱石の正三角形なのである。

その「記録」が残る唯一の例外が、神武以前の神代の歴史を描いたとされる竹内文書なのだ。正統竹内文書の口伝継承者である、第73世武内宿禰こと竹内睦泰氏によると、大和族は自分たちが征服する以前に古代日本を支配していた王たちの系図を自分たちの系図に組み入れることによって、正統性を強調しようとしたのだという。つまり神武に代表される大和族が渡来する前（天孫降臨する前）に、既に存在していた古代日本の王たちの歴史を奪った、あるいは換骨奪胎して残したのが竹内文書なのだ。

もし大和政権が誕生した後に作ったラインであれば、何らかの記録が官製の歴史書である記紀に残されてしかるべきではないか。だが、官製の歴史の中には一行も触れられていない。ということは、そのはるか以前に日本国を測量して巨大な国家を作った古代日本の王たちがいたに違いないのである。大和政権誕生前の本当の日本の古代史は、奪われた歴史の断片がかすかに残る竹内文書に見出すことができるわけだ。

「二上・三上ライン」は「白山・天柱石ライン」と重なった

竹内文書には、奪われた歴史の断片がかすかに残されたとの仮説を基に、古代日本の測量技術集団が、どのようにラインを引いたかを再び見ていこう。

私の仮説が正しければ、弥生人に国土を席巻される前、縄文時代の古代人にとって山と山を結んだ直線上に「都」を築くことは非常に重要な意味があった。だからこそ、彼らの経験と知識、技術は大陸から弥生人が流入してきた後も、語り継がれ受け継がれ、それらの「都」や聖なる地にも再利用された。そうだとすれば、大和政権誕生の地である近畿地方だけでなく、もっと広範囲に測量の痕跡が残っているはずである。

その謎を解くキーとなるのが、近江富士とも呼ばれる滋賀県の三上山なのである。

平城京造営の時に利用した京都の三上山と大和の二上山を結ぶラインがあったことは既に説明した。しかもそのラインは、滋賀の三上山（近江富士）を結んだ直線でもあり、近江富士と三上山を結んだ距離は、三上山と二上山の雄岳を結んだ距離と同じであったこと、その余りにも不自然な配置から近江富士はピラミッド型に加工された人工的な山である可能性が強いことも述べた。

実はこの不思議なラインには続きがある。何と驚いたことに、この直線を北東方向に延ばしていくと、加賀の霊峰・白山の頂上付近を通り、平村の天柱石に至るのである。畿内の測量ラインと越の国の測量ラインを結びつける要の山なのだ。それだけではない。大和の二上山（雄岳）と京都の三上山の距離、京都の三上山と滋賀の三上山（近江富士）の距離はともに約33・5キロであるのに対して、近江富士と白山までの距離は139・4キロと、ほぼその4倍（厳密には4・16倍）になっているのである（図4－4）。

図4-4

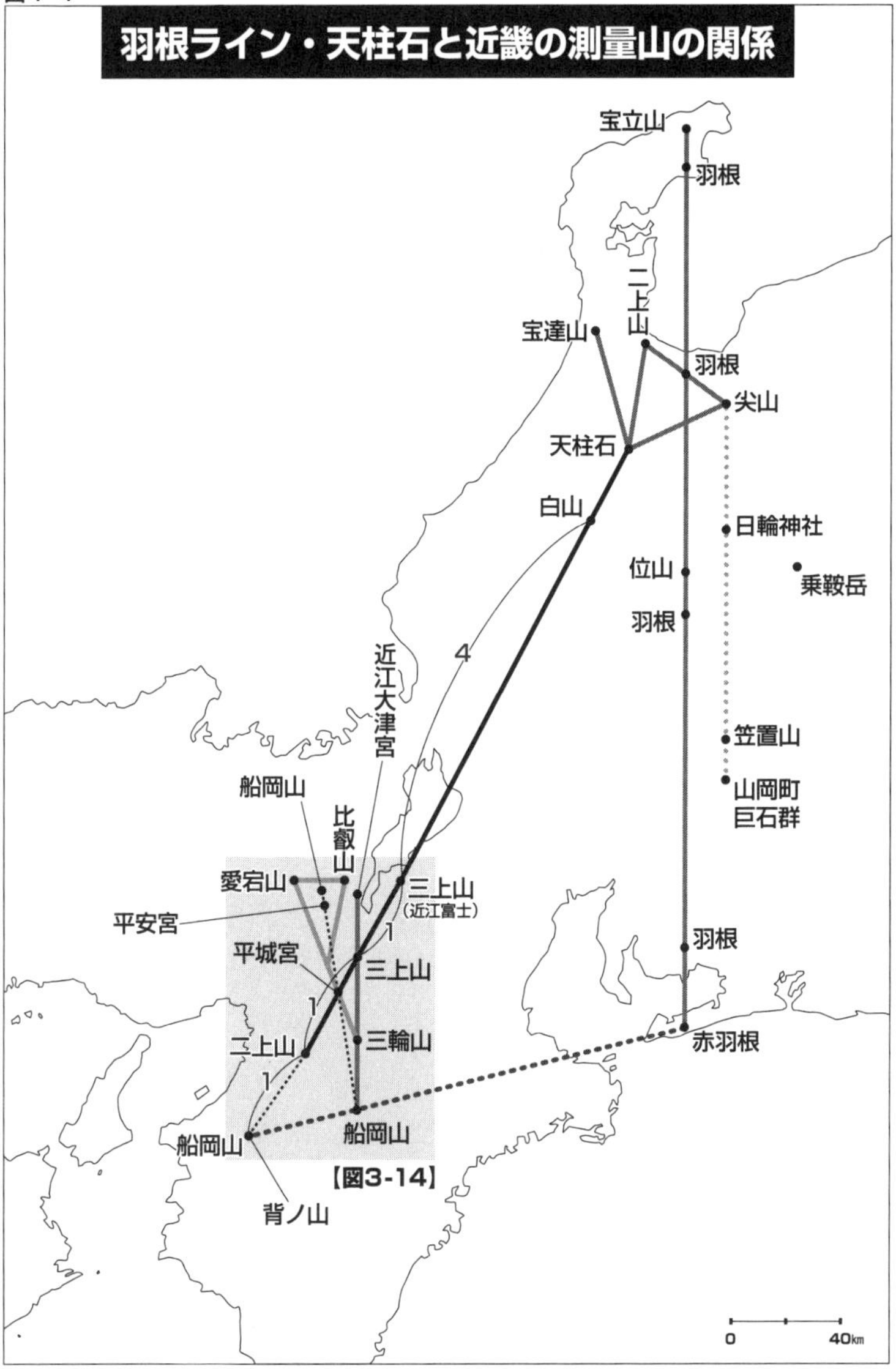
羽根ライン・天柱石と近畿の測量山の関係
宝立山
羽根
二上山
宝達山
羽根
尖山
天柱石
白山
日輪神社
位山
乗鞍岳
羽根
4
近江大津宮
笠置山
山岡町
巨石群
船岡山
比叡山
愛宕山
三上山
(近江富士)
平安宮
1
羽根
平城宮
三上山
1
三輪山
二上山
赤羽根
1
船岡山
船岡山
【図3-14】
背ノ山
0
40km

「4倍」と聞いてすぐに浮かぶのが、能登の最高峰宝立山と飛騨の霊峰・位山を結んだ距離の4分の1が、天柱石、二上山、尖山の作る正三角形の一辺の距離であったことだ。ここでも4倍、もしくは4分の1の法則が発生しているのである。この法則には何か秘密があるのは間違いない。

さらにこの直線における距離の関係を詳細に見ていこう。白山と天柱石の距離は36・8キロである。近江富士－三上山－二上山のそれぞれの距離より2キロほど長く、その3・8倍が139・4キロである。つまり白山の北東と南西では、距離のリズムに変調を来していることになる。その変調が測量点の標高や平地からの高さと関係があるのかもしれないが、理由はよくわからない。

ともかく、そのリズムは白山で明確に変わり、天柱石でさらに変わる。というのも天柱石が作る正三角形の辺の長さは約38・0～38・4キロであるから、白山と天柱石の距離よりもさらに1・5キロほど長くなっているからだ。おそらくこの変調には、我々が知らない古代人の測量技術の秘密が隠されているに違いないのである。

そもそも、等間隔に並べられた二上山－三上山－近江富士のラインが、白山と天柱石を結んだラインと重なること自体、自然の造形ではありえない配置である。

出雲をも支配していた越王オロチ

これらのことから、いろいろなことが推論できる。

一つは、この直線が恐ろしく精妙、かつエネルギー的に測量された、人為的な長大なラインであることだ。近江富士と天柱石は人工の構造物であることは、まず間違いない。尖山もそうだ。そう考えると、二上山、三上山、三上山（近江富士）と続くラインが、最後は天柱石から左にずれるが富山県高岡市の二上山で終わるというのも、何か意味があるのではないかと思えてくる。つまり、二《2》−三《3》−三《3》−二《2》と連なる数字に秘密が隠されているかもしれないわけだ。

こうなると、もうほとんど遊び感覚だが、すぐに浮かんだのはライン上の点を使った双六《すごろく》遊びである。大和の二上山から「2」を使って、京都の三上山、近江の三上山へと2コマ進む。その近江の三上山が人工構造物であるとしたら、京都の三上山から「3」を使って近江富士、白山と進むと、3コマ目の天柱石も人工構造物となる。次は近江の三上山から3コマ進むと、白山、天柱石と来て、そこから東に折れて尖山にコマを進めると、尖山が人工構造物であることを示している、というわけだ。

あるいは、大和の二上山からも富山の二上山からも「三、三、二」と数字を足して「八」を超えなければならないと読む。越のオロチの長さは、まさに「八つの谷と八つの峰」にわたるほど巨大であったと『古事記』に書かれている。つまり越の国がかつて支配していた土地の広大さをシンボリックに表しているのかもしれない。越の支配が大和の二上山まで及んでいたのならば、なるほど出雲の肥河まで「娘を食べに」やって来るはずである。大和だけでなく、遠く出雲まで勢力圏に収めていたのである。

もっとも、三上山とは「御神山」すなわち「神南備山」のことである可能性が高いので、あくまでも遊び心の暗号解読である。

だが、実際に越の国が出雲まで支配していたことについて、竹内文書を暗号解読コードとして利用しながら、『古事記』から読み解いていくことは可能だ。

その暗号の一つが鑓ヶ岳と尖山を結ぶ直線だ。天空浮舟に乗って「羽根」飛行場から向かった先である白馬鑓ヶ岳と、ピラミッド型の尖山を結んだ直線は天柱石を通ることは既に述べたが、それをさらに南西方向へと延ばしていくと、鳥取市を通り、鳥取県日南町と島根県奥出雲町との県境にある船通山《せんつうざん》(標高1142メートル)に至るのである(図4-5)。

船通山と言ってもピンと来ない人がいるかもしれないが、実は非常に重要な山なのである。というのも、高天原を追われたスサノオが最初に降臨したのが、船通山の麓の鳥髪《とりかみ》という場所であったからだ。そのため船通山は、出雲地方では古来より「鳥上山(鳥髪山)」あるいは「鳥上峰(鳥髪峰)」とも呼ばれている。『古事記』によれば船通山の麓へ降ったスサノオが、ここで八岐大蛇を退治し、八岐大蛇の尾から得た天叢雲剣《あめのむらくものつるぎ》を天照大神に献上したことになっているのだ。

　まさかその船通山が、白馬鑓ケ岳－尖山－天柱石を結んだラインの延長線上にあるとは予想もしていなかった。しかし、そのことを調べている時に新しい発見もあった。既に説明したように、ヤマタノオロチは八つの頭と八つの尾があり、その長さは八つの谷、八つの峰にわたっていたと『古事記』に記されている。そして実に、その描写通りの地名が越の国の富山と、出雲国に近い山陰道に残されていることがわかったのだ。

　尖山から天柱石に線を延ばしていくと、そのラインのすぐ北の場所に「八尾《やつお》」（富山県八尾町）という地名が存在する。そのラインはその後、福井県から若狭湾口を横断し、山陰地方の鳥取市辺りを通って船通山に至るのだが、その鳥取市のすぐ南には、「八頭《やず》」（鳥

図4-5　**オロチ神話に隠された越－出雲ライン**

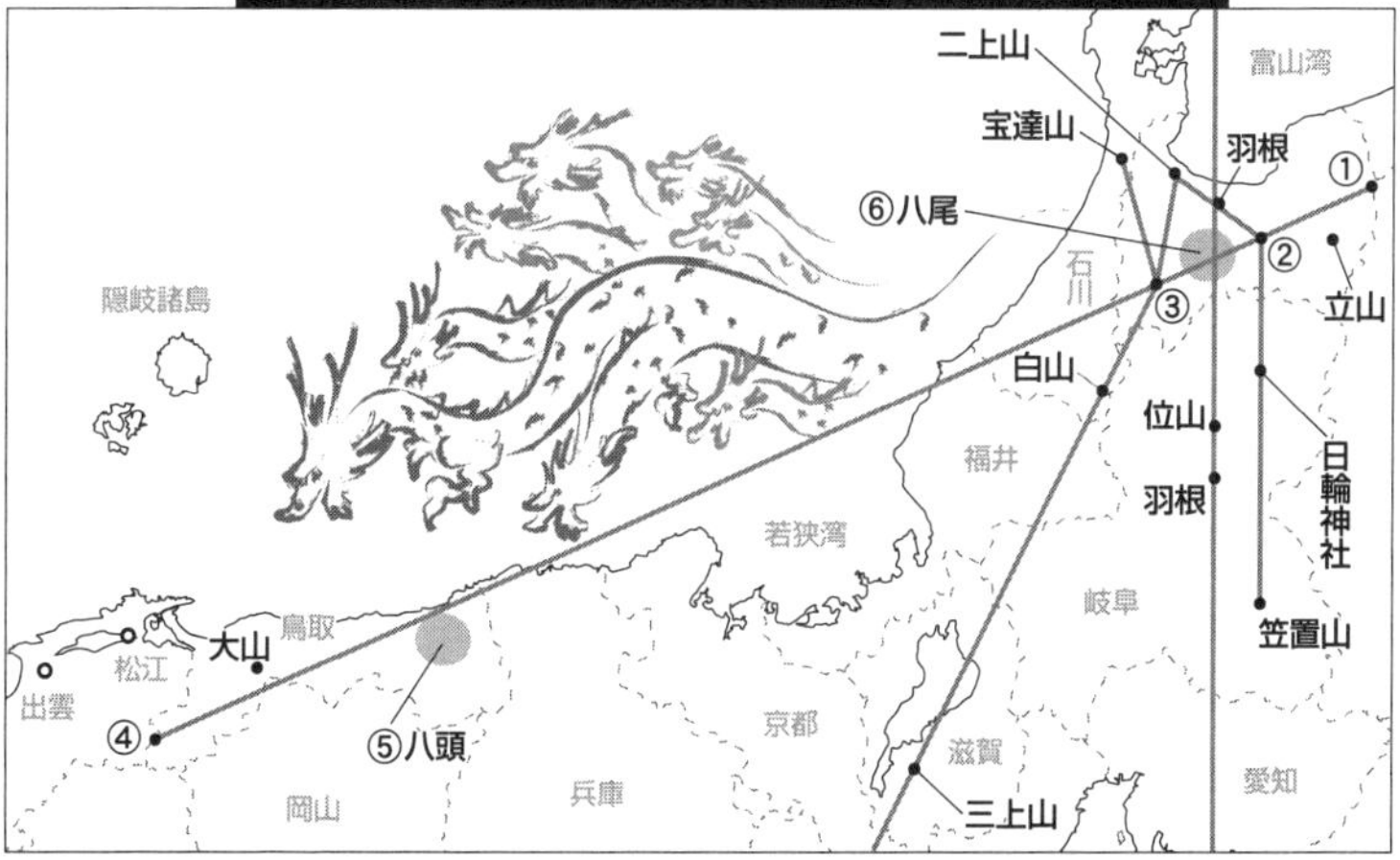

①鑓ヶ岳②尖山③天柱石④船通山⑤八頭⑥八尾

取県八頭郡）という地名が残っているのである。

それぞれの地名の由来に関して言えば、富山の八尾は「おわら風の盆」で有名だが、八つの峰のことを指すのではないかとの説があるくらいで、由来はわかっていない。鳥取の八頭も「古くからある地名」（八頭町役場）ということしかわかっていない。

ということは、かなり古い時代から越の国には「八尾」が、山陰道には「八頭」があり、まさに八尾八頭のオロチが越から山陰道にかけて出雲に頭を向けて横たわっていたことになる。つまり二つの古くからある地名は、越国の王オロチの勢力範囲を象徴的に表した表現であったと解釈できるわけだ。

そう考えると、白馬鑓ヶ岳、尖山、天柱石を結ぶ直線が、なぜ越の八尾と山陰道の八頭を結び、スサノオ降臨の地である船通山に至るのかが、納得できるのである。スサノオも、『古事記』の作者も、そのラインが古くから存在し、非常に重要であることを知っていた可能性がある。少なくとも竹内文書の作者は確実にそのことを知っており、その秘密を竹内文書の記述の中に隠したことは間違いないのではないだろうか。

縦横無尽に走る驚異の測量・通信ライン

ほかにも越や飛騨にいた古代測量技術集団が作ったとみられる、広範囲にわたる長大なラインはたくさんある（182ページの図4-6参照。ただし図を見やすくするため何本かの直線は省略してある）。白馬鑓ヶ岳と霊峰・位山を結んだ直線が、鈴鹿山脈の主稜線上に位置する御在所山を通り、吉野の高城山（標高702メートル）か、宮滝遺跡に至るのも偶然ではないだろう。

天柱石と、滋賀県の最高峰である伊吹山（標高1377メートル）を結んだ直線が吉野・船岡山を指し示すのも測量的な意図が感じられる。白馬鑓ヶ岳と伊吹山を結ぶと、その直線上に近江富士が並ぶのも怪しい。伊吹山は七高山の一つとして古くから霊峰とされ、『日本書紀』によると、ヤマトタケルが東征の帰途に伊吹山の神を倒そうとして返り討ちに遭ったとされる神話が残っていることも非常に象徴的だ。

『正統竹内文書の日本史「超」アンダーグラウンド③』（ヒカルランド刊）に書いたので詳しくは説明しないが、伊豆半島の下田に下田富士という尖山ピラミッドにそっくりの山がある。私がその頂上に登ったとき、ちょうど伊豆急下田駅を隔てて反対側にそびえる寝姿山（女性が横たわっているように見えるので名付けられた山）の「頭」に当たる武山を挟むようにして、遠く海の彼方にピラミッド型の島が二つあるのを見つけ、驚いたことがある（写真4-4）。後で調べたところ、その二つの島は利島と鵜渡根島《うとねじま》であることがわかった。武山もピラミッドのように円錐形の山である。ということは、ピラミッド型の山と島が四つもほぼ一直線上に並んでいるわけだ。

この不自然な直線に疑問を抱いた私は、まず利島《としま》と下田富士を結んだ直線をそのまま北西の

図4-6

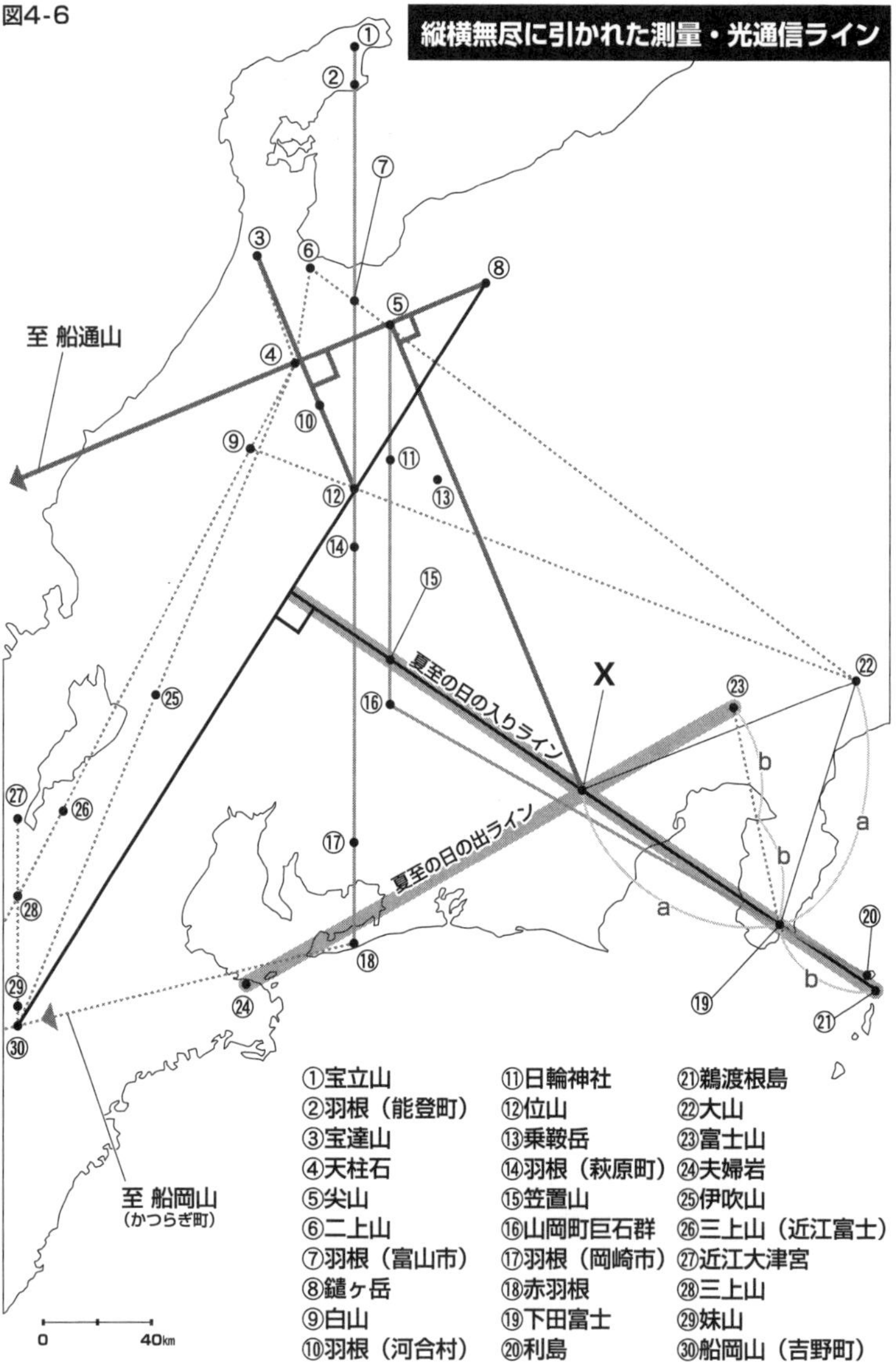
縦横無尽に引かれた測量・光通信ライン
至 船通山
至 船岡山
（かつらぎ町）
X
夏至の日の入りライン
夏至の日の出ライン
a
b
0
40km
①宝立山
②羽根（能登町）
③宝達山
④天柱石
⑤尖山
⑥二上山
⑦羽根（富山市）
⑧鑓ヶ岳
⑨白山
⑩羽根（河合村）
⑪日輪神社
⑫位山
⑬乗鞍岳
⑭羽根（萩原町）
⑮笠置山
⑯山岡町巨石群
⑰羽根（岡崎市）
⑱赤羽根
⑲下田富士
⑳利島
㉑鵜渡根島
㉒大山
㉓富士山
㉔夫婦岩
㉕伊吹山
㉖三上山（近江富士）
㉗近江大津宮
㉘三上山
㉙妹山
㉚船岡山（吉野町）

方角に延ばしていったところ、巨石群が点在する町として知られる岐阜県の山岡町に至ることがわかった。これに対して、鵜渡根島と下田富士を結んだ直線は、岐阜県恵那市にある笠を伏したような形の笠置山を指していた。

この笠置山の中腹には、ピラミッド石という高さ2〜3メートル、ピラミッド型（三角錐）の巨石が3つある（**写真4－5**、**写真4－6**）。その三つの石は山頂に向かって一直線に並んでおり、その直線は

写真4-4
下田富士山頂からは、寝姿山・武山を挟んだ左右の水平線に利島（左）と鵜渡根島が見える

写真4-5
笠置山山中にあるピラミッド石。明らかにピラミッド型に加工されている

写真4-6
こうしたピラミッド石は夏至の日の入りライン上に並んでいる

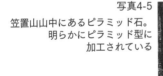

山頂から見たときの夏至の日の入りラインと一致することが地元の研究家の調べでわかっている。そして驚いたことに、この夏至の日の入りラインがまさに下田富士と鵜渡根島を結んだラインと一致したのだ。

一方、利島と下田富士山を結んだ直線上の山岡町には、巨大組石遺構のある石戸神殿巨石群や、笠置山中の石と同じようなピラミッド型の巨石がある別荘巨石群がある。私は当初、その巨石群と笠置山を結び付けて考えていなかったが、ある時、「山岡正」「正とは正中（南中）のことである」という啓示のような〝閃き〟が短い期間のうちに降りて来て、山岡町の巨石群がちょうど笠置山の真南に位置していることを知ったのである。そこで、それらの巨石群と笠置山を直線で結んで北に延ばしていったところ、竹内文書とゆかりのある岐阜県高山市の日輪神社と富山の尖山を通っていた。これが第2章でも紹介した「尖山ピラミッドライン」だ。

伊豆下田ピラミッドラインと尖山ピラミッドラインは、笠置山や山岡町の巨石群で連結していたのである。実はそれ以外にも飛騨・越にいたとみられる古代の測量技術集団は、富士山周辺や伊豆地方にも驚異的な測量技術の痕跡を残している。

たとえば、飛騨の霊峰・位山のそばに船山（標高1480メートル）がある。船山という名前自体、測量山である可能性が高いのだが、位山と船山の頂上を結んだ直線は富士山の山頂を指し示している。ということは、位山からは富士山は南アルプスの山々が邪魔して見ることはできないが、位山から船山の頂上を望めば、その延長線上に富士山があることがわかることになる。つまり船山は、富士山の位置を知るための目安の山になるわけである。そして、この位山－船山－富士山ラインは、利島－寝姿山（武山）－下田富士－山岡町の巨石群ラインと平行線でもあるのだ。また白山と位山を結べば、丹沢山系の大山に至る。

まさに越・飛騨からは、大和や山陰道だけでなく、遠く富士・下田まで縦横無尽に測量・通信ラインが引かれていた可能性があるのだ（図４－６）。

夏至の日に浮かび上がる幾何学的ライン

圧巻なのは、夏至の日の出ラインと日の入りラインを使った測量・通信ラインの妙である。三重県伊勢市二見ノ浦にある夫婦岩は、夏至の日の前後一週間、海面から飛び出した二つの岩（夫婦岩）の間から、約２００キロ離れた富士山の向こう側から昇る日の出が見えることで有名だ。つまり、富士山と夫婦岩は夏至の日の出ライン上にあるわけだ。そのラインは渥美半島の赤羽根付近で羽根ラインと交わり、愛知県豊橋市付近で尖山ピラミッドラインと交わる。一方、笠置山中腹のピラミッド石－笠置山－下田富士－寝姿山（武山）－鵜渡根島のラインは、夏至の日の入りラインとなることは既に述べた。

この二つの夏至の日の出と日の入りラインが交差する地点をXとしよう（図４－６参照）。測量上非常に重要な点であることは言うまでもない。その交点Xと下田富士までの距離は、下田富士と丹沢山系の大山までの距離と等しいのである。大山は、神奈川県伊勢原市・秦野市・厚木市境にある標高1257メートルの山で、雨降山《あめふりやま》とも呼ばれている。富士山のような三角形の美しい山容から古来、山岳信仰の対象とされ、山頂には大山阿夫利《あふり》神社上社がある。

なぜここでいきなり丹沢の大山を登場させるのか、と訝る読者もいるだろう。しかし、竹内文書研究者にとって大山は非常に重要な意味を持つ山なのである。というのも、大山の山中に竹内文書に出てくるような神代文字が刻まれた岩があり、その竹内文書には、鵜草葺不合朝《うがやふきあえずちょう》第1代の武鵜草葺不合天皇が「遠津海サガミ大山に大宮を造り、遷都した」と書かれているからだ。さらに大山阿夫利神社のお札にも神代文字が記されていること、「阿夫利」が竹内文書に出てくる五色人のうち赤人が住む「天夫利降尊州」と似ていること、なども研究者により指摘されている。

また竹内文書では、イザナギとイザナミから生まれた蛭子から「天夫利力男王」が生まれており、さらに大山の麓には「ヨセフ塚」(『旧約聖書』の「創世記」に登場するヤコブの子ヨセフの墓だとされている)まであるというのである。

その大山と下田富士を結んだ直線上には、武鵜草葺不合天皇が大宮を造営し都を築いたと竹内文書が記している、伊豆の天城山(標高1405メートル)がある。ここでも見事に、竹内文書に記された都や宮殿があった場所をつなぐと、幾何学的に意味のある図形が浮かび上がるわけだ。

これにより夏至の日の前後一週間にわたって何ができるかと言うと、こういうことだ。夏至の日の出とともに、富士山（富士王朝）と伊勢（伊勢王朝）の間で狼煙《のろし》や、鏡などを使った光反射を使うことによって相互通信をする。そのやり取りした内容を、今度は南中時に羽根ラインや尖山ピラミッドライン、それに伊勢・白山ラインといった南北ラインの光通信網に乗せることにより、岐阜の位山や笠置山（飛騨王朝）、越の呉羽山（越王朝）や加賀・白山（白山王朝）に知らせる。そしてその日の夕暮れ時に、今度は夏至の日の入りラインである岐阜・笠置山－下田富士ピラミッドラインに乗せて富士王朝へとやり取りの結果を伝えるのである。ほかに位山－船山－富士山ライン、白山－位山－大山ラインを使った可能性もある。

正確な時計を持っていなかったとみられる古代においては、日の出、南中時、日の入りは、遠く離れた場所同士で時間を共有する数少ないチャンスであったはずだ。そのタイミングさえ決めておけば、かなり濃密なやり取りができたに違いない。それが夏至の日の出や日の入りライン、それに南中ラインを測量技術集団が作った大きな理由の一つであったように思われるのだ。そもそもそうでなければ、「山岡正」の「正」とは正中のことであるなどと、朝方の半覚醒中に〝告げられる〟こともなかったはずである。

青森にもあった測量・通信ライン

そのほかにも、測量・通信ラインとみられる幾何学的に意味のある図形はあちらこちらにある。再び182ページの図4－6を見てもらいたい。

交点Xと尖山を結んだラインは、天柱石と尖山を結んだ直線と尖山でほぼ直角に交わる。当然、それは宝達山と位山を結んだラインとほぼ平行線になるわけだ。さらに下田富士と交点Xと笠置山を結んだラインは、白馬鑓ヶ岳と位山と吉野を結んだラインとほぼ直交するのである。

下田富士が人工ピラミッド、もしくはピラミッド型の加工山だとすると、どうしてあの場所に建造したかも、測量的に納得できる構図も浮かび上がってくる（写真4－7）。下田富士と富士山を結んだ距離は、下田富士と鵜渡根島を結んだ距離

写真4-7　ピラミッド型の加工山に見える下田富士。富山の尖山とそっくりだ

のほぼ2倍になるからだ。すると、鵜渡根島を結んだ夏至の日の入りライン（冬至の日の出ライン）上で、かつ富士山からの距離が鵜渡根島からの2倍になる地点に下田富士を建造したことが考えられるのだ。また、静岡県伊東市の小室山と大室山を結んだ直線上に下田富士があるのも人為性を感じる。

これらがただの偶然の産物とは思えない。というのも、これらのラインはすべて、せいぜい250～300キロ四方に延びたラインである。イギリス諸島にいた古代測量集団が築いた長大なラインを考えると、その半分程度の距離のラインを、大和政権ができる以前に日本にいたとみられる古代測量集団が引いていたとしてもそれほど不思議ではない。

つまり、越の天柱石や飛騨の位山を中心に考えると、最低でも西は山陰道、南は吉野・紀伊、東は伊豆半島や伊豆七島までが古代測量集団のカバー範囲であったことがわかるのだ。そして、おそらく富士・伊豆王朝と越・飛騨王朝は密接につながっていたこともうかがえる。

しかしながら、竹内文書を読み解くと、古代測量集団が構築した測量・通信ラインはそれだけではないことがわかってくる。遠く離れた陸奥の国を見てみよう。

竹内文書ではゴルゴダの丘で磔刑に処されたのはキリストの弟で、キリスト本人は来日したことになっているのだが、キリストが上陸した八戸の松ヶ崎港（現在の八戸港とみられる）、竹《たけ》内巨麿《うちきよまろ》（竹内文書を世に出した天津教教祖）が見つけた「キリストの墓」（**写真4-8**）と「大石神ピラミッド」（**写真4-9**）、それに巨麿が「日本最初のピラミッドである」と断言し、キリスト本人も参拝したと記されている十和利山《とわりやま》（写真4-10）が見事に一直線上に並んでいるのである（図4-7）。

さらにそのラインを十和利山から西に真っすぐ延ばしていくと、十和田湖を一望にできる紫明亭展望台や発荷峠《はっか》展望台に至る。ということは、八戸港と十和田湖を結ぶ測量・通信ラインを竹内文書作成者が「キリスト来日伝説」の中に隠したということも考えられるのだ。つまり古代の青森にも、高度な技術を持つ測量

写真4-8
青森県戸来にある「キリストの墓」。竹内文書によるとキリストは来日してこの地で亡くなったという

写真4-9
人工的な巨石遺構が見つかっている「大石神ピラミッド」

写真4-10
竹内巨麿が「日本最古のピラミッド」と断言したという十和利山

図4-7

「竹内文書」に隠された陸奥の国のライン

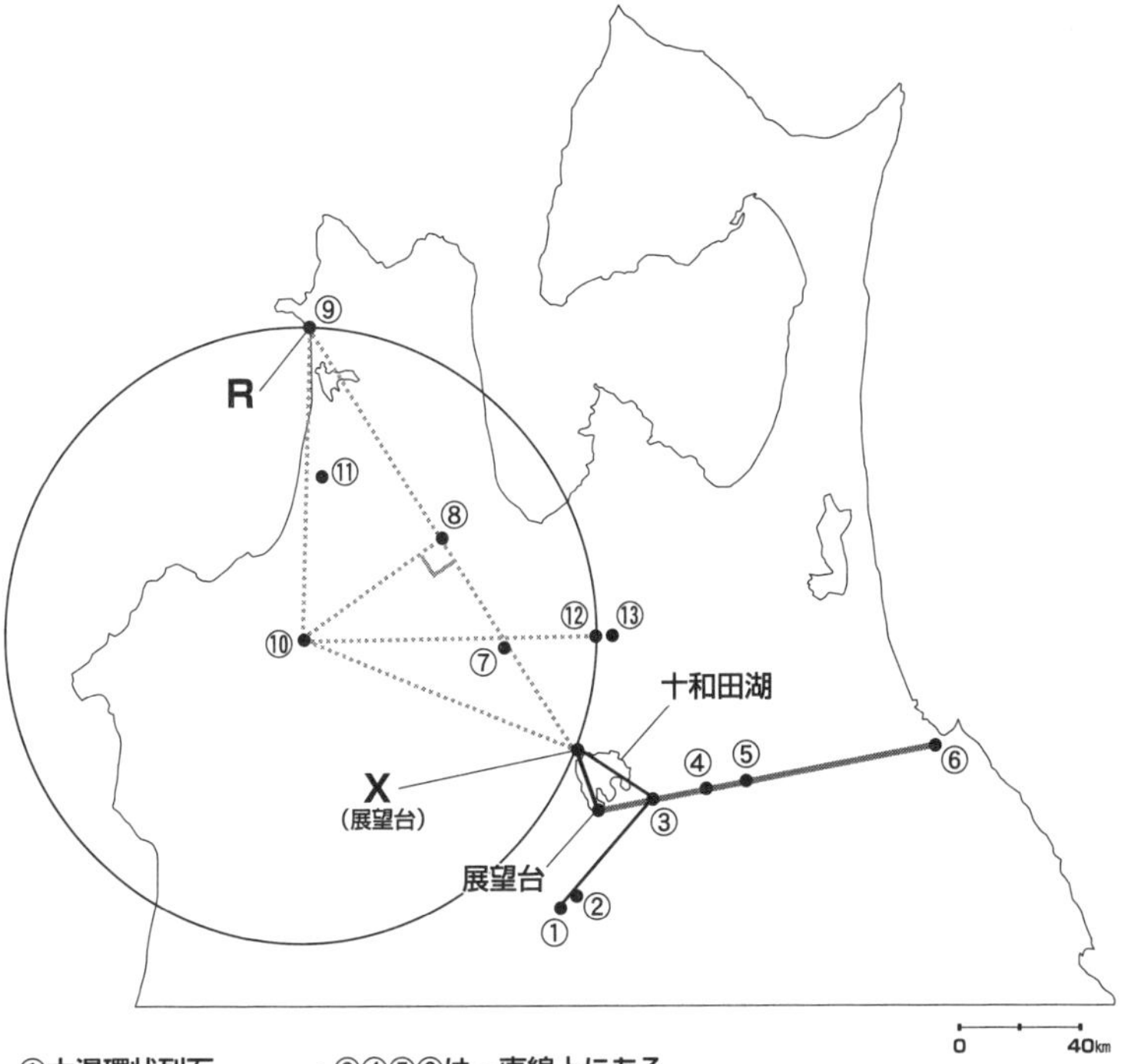

①大湯環状列石
②黒又山
③十和利山
④大石神ピラミッド
⑤キリストの墓
⑥松ヶ崎港
⑦黒森山（黒石市）
⑧梵珠山
⑨靄山
⑩岩木山
⑪亀ヶ岡石器時代遺跡
⑫八甲田大岳
⑬高田大岳

・③④⑤⑥は一直線上にある
・R⑩＝X⑩＝⑫⑩
・⑩⑧はXRに対する垂直二等分線
・①②③はほぼ一直線上
・X⑦⑧⑨はほぼ一直線上

集団がおり、十和田湖を中心とした十和田王朝とも呼べるべき国家を造っていた可能性が出てくる。

そう考えると、秋田県鹿角《かづの》市にある大湯環状列石（縄文時代後期の大型の配石遺跡・ストーンサークル）のそばにあり、ピラミッドではないかと地元でも話題になっている黒又山《くろまたやま》（別名クロマンタ、標高281メートル）が、恐山三山の一つである大尽山と八甲田山の高田大岳を結んだ直線上にあることも、大湯ストーンサークルの野中堂環状列石の中心と黒又山の基底部西端を結ぶと竹内文書ではピラミッドとされる十和利山に至ることも、偶然ではなくなってくる。

また、徐福《じょふく》渡来伝説もある十三湊《とさみなと》（現在の十三湖《じゅうさんこ》）の北にそびえるピラミッド型の靄山《もややま》（標高152メートル）と十和田湖の滝ノ沢展望台付近の湖畔を結ぶと、梵珠山《ぼんじゅさん》（標高468メートル）と青森県黒石市の黒森山北東麓を通ることがわかる。竹内文書では釈迦は来日したことになっており、梵珠山には釈迦の墓があるとの伝説もある。そして黒石には「黒人祖」が棲んでいたと竹内文書に記されているのである。

十和利山にそっくりな靄山と、青森県の最高峰で、その円錐形の山容から津軽富士の別名を持つ岩木山（標高1625メートル）を結び、さらにその岩木山と十和田湖の滝ノ沢展望台を結ぶと、見事な二等辺三角形の出来上がりだ。そして岩木山と梵珠山を結んだ直線は、ほぼ垂直二等分線になるのである。岩木山は津軽平野のどこからでも見ることができる独立峰であることから、測量や光通信に使われたことは確実である。

陸奥でも、古代測量集団はラインを引いていたのだ。

このように測量集団の観点から調べていくと、『万葉集』も『古事記』や『日本書紀』も竹内文書も、アメリカの小説家ダン・ブラウンが書いた小説『ダ・ヴィンチ・コード』のように、「高み結びの法則」を知る測量師が読めば紐解ける「暗号」が隠されていたのだと解釈することができるのだ。

残された問題の一つは、大和政権が誕生する前、いつの時代に古代の人々は壮大なラインを設計、測量し、それらのラインの一つの目的である光通信として使っていたのかという点だ。柿本人麻呂が示唆する神々の時代とは、本当に縄文時代のことであろうか。

その手がかりを探るべく、大規模な縄文遺跡が残る北東北と北海道の縄文遺跡群と山々の関係や配置を次の章で見ていくことにしよう。

第5章

縄文遺跡群と神秘の測量

縄文時代に測量技術集団はいたのか

羽根ライン、尖山ピラミッドライン、下田富士ピラミッドラインといったラインは、いったいいつごろ設計されたのであろうか。正統竹内文書の口伝継承者であるという竹内睦泰氏は「(口伝では) 5000年前に尖山を中心にして鏡のように磨いたヒスイを使った光通信を行っていたと聞いている。(越の国には) ヒスイ王国があったのではないか」と語る。

しかし口伝では、決定的な証拠とは言えない。それでも「5000年前」という時代はヒントにはなる。

イギリスの巨大複合体遺跡群を調べたときと同じように、日本でも、その地域で最高峰や次鋒、もしくは一番目立つ山と山を結び、同時に約5000年前の遺跡をつなげて、「高み結びの法則」が適用されるかどうか調べてみればいいのである。

ただし日本には、確実に5000年前と言えるような遺跡はそれほどない。それでも縄文時代は、その時代を含み1万年以上にわたって続いた時代である。その縄文時代の遺跡や山をつなげることで、もしそこに「高み結びの法則」による測量の痕跡があれば、少なくとも縄文時代には測量集団が存在していたことになるのではないか。さらにそれぞれの遺跡がいつから存在したかを調べることで、かなり年代を特定することができるはずである。

私が最初に着目したのは、日本最大級の縄文集落跡である三内丸山《さんないまるやま》遺跡をはじめとする縄文遺跡群の宝庫とされている北東北や北海道である。なにしろ、青森には三内丸山遺跡のほかに約1万6500年前の最古の土器が発見された大平山元《おおだいやまもと》Ⅰ《いち》遺跡や、遮光器土偶が出土した亀ヶ岡石器時代遺跡があり、秋田には「大湯ストーンサークル」、北海道には「忍路環状列石」など多くのストーンサークル群が残っているのだ。

幸いなことに北海道、青森、岩手、秋田の4道県は、その縄文遺跡群の重要性に気づき、日本だけでなく人類共通の貴重な宝として未来に残すべき文化遺産であると考え、世界遺産登録を目指している。一部で復元位置がずらされているものの、十分に元の場所が推測できる状態にあるし、当時の様子を知ることのできる資料も多い。

縄文時代における日本の巨石文明の可能性を探るために2012年9月中旬、私は青森・秋田両県にある縄文時代の遺跡巡りをした。

方角を示す小牧野遺跡の特殊な石

陸奥の国に伝わる石神信仰は古く、奥も深い。そのことを再認識させてくれたのは、青森市にある有名な三内丸山遺跡から南南東6キロの場所にある縄文遺跡・小牧野遺跡（青森市）のガイドであった。

この遺跡は三内丸山遺跡ほど知られていないが、日本でも有数の綺麗なストーンサークル（環状列石）が残る遺跡である。標高約１４５メートルの丘陵上部の北東の斜面を削って平らになるように整地、そこに川から運んだ石を並べて造られた大型の配石遺構だ。小高い丘陵上部にあるだけあって、非常にすがすがしい場所である。見晴らしはとてもよく、近くの高台から望めば、空気が澄んでいれば遠く津軽半島の先端の方まで見えるのではないかと思われるほど眺めがよい。

この遺跡の環状列石は、直径35メートルの外帯、同29メートルの内帯、２・５メートルの中央帯と三重の列石になっており、外帯の外側には四重目ともみられる弧状の列石や、直径４メートルほどの環状配石がちりばめられている。全体では直径55メートルに及ぶ大型のモニュメントで、縄文時代後期前半の約４０００〜４５００年前に構築さ

写真5-1　三重の環状列石がある、青森県の小牧野遺跡

れたとみられている（写真５－１）。

　中央帯の環状列石の真ん中には、そこが中心であることがわかるように、ひときわ大きな棒状の石が立っている（写真５－２）。実はこの遺跡が見つかった当時は、ここは一面畑でこの中央帯がある場所は道路が通っており、日時計とみられる棒状の立石も傾いてほとんど地中に没していたという。環状列石の外帯と内帯を構成する列石にも特徴がある。楕円形の石を縦に置き、その両側に平らな石を数段積み重ね、あたかも石垣を築くように並べられているからだ。この縦横交互の列石は、全国的にも珍しく「小牧野式配列（配石）」と呼ばれているのだという。

　しかし、そうした構造よりも、現地の観光ガイドの説明でもっとも私の興味を引いたのは、環状列石の北にある内帯と外帯の間に配石された矢印状の平たい石であった（写真５－３）。その矢印

写真5-2　環状列石の中央には大きな棒状の石が立っている

写真5-3
内帯と外帯の間に配石された
矢印状の平たい石（写真中央やや上の石）

図5-1

小牧野遺跡の環状列石の配置

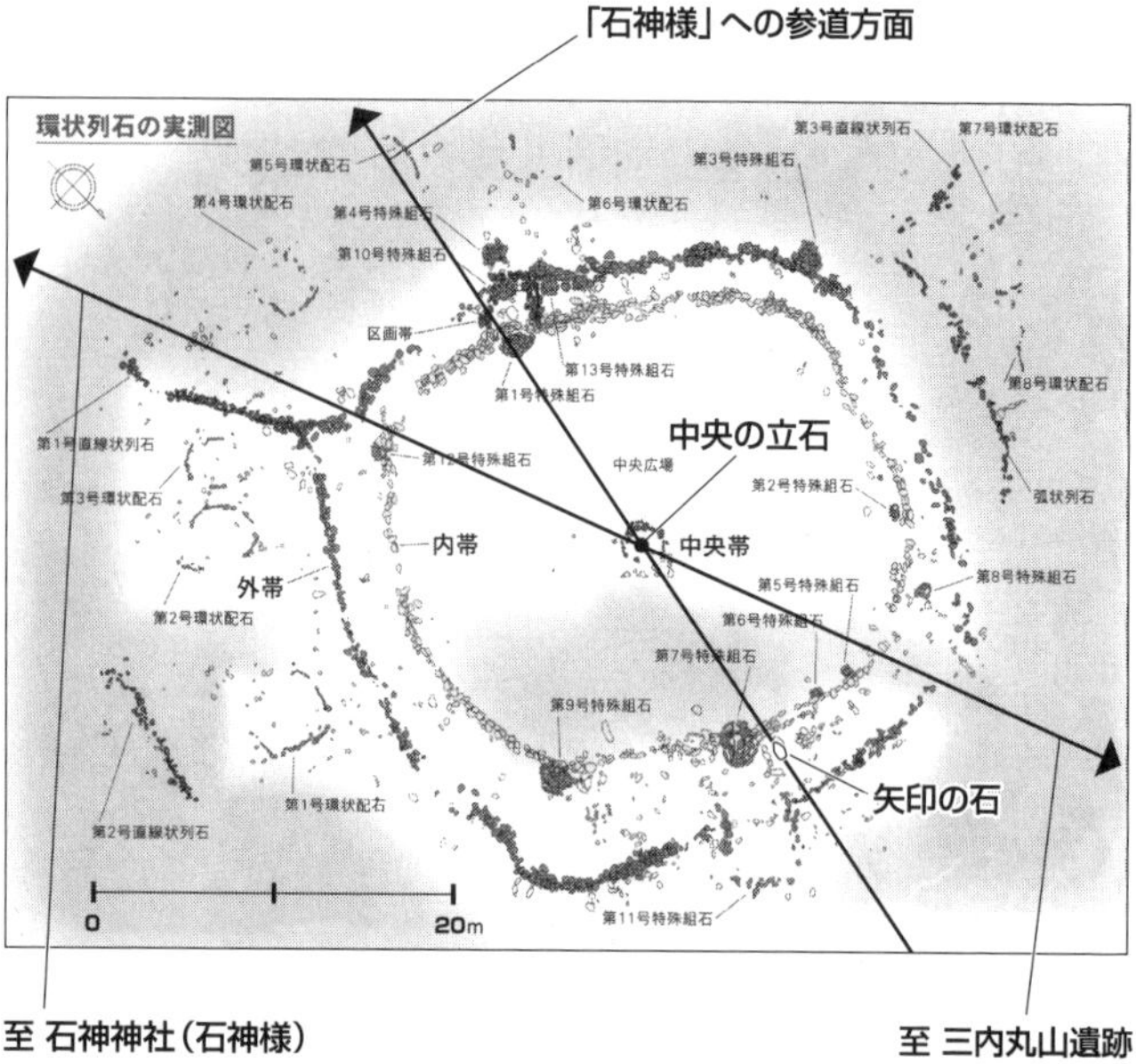

写真5-4　矢印の石が指し示す方向にある第１号特殊組石

状の石は、中央帯の中心を指し示すと同時に、さらに中央帯の先にある内帯の第1号特殊組石（写真5-4）を明確に指し示しているというのだ（図5-1）。この第1号特殊組石こそ、その環状列石全体の中の祭祀場、あるいは舞台との中心だったのではないかとガイドは説明する。

だが、中央帯からわずか10メートルしか離れていない第1号特殊組石を指し示すだけのために矢印の石を配置するのはおかしいではないか、と問うと、ガイドは個人的な考えだと断ったうえで、そのさらに先の山奥にある「石神様」を指している、と教えてくれたのである。

古代人が環状列石で描いた「立体地図」

ガイドの説が正しいとすると、この環状列石群の配置は数キロ離れた「石神様」などの位置を示すための道標の役目をしていたことになる。

実は、ストーンサークルが一種の道標の役目もしていたというのは、私の持説でもある。この数年間、イギリスやフランスのストーンサークルを訪ね歩いているうちに、いくつかの仮説を打ち立てるに至った。一つは、ストーンサークルは農耕用の年間カレンダーであり、立石は日時計の役目があったということ。二つ目は天体観測所としての側面もあったこと。三つ目は五穀豊穣を祈念する祭祀場、あるいは実験場であったことである。

しかし、数年前にイギリス南西部の大荒野であるダートムーア国立公園の列石群を調べているときに、もう一つの仮説が浮かんできた。ストーンサークルなどの巨石群は、この大荒野を横断して目的地に向かうための道標の役目もしていたのではないか、という仮説である。どうしてそのような仮説にたどり着いたかというと、延々とほぼ一直線に配置されたメリヴェイルの列石（写真5－5）を歩いていたとき、ところどころに他とは明らかに違う構造の組石が見つかるからである（写真5－6）。その特殊な組石がある場所から、列石に対して直角の方角に荒野の中をドンドンと歩いていくと、それまでまったく見えなかったドルメンやストーンサークルが突如眼前に現れたりしたのだ。列石の中にある特殊組石は明らかに、遠方にある別の巨石群を示していた。

この仮説が正しければ、イギリス各地に点在するストーンサークルは、古代人がイギリス全土を旅するための道標の役割も果たしていたことにな

写真5-5　英国ダートムーア国立公園内にあるメリヴェイルの列石

るのである。

イギリスのストーンサークルがそうであるならば、縄文時代のストーンサークルにも同じような役割があったはずである。小牧野遺跡の環状列石の中にある特殊組石と「矢印石」は、そのことを物語っているのではないだろうか。

そうだとすると、小牧野遺跡・環状列石の二重、三重に張り巡らされた「環状」にも意味があったはずである。たとえばある目標物を指し示す特殊な石があったとしよう。次にその石が中央の立石から見て何重目の環状列石にあるかによって、あるいは中心からの距離によって、方角だけでなく距離を示していたとも考えられるわけだ。つまり環状列石は方角と距離を教えてくれる道具でもあったのではないだろうか。またその場所に配置された石の形状や大きさから、方角や距離だけでなく目標物のおおよその高さ（標高）や意味すら古代人はわかっていたのかもしれない。

古代人は、立体的な地図を環状列石から読み取った可能性もある。この仮説が正しければ、それはまさに「高み

写真5-6
メリヴェイルの列石のライン上にある特殊組石

結び」につながる思想でもある。なぜなら、目標物に対する方角と距離、それに「高み」の概念こそ、「高み結びの法則」の神髄であるからだ。

靄山はやはり人工ピラミッドだった

それではそろそろ、その法則による測量が縄文遺跡に当てはまるかどうか、検証してみよう。

古代の青森において最も目立つ山と言えば、青森県内最高峰の岩木山（標高1625メートル）と、その次鋒である八甲田山であろう。もっとも八甲田山と言っても、八甲田山という単独の山があるわけではない。正式には八甲田大岳（標高1585メートル）という最高峰と高田大岳（標高1552メートル）という次鋒など、18の成層火山や溶岩円頂丘で構成される火山群であるという。だが、「高み結びの法則」を知っていたならば当然、最高峰と次鋒である、この二つの山を使った

写真5-7　津軽平野でひときわ目立つ青森県最高峰の岩木山

はずである（写真5－7）。

国土地理院の20万分の1の地図と緯度経度から距離を測るソフトを使って早速測ってみた。岩木山と八甲田大岳の距離は48・6キロで、岩木山と高田大岳の距離は51・2キロとなっている。興味深いのは、岩木山と八甲田山の緯度だ。高田大岳は北緯40度39分10秒、岩木山の緯度が北緯40度39分21秒、八甲田大岳は北緯40度39分32秒、と3山の差がわずか20秒しかないうえに、岩木山の緯度がちょうど八甲田大岳と高田大岳の中間にあるのである。

ということは、岩木山と八甲田山は東西線と同じである。春分と秋分の日には、岩木山から見れば八甲田山の最高峰と次鋒の間から日が昇るのが見え、八甲田山側から見れば、岩木山に日が沈むのが見える。春分と秋分の日の出、日の入りラインとなるのだ。古代人はおそらくこのラインを測量にも使ったに違いない。

調べてみると、岩木山と八甲田山までの距離（48・6～51・2キロ）と岩木山から同距離の地点には、1万6500年前の土器が出土した大平山元Ⅰ遺跡（50・2キロ）と環状列石が見つかった伊勢堂岱《いせどうたい》遺跡（50・7キロ）がある。さらに岩木山からの距離がその約2倍である102・6キロの場所に円筒土器で知られる是川石器時代遺跡、約2分の1の距離である25・5キロの場所に遮光器式土偶で有名な亀ヶ岡石器時代遺跡があるのである。岩木山を中心にした遺跡の配置には何か法則性があるように思われる。

もちろん、これはまだ偶然であるかもしれない。偶然でないことを証明するには、同じような法則性をほかにも多く見つければいいのである。

　もっと詳細かつ厳密に見ていこう。たとえば、岩木山と八甲田大岳までの距離48・6キロと正確に同じ距離の測量点はないだろうか。そこで岩木山を中心として半径48・6キロ（この距離をｒとする）の円を描いてみた。すると、面白いことがわかった。まず、ピラミッドのように美しい円錐形の山で、人工ピラミッド説もある靄山《もややま》（標高152メートル）が岩木山から48・1キロの地点にそびえているのである（写真5-8）。

　靄山のほうが、ｒより500メートルほど短いではないかと指摘される方もいるだろう。ところが、シルベリー・ヒルとマーリンの丘を思い出してほしい。必ずしも測量点が山の頂上だけとは限らないのである。そこで詳細な等高線の付いた地図で靄山を調べてみると、ちょうど靄山の基底部北端までの距離がｒとなったのだ。つまり岩木山

写真5-8　ピラミッドのように美しい円錐形の形をしている靄山

から半径ｒの円を描いた場合、その円周の内側に接するように靄山が立っていることになる（その接点をＲとする。191ページの図４－７参照）。

その同じ円周上には、もう一つの意味のある地点がある。岩木山から十和田湖に向かって最短距離の直線を引いたラインはちょうど十和田湖の滝ノ沢展望台を通るのだが、その直線がちょうど湖畔に突き当たった辺りでその円周と交わるのだ。その交点をＸとしよう（図４－７参照）。

なぜこの交点Ｘが大事なのかというと、十和田湖への最短距離というのもその理由なのだが、このＸと靄山を結んだ線上に「釈迦の墓」が山中にあるという梵珠山（標高４６８メートル）が位置しているためだ。

梵珠山は測量山として重要な意味のある地点にある。というのも、岩木山から夏至の日の出を見たときに、梵珠山が日の出ライン上にあるからである。簡単に説明すると、北緯40度39分21秒の岩木山では、夏至の日の出方角は北から時計回りに56度（東から反時計回りに34度）となる。まさにその角度の方角、すなわち夏至の日の出ライン上に梵珠山があるのだ。しかもその日の出ラインは、交点Ｘと靄山（接点Ｒ）を結んだ線分に対する岩木山からの垂直二等分線にほぼ等しいのだ。これが測量山でないわけがない。

となると、不思議なのは、靄山である。そもそも岩木山からの距離がｒで、なおかつ岩木山から十和田湖への最短距離となる半径ｒの円周上の交点Ｘと靄山の接点Ｒを結ぶと、たまたま岩木山から見て夏至の日の出ライン上にある梵珠山があり、しかも、岩木山と梵珠山を結んだ直線は、靄山の接点Rと交点Xを結んだ直線に対する垂直二等分線となるというのは出来過ぎている。

梵珠山が自然の山だとしたら、靄山は測量の観点から言えば、限りなく人工の山である。実際に靄山の形を見ればわかるように、綺麗なピラミッド型の山だ。近江富士、下田富士、十和利山に匹敵する、美しい富士山のような山容を誇っている。シルベリー・ヒルのように全山人工だとは断言できないが、測量山としてピラミッド型に加工された山であることは間違いないように思われる。

これで、津軽半島から、津軽平野、青森平野、それに八甲田山、十和田湖に至る、測量上の大きな骨組みが出来上がった。このグランド・デザインを基にして、縄文遺跡群がどのような配置になっているか具体的に見ていこう。

北東北に残る18の縄文遺跡群

最初に取り上げる縄文遺跡群は、青森、岩手、秋田の3県が世界遺産登録を目指している12の遺跡、及び岩手山の麓にある石神遺跡と大師森環状列石、それに大石神ピラミッド（大石上山）と岩手県にある湯舟沢環状列石、釜石環状列石、樺山遺跡の18の遺跡である。主な遺跡の

図5-2

黒又山を扇の要とした幾何学図形ライン

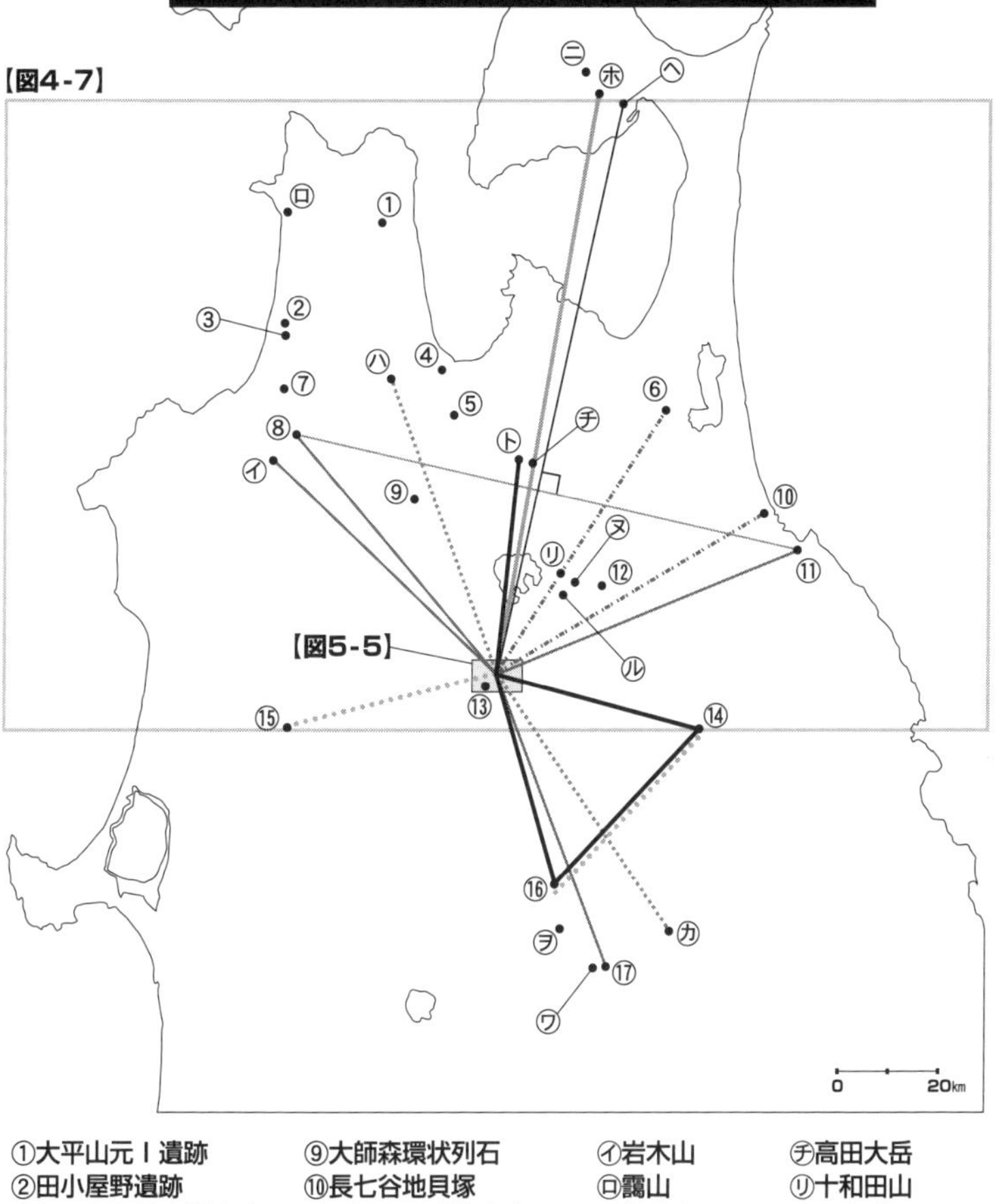

①大平山元Ⅰ遺跡
②田小屋野遺跡
③亀ヶ岡石器時代遺跡
④三内丸山遺跡
⑤小牧野遺跡
⑥二ッ森貝塚
⑦石神遺跡
⑧大森勝山遺跡
⑨大師森環状列石
⑩長七谷地貝塚
⑪是川石器時代遺跡
⑫大石神ピラミッド
⑬大湯環状列石
⑭御所野遺跡
⑮伊勢堂岱遺跡
⑯釜石環状列石
⑰湯舟沢環状列石
㋑岩木山
㋺靄山
㋩梵珠山
㋥朝比奈岳
㋭大尽山
㋬釜臥山
㋣八甲田大岳
㋠高田大岳
㋷十和田山
㋦戸来岳
㋸十和利山
㋾岩手山
㋻谷地山
㋕姫神山

概要は次のようになっている。

［1］三内丸山遺跡：縄文時代前期から中期（約6000〜4200年前）にかけて、長期間継続した大規模集落跡。直径約2メートルの六本柱建物跡が有名。所在地は青森市三内丸山＝図5－2の④。

［2］小牧野遺跡：縄文時代後期前半（約4000年前）に土地造成と特異な配石で構築された大規模な環状列石を主体とする遺跡。直径35メートルの外帯、29メートルの内帯、2・5メートルの中央帯など三重の輪のほか、一部4重となる弧状の列石などで構成されている。所在地は青森市野沢小牧野＝図5－2の⑤。

［3］伊勢堂岱《いせどうたい》遺跡：縄文時代後期前葉（約4000年前）の環状列石を主体とする遺跡。直径32メートルの環状列石をはじめとする四つの環状列石、配石遺構、掘立柱建物跡などが発見された。所在地は秋田県北秋田市脇神＝図5－2の⑮。

［4］大師森《たいしもり》環状列石（大師森遺跡）：縄文時代後期（約4000年前）の環状列石を主体とする遺跡。直径約40メートルの環状列石や日時計とみられる組石などがあり、東側の背後には標高290メートルの急斜面を有する小高い山（太師森）がある。所在地は青森県平川市新屋遠手沢＝図5－2の⑨。

［5］御所野《ごしょの》遺跡：馬渕川右岸の河岸段丘に広がる縄文時代中期後半（約4500年前）の大

規模集落遺跡。配石遺構を伴う墓域を中心に集落が構成され、東西の居住域には竪穴住居が密集している。所在地は岩手県二戸郡一戸町＝図５－２の⑭。

［6］二ッ森《ふたつもり》貝塚：東北地方太平洋岸、小川原湖西岸の標高約30メートルの台地に形成された縄文時代前期から中期（約７０００〜４０００年前）にかけての大規模な貝塚を伴う集落遺跡。人の顔を持つ土器や、鹿の骨で作られた飾り櫛などが出土している。所在地は青森県上北郡七戸町＝図５－２の⑥。

［7］是川《これかわ》石器時代遺跡：新井田川の河岸段丘に立地する縄文時代前期から晩期（約７０００〜２３００年前）にかけて栄えた遺跡。前期から中期の一王寺遺跡、中期末ごろの堀田遺跡、晩期の亀ヶ岡文化を代表する中居遺跡から成る。所在地は青森県八戸市是川仲居＝図５－２の⑪。

［8］大石神《おおいしがみ》ピラミッド：「キリストの墓」から西に8キロほど離れた場所にそびえる「お石神山（大石上山）」にある巨石群。山根キクら竹内文書研究家により「ピラミッド」と名付けられた。鏡岩、ドルメン、方位石などの巨石があり、山頂付近にも「上大石神ピラミッド」がある。所在地は青森県三戸郡新郷村＝図５－２の⑫。

［9］長七谷地《ちょうしちやち》貝塚：縄文時代早期後半（約９０００年前）の貝塚を中心とする集落遺跡。五戸川右岸の標高約10〜20メートルの丘陵末端部に位置し、軸と針を組み合わせた釣針や銛頭《もりがしら》などの骨角器類が出土している。所在地は青森県八戸市市川町＝図５－２の⑩。

［10］大森勝山遺跡：縄文時代晩期前半（約3000年前）の環状列石を中心とする遺跡。岩木山の北東麓の標高約145メートルの舌状丘陵上の先端にあり、岩木山が望める。長径48・5メートル、短径39・1メートルのやや楕円形の環状列石のほか、後期旧石器時代（約1万3000年前）のナイフ形石器も出土している。所在地は青森県弘前市大森勝山＝図5－2の⑧。

［11］亀ヶ岡《かめがおか》石器時代遺跡：岩木川左岸の低湿地帯に広がる縄文時代晩期（約3000年前）の代表的な集落遺跡。江戸時代から造形的に優れた土器が出土することで知られ、この時代の土器文化は「亀ヶ岡文化」とも呼ばれるようになった。中でも遮光器土偶は有名。所在地は青森県つがる市木造若緑＝図5－2の③。

［12］大平山元I遺跡：青森県津軽半島の東側中央部に位置する縄文時代草創期（約1万5000年前）の遺跡。陸奥湾に注ぐ蟹田川左岸の標高26メートルの河岸段丘上に立地する。約1万6500年前の日本最古の土器が出土したことで有名。所在地は青森県東津軽郡外ヶ浜町＝図5－2の①。

［13］石神遺跡：岩木山北鹿台地の先端に位置する縄文時代前期中ごろ～中期中ごろ（約5500～4500年前）の円筒土器文化期の拠点的集落遺跡。遺跡北部には住居跡、南部には土坑墓や環状列石などが見つかっている。所在地は青森県つがる市森田町＝図5－2の⑦。

［14］湯舟沢《ゆぶねざわ》環状列石：縄文時代後期（約4000年前）に造られた環状列石を中心とする遺跡。南北径20メートル、東西径15メートルの範囲に、さまざまな形の組石が並んでおり、大規

模な共同墓地と祭祀場であったとみられている。所在地は岩手県滝沢市湯舟沢＝図5－2の⑰。

［15］釜石《かまいし》環状列石：岩手山の北麓に位置する縄文後期～晩期（約2600年前）の環状列石群を中心とする遺跡。メインの列石は直径約12メートルで、その中央には直径1・5メートルの石囲いがあり、火を焚いた跡がある。所在地は岩手県八幡平市松尾寄木＝図5－2の⑯。

［16］樺山《かばやま》遺跡：北上山地の麓に位置する縄文時代中期の配石遺構群を伴う、縄文時代前期末から後期（約6000～3000年前）にかけての集落遺跡。標高約80メートルと約100メートルの上下二段にわたり、下段に配石遺構群、上段は竪穴住居を持つ集落跡が見つかっている。所在地は岩手県北上市稲瀬村（235ページの図5－9の⑪）。

遠くの最高峰と近くの目立つ山を使った

これらの遺跡のある場所の近くには、必ずと言っていいほど、まるでご神体山のように、ピラミッド型、もしくは綺麗な円錐形の山がある。青森県内の遺跡の場合はほとんどが岩木山と八甲田山だが、遺跡のすぐ近くにも非常に均整のとれたピラミッド型の山がある場合が多いのだ。たとえば、大湯環状列石なら黒又山、湯舟沢環状列石なら岩手山のほかに谷地山や姫神山、大石神ピラミッドなら十和田三山（十和利山、戸来岳、十和田山）などだ。つまり、より広い範囲の「高み」とより狭い範囲での「高み」があることがわかる。

これはイギリスの場合でも同じであった。ウォルベリー・ヒルとミルク・ヒルというその地域での最高峰と次鋒をより大きな複合施設のグランド・デザインに使い、より小さい丘であるウィンドミル・ヒルやナップ・ヒルを、シルベリー・ヒルなどの単体遺構の建造地を決める際に使っているからだ。

天柱石の場合も同じであった。尖山、二上山、宝達山などを使って正三角形など大きな幾何学模様を描く一方、天柱石のそばでも、おそらく天柱石の位置を正確に決めるために、近くの最高峰である高清水山、高落場山を使って綺麗な正三角形に近い二等辺三角形を形成させている。測量をする際には、遠くの山と近くの山の両方を使っているのである。

そうした古代測量集団の気持ちがわかりたければ、地元の最高峰に登ってみるのが一番だ。私も晴れた日に、神奈川県三浦半島の最高峰・大楠山《おおぐすやま》に登ってみた。標高241メートルと低い山だが、最高峰であるために360度が見渡せる。三浦半島や房総半島の先端はもちろん、伊豆諸島の大島、伊豆半島の天城山、愛鷹山《あしたかやま》、富士山、丹沢山、大山、高尾山、そして115キロほど離れている筑波山も、遠くは日光、南アルプスの山々まで望めるのだ。

形が目立つ山であれば、それほど標高が高くない遠く離れた山でも視認できる。たとえば、静岡県伊東市には標高580メートルの綺麗な円錐形の大室山（写真5－9）がある。大楠山から見ると、相模湾を隔てた約60キロ先の対岸にあるにもかかわらず、そのピラミッド型の山の輪郭から火口口まで、まるで手に取るようによく見える。頂上で手を振っている人がいれば、こちらから見えるのではないかと思えるほどだ。

それでも、いつも大室山がそのようにはっきりと見えるわけではない。時にはいつもは見える対岸の伊豆半島すら霞んで見えない時もあるのだ。そのような時でも、近くに目立つ地形か固定されたものがあれば、その直線の延長上に目指す目的地があることがわかる。

たとえば、大楠山の山頂から見た場合、神奈川県横須賀市と葉山町の境界線となっている長者ヶ崎のやや北側を結んだ延長線上に富士山がある。葉山町の三ヶ岡《さんがおか》（大峰山、標高148メートル）と仙元山《せんげんやま》（標高118メートル）の中間点を結んだ直線の延長線上に大山がある。東京の高尾山は、鎌倉市の衣張山《きぬばりやま》（標高120メートル）を結んだ直線上にある、といった具合だ。

あるいは、近くの山を使わない場合もあったであろう。使ったのは2本の棒だ。頂上で観測点を

写真5-9　60キロ離れた相模湾の対岸からでもはっきり見える大室山。写真中央の白っぽい山

決め、そこに棒を立てる。その棒と目標地点との直線上にもう1本棒を立てるだけで、どのような天候の日でも目標地点を知ることができるのだ。こういった作業をそれぞれの山で繰り返せばいいのである。

しかしながら、木の棒では風でなぎ倒されかねないし、いつかは朽ちる。そこで、その作業を恒久的、かつシステマチックにできる装置ができないかと考えたに違いない。それが、山頂の磐境《いわさか》や磐座《いわくら》、あるいは丘の上のストーンサークル（環状列石）であったのではないかと私は考えている。

すべてが精妙に測量され配置されていた

それではいよいよ、北東北の縄文遺跡群の配置を調べよう。ここで測量上取り上げた山々をすべて説明することは省略するが、2万5000分の1の地図に示された等高線や地元の言い伝えなどを参考にしながら、明確に測量に使っているとわかる山を選んでいる。また、それぞれの縄文遺跡において、中心となって栄えた時代は異なっているのはご覧の通りだ。だが、大森勝山遺跡を見てもわかるように、縄文時代晩期前半の環状列石が有名だが、同じ場所から約1万3000年前のナイフ形石器も出土しているのである。縄文時代晩期の遺跡だからといって、その場所に旧石器時代から人々が暮らしていなかったわけではないのである。

そのため最初は、縄文遺跡の時代区分を無視して、どのような配置になっているかだけを調べることにした。すると驚いたことに、５０００年前の古代イギリスの遺跡と同様に、すべての遺跡が測量的に説明できてしまったのである。ここではそのすべてを紹介するつもりはないが、主な遺跡だけを簡単に説明しよう。

たとえば青森を代表する三内丸山遺跡は、八甲田山の高田大岳と靄山を結んだ直線上で、岩木山からの距離が岩木山と小牧野遺跡を結んだ距離と等しくなる地点にある。また恐山山地の最高峰・釜臥山《かまふせやま》からの距離のちょうど半分となる半径31・３キロの円をこの遺跡を中心にして描くと、田小屋野《たこやの》遺跡、大森勝山遺跡、亀ヶ岡石器時代遺跡、石神遺跡の四つの縄文遺跡がその円周上に乗るのである。

四つの環状列石のある北秋田市の伊勢堂岱遺跡は、釜臥山と青森市の小牧野遺跡を結んだ直線と、津軽半島の靄山、田小屋野遺跡、亀ヶ岡石器時代遺跡を結んだ直線との交点にある。また、釜臥山と小牧野遺跡を結んだ直線は、小牧野遺跡で、小牧野遺跡と梵珠山を結んだ直線と直角に交わる。かつ八甲田大岳と岩手山と小牧野遺跡から等距離にある。

同じく二つの大きな環状列石で有名な秋田の大湯環状列石は、靄山と湯舟沢環状列石を結んだ直線と、大平山元Ⅰ遺跡と樺山遺跡を結んだ直線の交点に位置する。しかもピラミッド型の美しい山容を誇る岩手県の姫神山と青森県弘前市の大森勝山遺跡から等距離で、八甲田大岳と岩手県一戸町の御所野遺跡からも等距離の場所にある。

青森県八戸市にある縄文時代早期の貝塚・住居跡である長七谷地貝塚は、伊勢堂岱遺跡と大石神ピラミッドを結んだ直線と万座環状列石と黒又山を結んだ直線の交点に位置している。しかも小牧野遺跡と大湯環状列石から等距離にあり、大湯環状列石と結んだ直線はほぼ夏至の日の出ライン、冬至の日没ラインとなる。また、岩木山と石神遺跡から等距離にあり、大平山元I遺跡と大森勝山遺跡からも等距離、十和利山と御所野遺跡からはほぼ等距離にある。かつ是川石器時代遺跡、岩手山、靄山までのそれぞれの距離が、11・1キロ、88・8キロ、111・2キロと、1：8：10になっている。

遮光器土偶で有名な青森県つがる市にある亀ヶ岡石器時代遺跡は、御所野遺跡と十和利山を結んだ直線、谷地山と釜石環状列石を結んだ直線、梵珠山と是川石器時代遺跡を結んだ直線の3本の直線の交点にある。また朝比奈岳と伊勢堂岱遺跡から等距離にあり、黒又山と釜臥山からもほぼ等距離にある。

1万6500年前の土器片が出土した津軽半島の大平山元I遺跡は、樺山遺跡と野中堂環状列石を結んだ直線と、姫神山と三内丸山遺跡を結んだ直線、それに御所野遺跡と高田大岳を結んだ直線の3本の直線の交点にある。また大尽山《おおつくしやま》と朝比奈岳の中間付近を結んだ直線と八甲田大岳を結んだ直線がなす角度は90度となり、八甲田大岳と釜臥山からも等距離にある。かつ靄山までの距離が、靄山と梵珠山を結んだ距離のちょうど半分となる場所にある。

岩手県滝沢市の湯舟沢環状列石は、大師森環状列石と黒又山を結んだ直線、靄山と野中堂環状列石を結んだ直線、大森勝山遺跡と釜石環状列石を結んだ直線、三内丸山遺跡と小牧野遺跡を結んだ直線、大尽山と大石神ピラミッドを結んだ直線の5本の直線の交点にある。かつ、1・5キロほど離れた谷地山《やちやま》のほぼ真東にあり、釜臥山のほぼ真南に位置している。さらに大森勝山遺跡と三内丸山遺跡から等距離にあり、是川石器時代遺跡までの距離は大尽山までの距離のちょうど半分である。

32基以上の配石遺構（ストーンサークル）が見つかった樺山遺跡は、大平山元Ⅰ遺跡と野中堂環状列石を結んだ直線、朝比奈岳と大石神ピラミッドを結んだ直線、石神遺跡と大森勝山遺跡を結んだ直線、戸来岳・三ツ岳と谷地山を結んだ直線、それに御所野遺跡と姫神山を結んだ直線の5本の直線の交点にある。さらに恐山山地の最高峰・釜臥山のほぼ真南に位置する。

黒又山とグラストンベリー・トールの符合

いくつか説明が必要であろう。すべての縄文遺跡が、測量的に意味のある複数の直線の交点、もしくは測量山と目される山と山を結んだ線分（基線）を半径とした円の弧と弧、あるいは直線との交点で表すことができるということが明らかになったのである。しかも、その基線となった測量の山々は、岩木山と八甲田大岳、靄山と梵珠山のほかにもあったことが浮き彫りになってきた。その中で特に注目されるのは、大湯環状列石のそばにある黒又山だ（写真5-10）。

黒又山は、大湯環状列石から北東約2キロの秋田県鹿角市十和田大湯宮野平にある円錐形の山（標高281メートル）だ。地元ではクロマンタと呼ばれている。大湯環状列石からでも目立つため、昔から環状列石と何らかの関係があるのではないか、もしかしたら人工の山なのではないかとも言われてきた。

そこで地元では、黒又山総合調査団（加藤孝団長＝元東北学院大学教授）を結成、1993年に黒又山の詳細な地中レーダー地図を作成した。地中レーダーが明らかにした黒又山の姿は次のようなものだ。

［1］麓から山頂部に至るまでの間、7段のテラス状構造が築かれ、各テラスには石が敷き詰められている。

［2］テラスの幅は平均で10メートル、山頂に近

写真5-10　7段のテラス状構造があることがわかっている黒又山

図5-3

グラストンベリー・トールとバロー・マンプ

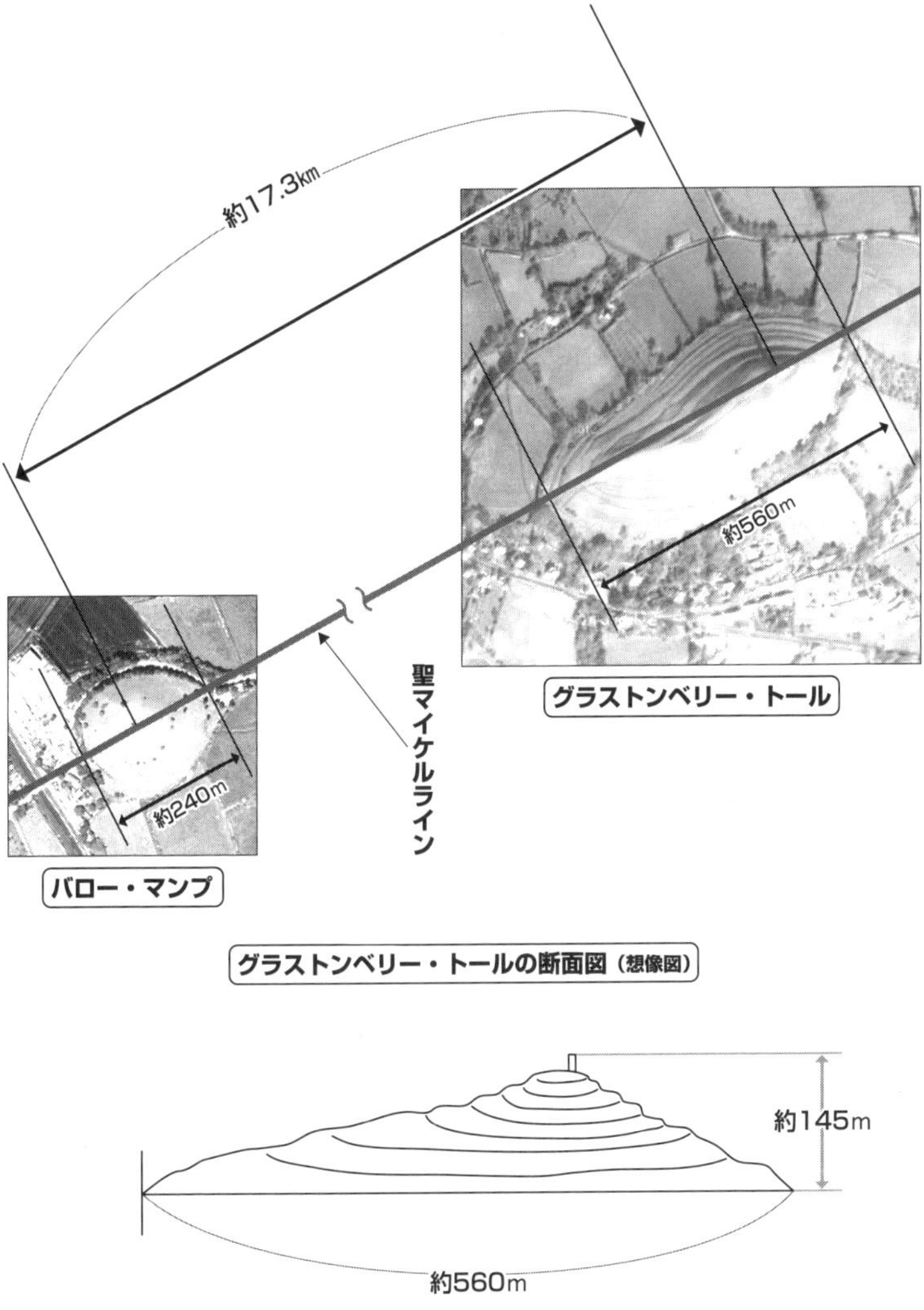

づくにつれて狭くなる。
［3］段と段の間の高さは2〜3メートルで、やはり山頂に近づくほど低くなる。
［4］山頂部の下約10メートルの地中には、西、南、北の三方を固い壁に囲まれ、東側は出入り口のようになっている、10メートル四方ほどの箱型の空間がある。

このことからわかるように、黒又山は自然の丘を人工的に石で固めるなどの加工を施して、階段状ピラミッドに造成した可能性が非常に高いのだ。しかも山頂の地下には箱型の空間まであるという。

「7段のテラス状構造」というのも興味深い。第1章で紹介した、イギリスのグラストンベリー・トールがまさに7段のテラス構造を持つ加工丘であるからだ。221ページの図5－3を見てもらいたい。

その加工姉妹丘であるバロー・マンプとともに、聖ミカエルラインに沿って軸があり、特にグラストンベリー・トールが7段のテラス構造を持っていることがわかる。そのグラストンベリー・トールのほうが、黒又山よりひと回りもふた回りも大きい（黒又山の麓からの高さが約80メートルなのに対して、グラストンベリー・トールの麓からの高さは140〜150メートルもある）。

5000年前のイギリスにいた測量技術集団が、100メートルをはるかに超える加工丘を造れたのなら、5000年前の縄文時代にいた測量・技術集団が80メートルの加工山を造れないはずがない。

そしてグラストンベリー・トールが大地に横たわる傾き（軸）に意味があるように、黒又山の南南西から東北東へと傾いて横たわる山容の傾き（軸）にも意味があるように思われる。その南南西の方角には伊勢堂岱遺跡が、東北東の方角には是川石器時代遺跡があるように思われるからだ。

また、やや北寄りの東北東の方角には、黒又山と結ぶとほぼ夏至の日の出ラインであり、冬至の日の入りラインとなる長七谷地貝塚が位置している（図5-4）。

図5-4
黒又山と縄文遺跡と夏至の日の出ライン

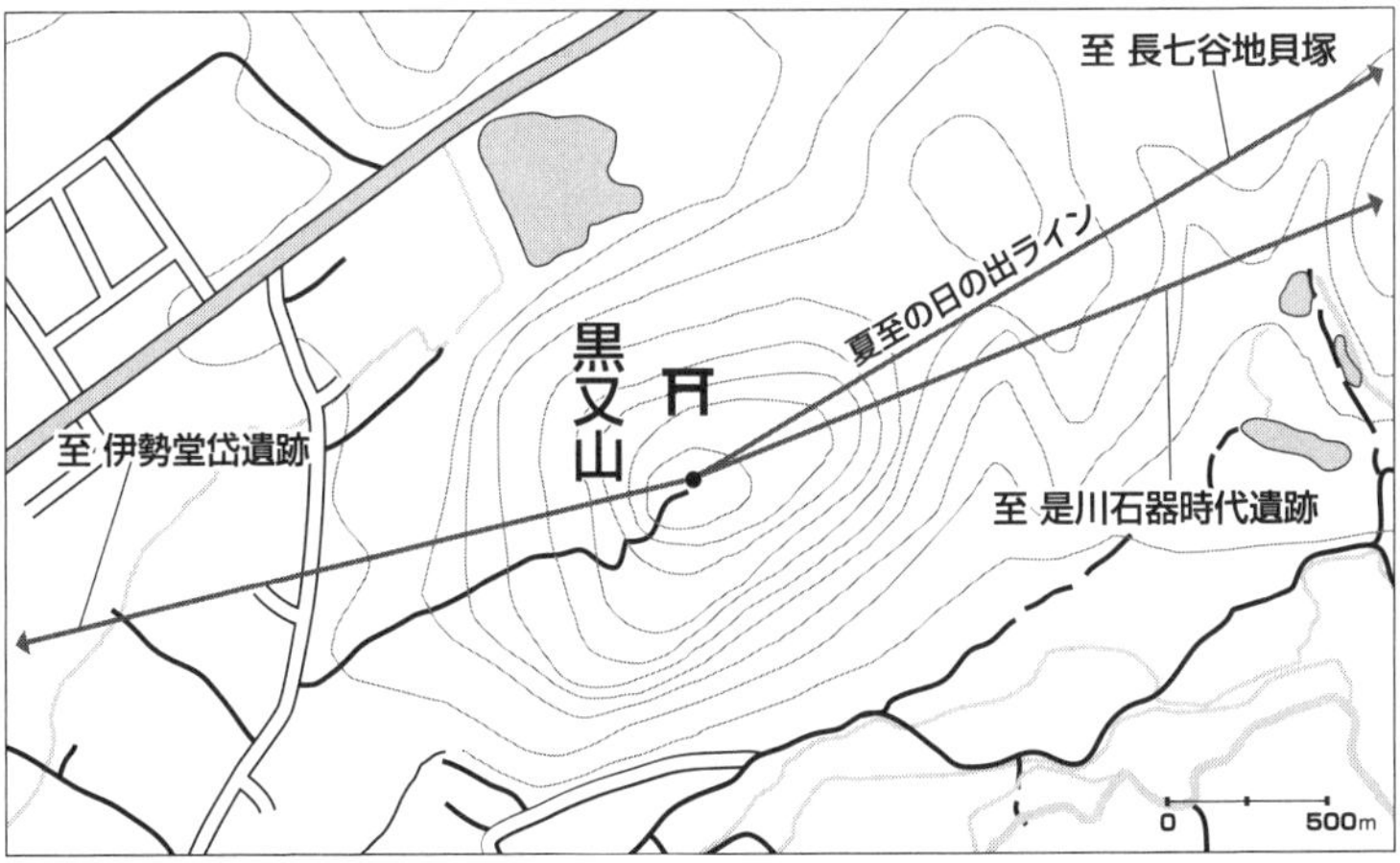

次々と浮かび上がる二等辺三角形

黒又山が人工構造物である可能性が極めて高いことは、測量の観点からも説明できる。第1章で触れたように、黒又山がいくつもの縄文遺跡を等距離で結ぶ、扇の要のような位置にあるからだ。209ページの図5-2を使って具体的に説明しよう。

たとえば、黒又山から御所野遺跡（⑭）の中心までの距離は4万2362メートル（42・4キロ）なのに対し、釜石環状列石（⑯）の中心までの距離は4万2359メートル（42・4キロ）で、その差は何と42キロの距離で3メートルしかない。まさに測量の賜物だ。

是川石器時代遺跡（⑪）と大森勝山遺跡（⑧）と湯舟沢環状列石まで（⑰）の距離に関して言えば、それぞれ6万0653メートル（60・7キロ）、6万0559メートル（60・6キロ）、6万0523メートル（60・5キロ）である。大森勝山遺跡と湯舟沢環状列石で見れば、60キロの距離でその差はわずか36メートル、最大差となる湯舟沢環状列石と是川石器時代遺跡とを見ても、その差は130メートルに過ぎない。

しかもこの60・5キロという距離にも、意味があるように思われる。なぜなら岩木山と黒又山を結ぶと、その距離が6万0342メートル（60・3キロ）だからだ。200メートルほど短いが、黒又山と岩木山を結んだ時に、その直線を黒又山の南東麓（基底部南東端）まで延ばすと、ちょうど60・5キロとなるのである。ということは、岩木山と黒又山の距離を基線にして、縄文遺跡を次々と配置したことが考えられる。

それを裏付ける証拠として、岩木山から黒又山と野中堂環状列石までの距離をそれぞれ測ってみればいい。前者が6万0342メートルで、後者が6万0337メートルとなっており、60キロの距離でわずか5メートルの差しかない。黒又山の頂上で5歩だけ岩木山の方角に歩けば解消されてし

図5-5

黒又山と測量点P

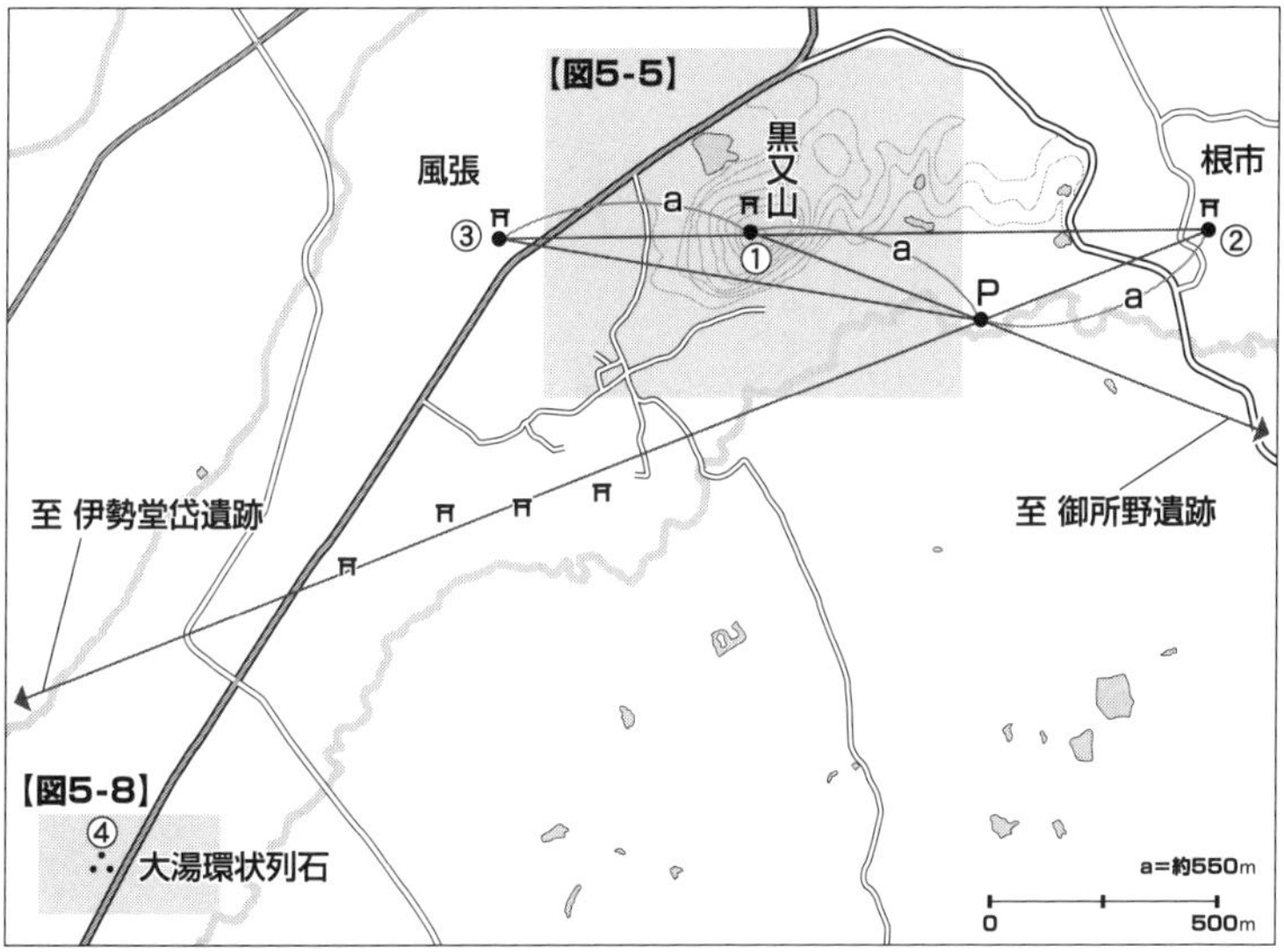

①黒又山②根市の神社③風張の神社④大湯環状列石

Pは御所野遺跡からも伊勢堂岱遺跡からも等距離（41.8㎞）となる二等辺三角形の頂点。伊勢堂岱遺跡とPを結んだ直線に沿うようにして神社が4つ並んでいるのがわかる。

まうような誤差である。岩木山を中心として完璧な測量を実施したからこそできる、測量集団のなせる業であるとしか説明のしようがない。

さらなる黒又山をめぐる測量の痕跡を求めて、筆者は御所野遺跡と伊勢堂岱遺跡に注目した。既に紹介したが、両遺跡の緯度は前者が北緯40度11分52秒で、後者は同40度12分04秒とわずか約82キロの距離で12秒の差しかなく、ほぼ東西線（緯線）とみなせるものだ。このような測量線を測量技術集団が使わないはずがない。何かこの緯線を使った測量の痕跡を残しているはずである。

まず、両遺跡の黒又山までの距離を算出した。御所野遺跡が42・4キロであるのに対して伊勢堂岱遺跡は41・3キロと御所野のほうが1キロほど長い。そこで御所野と黒又山を結んだ直線上で両遺跡からの距離が等しくなる点を求めた。前ページの図5-5の点Pである。次にこの点Pと伊勢堂岱遺跡を結び、その直線がどこを通るか確かめてみた。すると、わずか700メートルの距離に四つの神社の間を通り抜けたうえ、大湯環状列石から200メートルほど北にある高台を通っていく直線となったのである。

国土地理院の2万5000分の1の地図をそのまま使っているが、この地図を見ると、直線に沿って四つの神社が意図的に配置されているように見える。点Pの東北東にある根市の神社を入れると五つだ。その根市の神社と黒又山山頂、それにPを結ぶと、Pを頂点とする二等辺三角形となるし、根市の神社と黒又山山頂を結んだ直線上にある風張の神社と点Pを結ぶと、黒又山を頂点とする二等辺三角形となる。

とても偶然の配置には思えないし、大湯環状列石を眼前に見下ろせる高台を通るということも測量的に意味深い。ということは、点Pと伊勢堂岱遺跡を結んだ直線は、意味のある直線として、神社の所在地にその痕跡が残ったのではないかと解釈できるのである。

これにより、黒又山の山頂から５００メートルほど御所野遺跡に寄った点Pを頂点として御所野遺跡と伊勢堂岱遺跡を結ぶと、約82キロの東西線を底辺とする完璧な二等辺三角形が浮かび上がる。この形こそ、間違いなく古代人による正確な測量の痕跡であると言えるものだ。

人工構造物以外にありえない黒又山

だからと言って、黒又山が人工の山であると断定はできない。測量の中心点としてどんなに正確な幾何学的図形を描けたとしても、たまたまそこにあった円錐形の山を使って精密に測量、各縄文遺跡を配置した可能性は残っているからだ。しかし、次の事実が加わることにより、黒又山は限りなく人工の山に近づく。

再び209ページの図５－２を見てもらいたい。図中央の点である黒又山は、大尽山（ホ）と高田大岳（チ）を結んだ直線と戸来岳の大駒ヶ岳と十和利山を結んだ直線の交点であり、かつ梵珠山（ハ）と姫神山（カ）から等距離であるだけでなく、岩木山（イ）と谷地山（ワ）からもほぼ等距離の位置にある山であるということだ。つまり自然の山とみられるその地域の最高峰や次鋒、あるいは目立つ山を結んだ2本の直線上にあり、同様に自然の山とみられる四つの測量山からほぼ等距離の地点に位置しているのである。

エジプトでは150メートルの高さの巨石ピラミッドを4500年前の技術者が造っているのである。同じ時代に生きていた日本の縄文時代の技術者が、高さ80~100メートルクラスの山を人工的に造れないはずがない。近江富士や下田富士、尖山、耳成山、黒又山などは十分、人工的に建造できたはずだ。特に黒又山は自然の山としてはありえない位置に配置されているわけだから、ほかの北東北の「自然の山々」が人工でないならば、黒又山が人工構造物であると考える以外に、説得力のある説明は難しい。

少なくとも、黒又山は意図的に設定された測量の中心点であることは断言できる。太平洋側からも日本海側からもほぼ同じくらいの距離の中央に位置しているうえ、ほかにも長七谷地貝塚と二ッ森貝塚からほぼ等距離にあるなど、最低でも七つの二等辺三角形の頂点となっているのだ。計画的に造ったとしか思えない。

特に御所野遺跡と釜石環状列石を結んだ二等辺三角形は、御所野遺跡と釜石環状列石の距離が41・4キロであることから、ほぼ正三角形に近い完璧な二等辺三角形となっている。まさに富山の天柱石のように、黒又山は広大な東北の大地に「作られた幾何学模様」を描くための、グランド・デザインに基づいた意図的な中心点なのである。

このグランド・デザインを理解するために重要なのは、ほかの縄文遺跡や測量の山々との計算された距離的な関係である。どういうことかと言うと、北東北のすべての遺跡や山々との距離を測ると、ある一定の距離のパターンが現れてくるのだ。一つは、既に説明した黒又山を中心とする42キロ前後の距離であり、もう一つは岩木山と十和田山や黒又山を結んだ基線である60キロ前後の距離だ。

後者について説明すると、まず岩木山と十和田山の距離は60・5キロで、岩木山と黒又山および野中堂環状列石までの距離は60・3キロである。既に説明したように黒又山から梵珠山、姫神山、谷地山までの距離も60キロ前後となっており、三内丸山遺跡から大湯環状列石までの距離、樺山遺跡から谷地山および湯舟沢環状列石までの距離、靄山から大師森環状列石までの距離、黒又山から是川石器時代遺跡、大森勝山遺跡、湯舟沢環状列石までの距離もすべて60キロ前後なのである。

縄文の各遺跡や測量に使われた山々が実に見事に配置されていることがわかる。つまりこうした距離の計測結果からも、縄文時代には既に「高み結びの法則」で山と山を結んだ基線を使って三角測量をしていた可能性が濃厚となるのだ。

日時計を持つこと、環状列石が年間の暦の機能を持つこと、近くの黒又山が7層のテラス構造を持つ人工山とみられること、黒又山を含むそれぞれの遺跡が意図的に測量されて配置されていること――などを考慮すると、ストーンヘンジやエイヴベリーの複合体遺跡、聖ミカエルのラインを含む古代イギリスの複合体遺跡群と同様な性質を持つ巨大複合体古代遺構群であることがわかるのだ。

大湯環状列石に残る「距離と方位測量」の痕跡

縄文時代に測量技術や計算技術があった証拠は、ちゃんと大湯環状列石にも残されている。

まず簡単な数字に関して言えば、同遺跡からは1から6までの数字を示した珍しい縄文時代の土版《どばん》が出土している(写真5-11)。その土版には3と3を足して6となるような概念まで彫られている。まるで当時のそろばんか、計算機だ。また大湯環状列石の万座環状列石は、中心に近い環状列石(内帯)の外径が約8メートル、中心より遠い側にある環状列石(外帯)の内径が約16メートル、外帯の外径が約24メートルと、基準距離(約8メートル)の倍数(2倍、3倍)になっていることが地元の研究者によって明らかになっている(野中堂環状列石もそれに近い構造を持って

写真5-11 大湯環状列石から出土した、「古代の計算器」とされる土版

いる＝図５－６、図５－７）。

　加えて、野中堂環状列石の外径と万座環状列石の外径を足した距離約90メートルが両環状列石の外径までの距離であることもわかっている（図５－８）。つまり大湯環状列石を建造した人たちは、ちゃんと計測して外帯と内帯の半径を決めた可能性が高いのだ。

　さらに長年の研究により、野中堂環状列石と万座環状列石のそれぞれの「日時計」と呼ばれ

【図5-6】

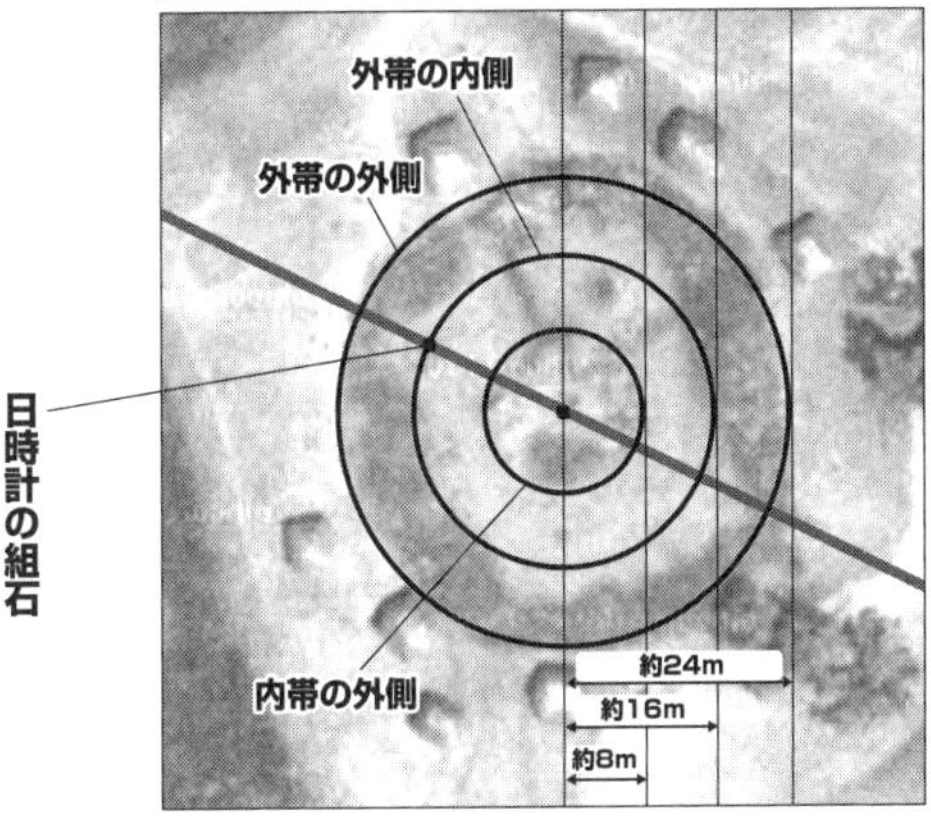

万座環状列石

【図5-7】

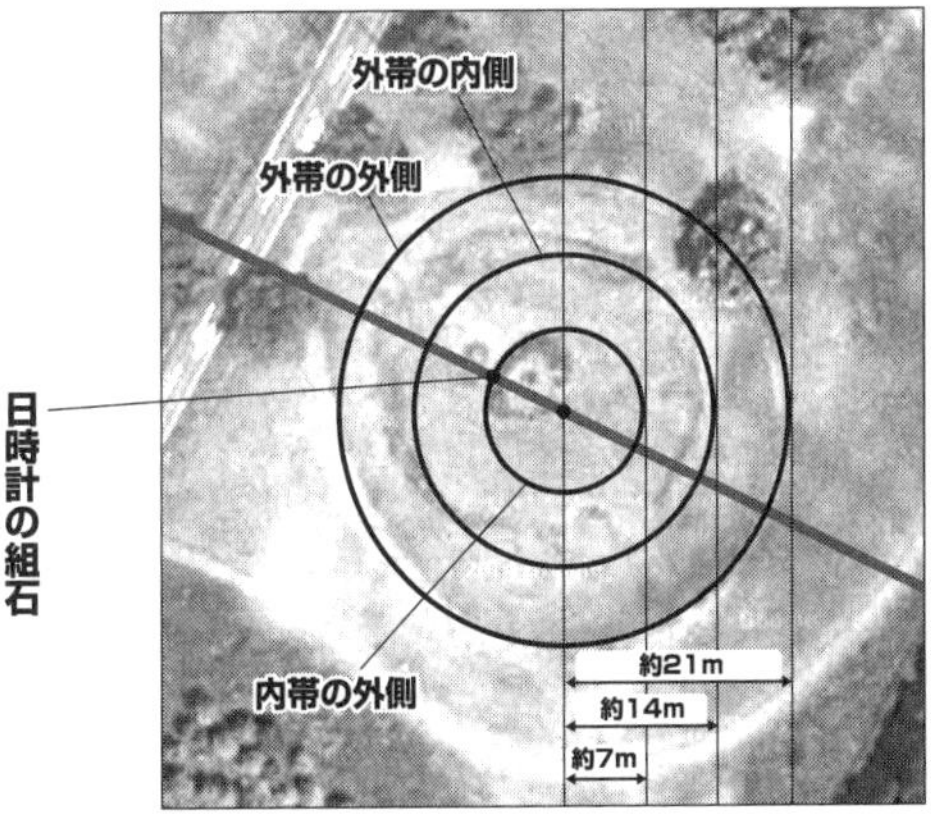

野中堂環状列石

る組石には正確に東西南北を示す特殊な石が存在し、両環状列石の中心とそれぞれの「日時計」を結ぶと四点が一直線に並び、それがおおよそ夏至の太陽が沈む方向を指し示していることが確認されているのである（図5－8参照）。距離と方位を正確に測っていたわけだ。

大湯環状列石の野中堂と万座両環状列石は、外帯、内帯の大きさを含めて設計され、黒又山の位置を意識しながら夏至の日没ライン上に配置された計画的な複合体遺跡であることは間違いない。すなわち縄文時代に大湯環状列石を建造した人たちは、巨石と巨石を結

図5-8

万座環状列石と野中堂環状列石の構造（概念図）

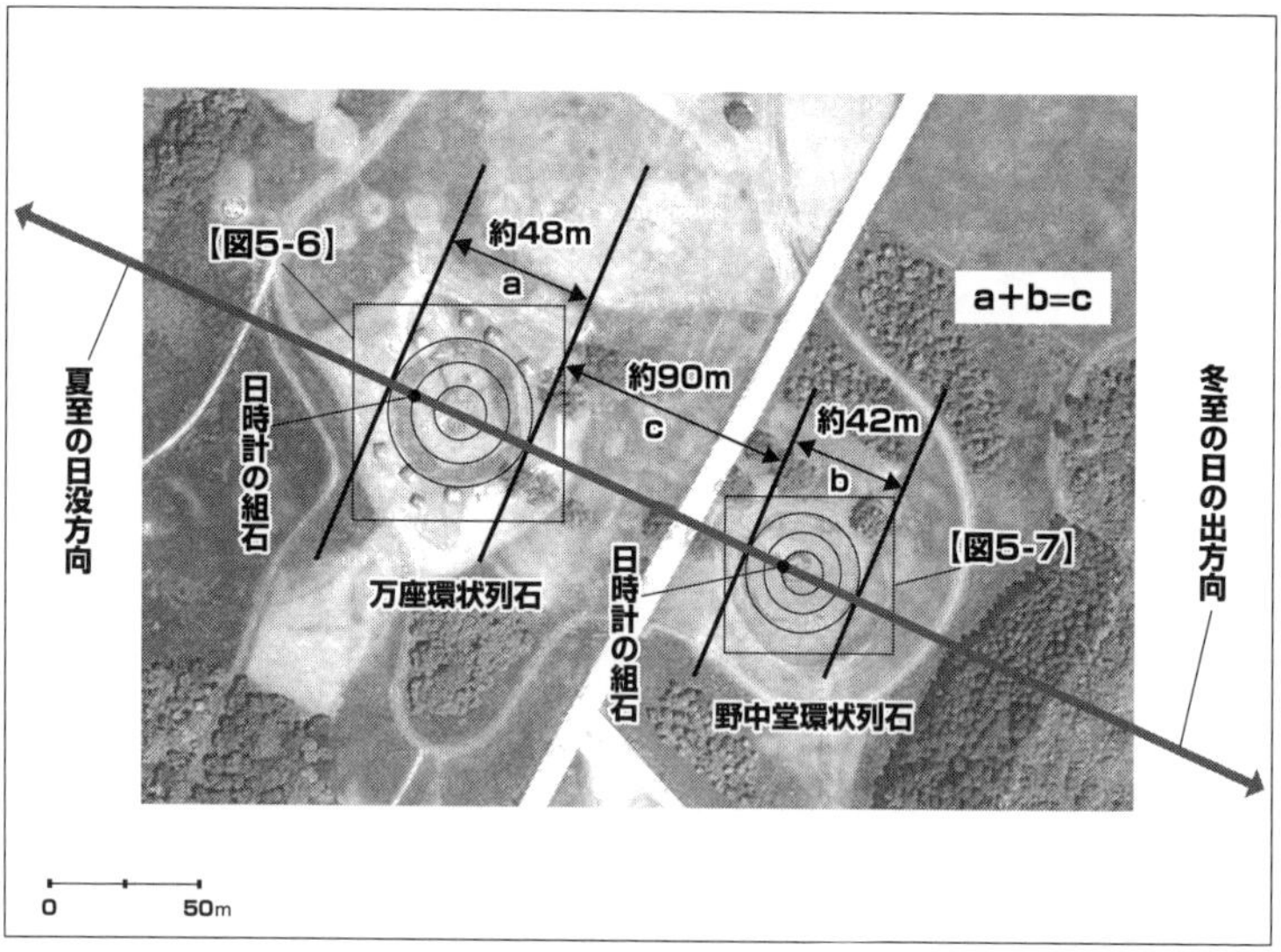

んで直線を引くことができたし、方角や角度といった幾何学の概念も持っていた。しかも、足し算や掛け算といった数学にも通じており、遺構と遺構の間の距離も正確に測ることができたのだ。

これはまさに「高み結びの法則」を使って測量・通信ラインを作る基本なのである。この基本さえあれば、山と山を直線で結び、その距離や角度を測り、基線の距離を倍にしたり等分したりしながら、重要な拠点を広大な大地に配置することができるのだ。

北海道の縄文遺跡群も測量されていた

これらのことからわかるように、北東北のすべての遺跡が、測量の観点から合理的に説明がつく場所にあるのである。誰かが北東北に広がる広大な縄文遺跡群の設計図を作っていた可能性が極めて高いのだ。それが誰であるかというと、縄文時代の測量技術集団としか言いようがない。目立つ山と山を結んだ基線や、春分や秋分（湯舟沢遺跡と谷地山）、冬至や夏至（大湯環状列石や、岩木山と梵珠山、黒又山と長七谷地貝塚）の日の出や日没を使った測量及び三角測量によって、測量集団は次々と構造物や拠点を造っていったのではないかという驚くべき事実が明らかになってくる。

ところが、驚くのはまだ早い。これまで私は、意図的に北海道の縄文遺跡群を除外してきたが、もし250キロから300キロの距離で直線を引くことができる測量技術集団が縄文時代にいたとしたら、北東北と北海道の縄文遺跡群を結べば当然、意味のある測量線を引けるはずであると考えた。というのも青森の下北半島や津軽海峡から見れば、北海道はまさに目と鼻の先だからだ。100キロ以上離れた青森市の小牧野遺跡からでも、よく晴れた日には対岸の北海道が見えるのだという。そこで、実際に北海道の縄文遺跡群を地図上で調べたら、すべて測量的に納得のゆく説明ができることがわかったのだ。

北海道・北東北間にあった密接な測量・通信網

ここでは詳しくは論ずるつもりはない。北海道の縄文遺跡群まで詳細に取り上げると、それだけで本一冊は書けるからだ。しかし、ちょっと調べただけでも、すべての北海道と北東北の縄文遺跡群の配置が複数の意味のある直線の交点によって説明できるのである。代表的な遺跡として、まず垣ノ島《かきのしま》遺跡を紹介しよう。

垣ノ島遺跡は、北海道函館市の太平洋に面した海岸段丘上にある道内最大規模の縄文遺跡だ。縄文時代早期前半から後期後半（紀元前7000年～紀元前1000年頃）にかけて、約6000年もの長期にわたる定住をした集落遺跡である。土坑墓から世界最古（紀元前5000年ごろ）の漆《うるし》製品も出土している。

図5-9

北海道・北東北の遺跡の配置と環状列石ライン

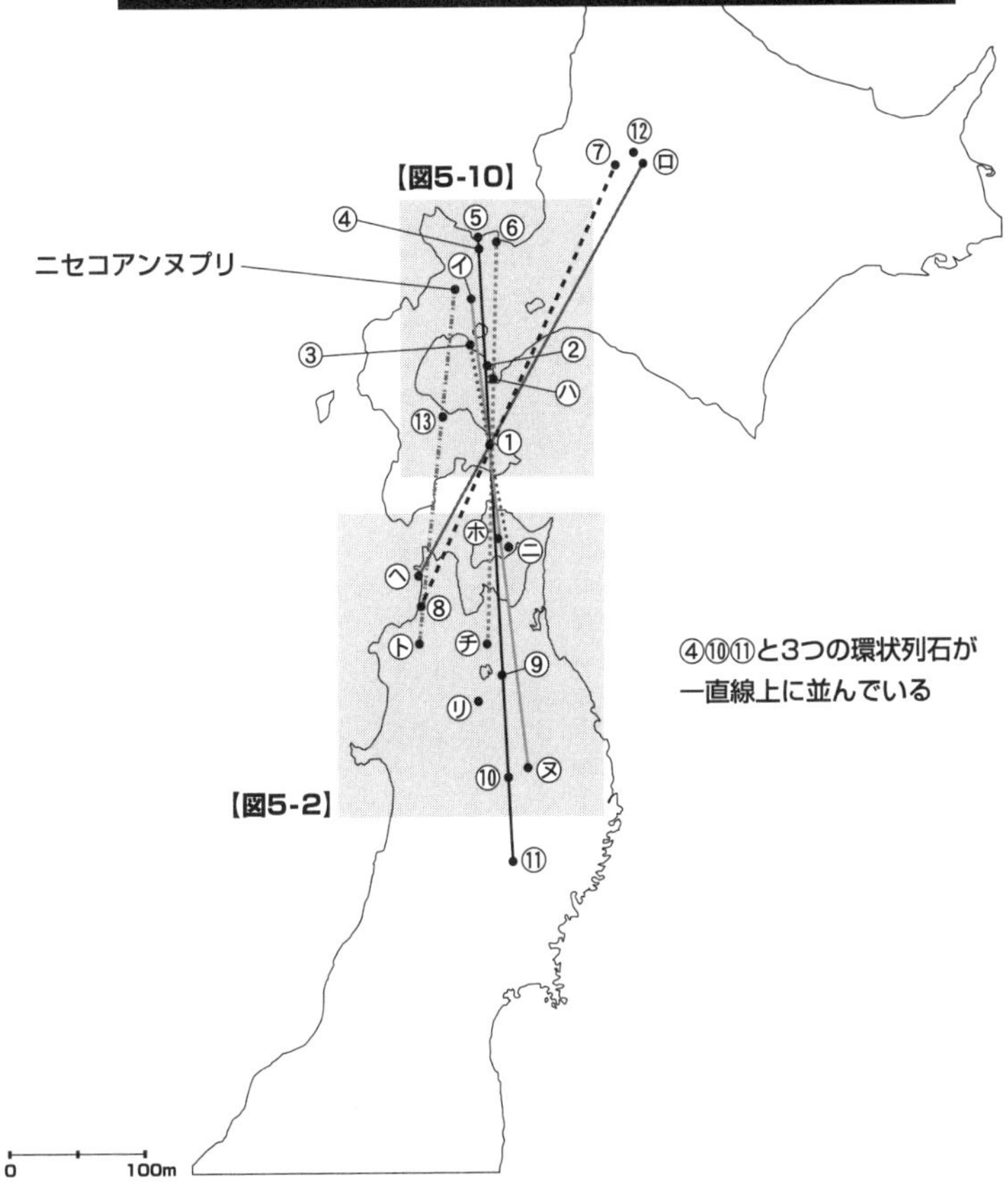

①垣ノ島遺跡
②北黄金貝塚
③入江・高砂貝塚
④西崎山環状列石
⑤フゴッペ洞窟
⑥手宮洞窟
⑦音江環状列石
⑧田小屋野貝塚
⑨大石神ピラミッド
⑩湯舟沢環状列石
⑪樺山遺跡
⑫神居古潭ストーンサークル遺跡
⑬鷲ノ木遺跡
㋑羊蹄山
㋺神居山
㋩測量山
㋥釜臥山
㋭朝比奈岳
㋬靄山
㋣岩木山
㋠八甲田・高田大岳
㋷黒又山
㋦姫神山

この遺跡は測量上も非常に重要な拠点であったことがわかる。北海道の羊蹄山《ようていざん》と恐山《おそれざん》山地の朝比奈岳（山頂よりやや西側）、それに岩手の姫神山を結んだ直線と、八甲田山・高田大岳と北海道・室蘭の測量山、それに北海道小樽市の手宮《てみや》洞窟を結んだ直線との交点にあるからだ。

さらに樺山遺跡、湯舟沢環状列石、大石神ピラミッド、北海道伊達市の北黄金《きたこがね》貝塚、北海道余市町の西崎山環状列石とフゴッペ洞窟を結んだ直線（環状列石ライン）や、釜臥山と北海道洞爺湖町の入江貝塚を結んだ直線上などにあり、少なくとも意味のある測量線計7本の交点に位置している。また、八甲田大岳、陸奥湾の夏泊崎《なつどまりざき》、下北半島の大間崎、室蘭（絵鞆《えとも》半島）の測量山（山頂よりやや東側）、手宮洞窟、高島岬という山や岬や半島を通る直線（岬ライン）上にあり、かつ八甲田大岳と忍路環状列石から等距離にあるのだ（図5-9参照）。

垣ノ島遺跡だけではない。入江・高砂貝塚も合計8本の意味のある測量線の交点に位置しており、偶然ではありえない場所に配置されていることがわかる。ほかにも、旭川市の神居古潭《かむいこたん》ストーンサークル遺跡、千歳市のキウス周堤墓群、深川市の音江《おとえ》環状列石、函館市の大船《おおふね》遺跡など5本以上の意味のある測量線の交点にある遺跡が少なくとも4基あり、グランド・デザインに基づいて綿密に計算された場所に各遺跡が置かれたことが明白なのである。

その中でも特筆すべきは、樺山遺跡、湯舟沢環状列石、大石神ピラミッド、垣ノ島遺跡、北黄金貝塚、北海道余市町の西崎山環状列石とフゴッペ洞窟を結んだ「環状列石ライン」である。樺山遺跡にも環状列石（環状の組石・配石遺構）があるので、北東北と北海道に分布する数少ない環状列石のうちの三つの環状列石が一直線上に並んでいるのだ。大石神ピラミッドも巨石の組石とみなせることから、特殊な石組み遺構四つが直線上にあることになる。そもそも古代の七つの主要遺跡が1本の直線上に並んでいること自体が驚異だ。

北から高島岬、手宮洞窟、室蘭（絵鞆半島）の測量山（山頂よりやや東側）、垣ノ島遺跡、下北半島の大間崎、陸奥湾の夏泊崎、八甲田大岳という山や岬や半島を通る「岬ライン」も非常によくできている。岬と岬、山と山を結んだ直線上に遺跡が配置され、測量ラインであったと同時に、光通信ラインであったことがうかがえる。

つまり、こうした数々の意味のある直線が引けるということは、北東北と北海道の縄文遺跡の間には、測量や光通信が行われた可能性が濃厚であることを示している。少なくとも、その痕跡が紛れもなく残っているということである。岩木山や八甲田山、それに下北半島の恐山山地の山々を中継地にして、北海道と東北の各縄文遺跡は密接に結びついている。

たとえば、樺山遺跡、湯舟沢環状列石、釜石環状列石といった岩手県の縄文遺跡は、十和田三山と恐山山地を中継して垣ノ島遺跡、大船遺跡と結ばれ、さらには室蘭の測量山を介して北黄金貝塚、入江・高砂貝塚と連結し、羊蹄山やニセコアンヌプリを介して忍路環状列石、地鎮《じちん》山《やま》環状列石、西崎山環状列石、大谷地貝塚とつながっている。御所野遺跡、是川石器時代遺跡、長七谷貝塚、二ッ森貝塚といった北東北の遺跡も、恐山山地や大間崎、函館山を中継して垣ノ島遺跡、大船遺跡、鷲ノ木遺跡とつながり、さらには北海道駒ヶ岳を中継して内浦湾の対岸の北黄金貝塚、入江・高砂貝塚と結びつく。

このように、測量に使った目立つ山や最高峰を中間地点において、その東西南北の直線上に遺跡を配置する方法は、まさにソールズベリー平原のストーンヘンジおよびエイヴベリー複合体遺跡と同じだ。それだけではない。縄文の測量技術集団は、5000年前のイギリスおよびアイルランド諸島にいた測量集団と同様に、距離の測量をも完璧に成し遂げているのだ。

山からの距離と角度も正確に測られていた

山を使った距離と角度の測量で特に優れていると思うのは、ニセコアンヌプリと羊蹄山を測量の中心とした縄文遺跡群の絶妙に計算された位置関係である。

ニセコアンヌプリから大谷地貝塚と高砂貝塚までの距離（37・6キロ）は、誤差がわずか10メートルという精度で完全に一致する。ニセコアンヌプリを頂点とする完璧な二等辺三角形の出来上がりだ。しかも大谷地貝塚と高砂貝塚を結んだ二等辺三角形の底辺に相当する直線は羊蹄山の山頂付近やや西側を通り、そのまま南に延ばしていくと駒ケ岳の東麓を経て函館山に至るのである（図5‐10）。

また図には示さなかったが、ニセコアンヌプリからフゴッペ洞窟と入江貝塚までの距離（約38・3キロ）もほぼ等距離であるだけでなく、フゴッペ洞窟と入江貝塚を結んだ直線は、羊蹄

図5-10

北海道の縄文遺跡群と測量山の関係

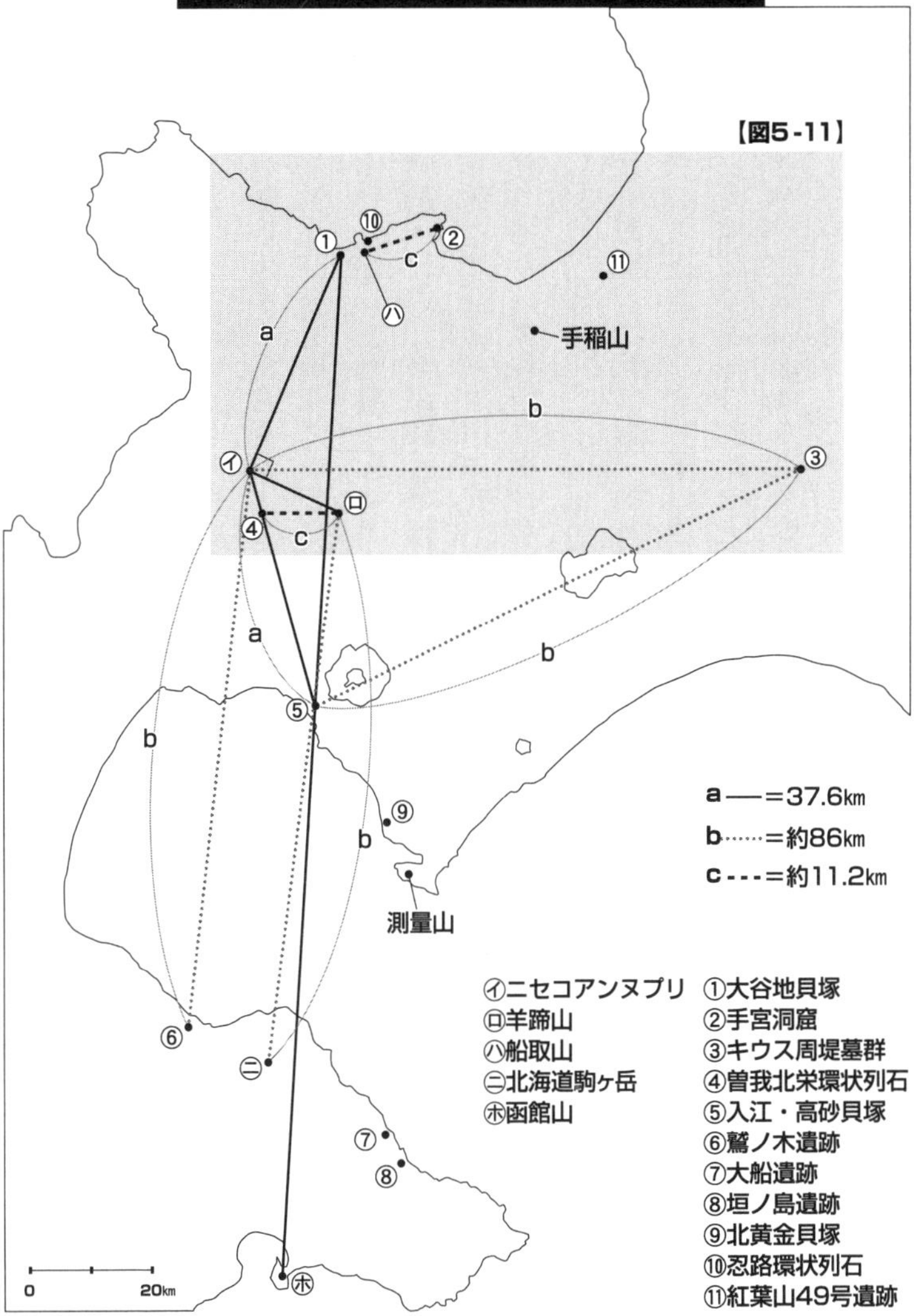

山の山頂を通り、北海道駒ケ岳の東円山付近を通過、函館山を経て、遠く青森の外ヶ浜、梵珠山東麓を通り抜け、秋田山（森吉山）に至る。

羊蹄山からは、忍路環状列石、大谷地貝塚、フゴッペ洞窟が40キロ強の位置に並んでいる。羊蹄山の山頂からほぼ真西に11・2キロ離れた地点には曽我北栄環状列石があり、この11・2キロという距離は船取山から手宮洞窟までの距離とほとんど一致する。ニセコアンヌプリからほぼ真東に86・4キロの場所にはキウス周堤墓群があり、この86キロという距離はニセコアンヌプリと鷲ノ木遺跡を結んだ距離や、キウス周堤墓群から入江・高砂貝塚までの距離、それに羊蹄山から北海道駒ヶ岳までの距離とほぼ等しい。

正確な直角三角形もできる。ニセコアンヌプリから羊蹄山と大谷地貝塚に引いた2本の直線のなす角度は90度であり、大谷地貝塚から船取山と羊蹄山にそれぞれ引いた直線のなす角度も90度だ（図5－11）。

さらに忍路環状列石か、地鎮山環状列石か、船取山のいずれかから、キウス周堤墓群とニセコアンヌプリに引いた直線がなす角度がほぼ90度となっていたので、より詳細に見るため、2万5000分の1の地図で調べてみた。すると、忍路環状列石と地鎮山環状列石はどちらも約89・5度であったが、船取山からキウス周堤墓群とニセコアンヌプリに引いた2本の直線のなす角度はきっちりと90度であった。

それだけではない。船取山から紅葉山49号遺跡と羊蹄山に直線を引けば、その2本の直線のなす角度も90度となり、船取山がまさに三角測量の測量点として使われていたことがはっきりとわかる。また、羊蹄山から手宮洞窟を結ぶと高島岬に至るが、その高島岬から紅葉山49号遺跡を結んでも直角三角形となる。その際、紅葉山49号遺跡と羊蹄山を結んだ直線は、手稲山《ていねやま》で船取山とキウス周堤墓群を結んだ直線と交差するのである（図5−11参照）。

　このように、ごく限られた意味のある点を結ぶ

図5-11

ニセコアンヌプリと羊蹄山を使った完璧な三角測量の痕跡

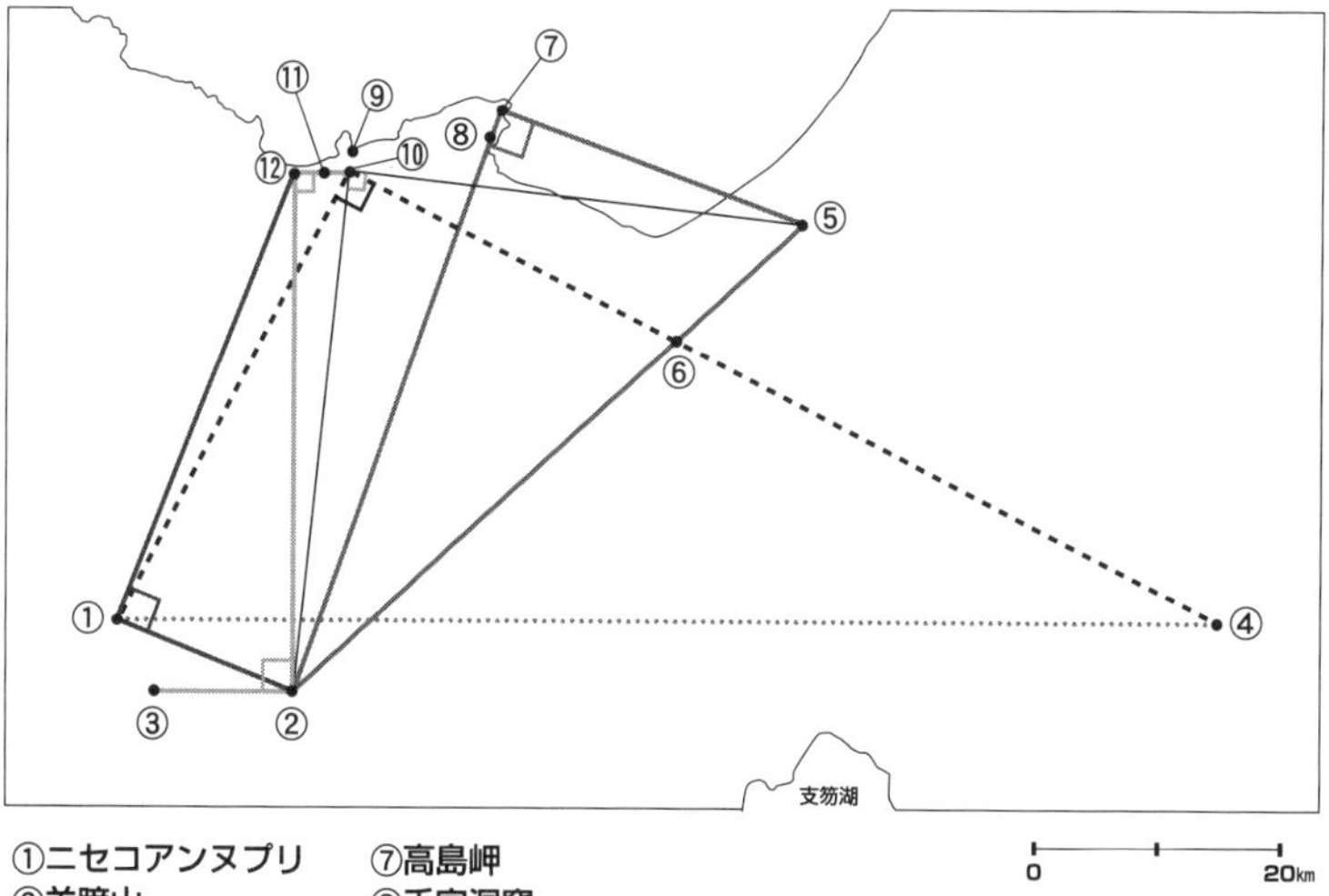

①ニセコアンヌプリ
②羊蹄山
③曽我北栄環状列石
④キウス周堤墓群
⑤紅葉山49号遺跡
⑥手稲山
⑦高島岬
⑧手宮洞窟
⑨忍路環状列石
⑩船取山
⑪西崎山環状列石
⑫大谷地貝塚

ことによってほぼ完璧な直角三角形が6個もでき、ほぼ東西直線が3本も引けるということは、もはや縄文時代に三角測量を実施した測量技術集団がいたとしか考えられないのである。そうでなければ、この縄文遺跡の完璧な配置を説明することはできない。

近代でも測量に使われた室蘭の測量山

室蘭市の測量山についても記しておこう。測量山はもともと、アイヌ語では「ホシケサンベ」（先に現れるもの）と呼ばれており、遠方の漁から戻るとき水平線に最初に現れるこの山を目印としていたものと考えられている。1872年、札幌へ至る札幌本道（現国道36号線）を建設する際、当時の陸地測量兼道路建築造長だった米国人技師ワーフィールドがこの山に登り、道路計画などの見当をつけたことから「見当山」と呼ばれていたのを後に「測量山」と改めたという。標高は199・6メートルと、あまり高い山ではないが、室蘭市全体をはじめ内浦湾（噴火湾）、昭和新山、有珠山《うすざん》だけでなく、約60キロ離れた羊蹄山など360度のパノラマが眺望できる、まさに測量に不可欠な山である。当然、内浦湾の対岸にある駒ケ岳だけでなく、夜間に火を焚けば、対岸の大船遺跡、鷲ノ木遺跡、ほぼ真南に40キロほど離れた垣ノ島遺跡と連絡を取り合うことが可能であったわけだ。

手宮洞窟と室蘭の測量山を結んだ直線は、対岸の大船遺跡を通り、下北半島の大間崎、陸奥湾の夏泊崎、八甲田大岳（山頂やや西側）、十和田湖畔の交点X、黒又山、さらには秋田駒ケ岳を結ぶ長大な３８０キロのラインとなるのである。このほぼ南北の直線を、古代測量集団は必ず使ったであろう。

　またニセコアンヌプリと室蘭の測量山を結んだ直線上には、有珠山や北黄金貝塚が並んでいるし、羊蹄山と室蘭の測量山を結んだ先には、函館市の亀田半島と下北半島があるのである。また、地鎮山環状列石と船取山を結んだ直線の先は室蘭の測量山を示しているように見えるし、忍路環状列石と下北半島を結んだ直線のちょうど中間地点に室蘭の測量山が位置しているのだ。

　距離に関して言えばまだ続きがある。羊蹄山から洞爺湖の中島を通って北黄金貝塚に引いた直線の距離48・１キロは、羊蹄山から手宮洞窟を結びそのまま小樽市の高島岬まで延ばした直線の距離とほぼ等しい。室蘭の測量山から船取山と石狩の紅葉山49号遺跡までの距離は約96・７キロと等しく、忍路環状列石から鷲ノ木遺跡と旭川の神居山《かむいやま》Ｂ（巻末資料参照）までの距離も約１２３・８キロと等しい。北海道駒ヶ岳からキウス周堤墓群までの距離１２５・０キロと、北海道駒ヶ岳から大谷地貝塚までの距離１２５・７キロがほぼ等しいのも偶然とは思えない。

北海道、北東北のそれぞれに法則性があった

　こうして距離を調べていくと、北東北がそうであったように、ある距離のパターンが出てく

ることがわかる。すなわち北東北では、岩木山を測量の中心として50キロ前後の距離に遺跡が分布し、黒又山を中心としては42キロと60キロ前後の距離に主要な遺跡が配置されていた。一方北海道では、ニセコアンヌプリと羊蹄山を測量の中心として40キロ前後と85キロ前後の距離に遺跡が配置され、北海道駒ヶ岳と船取山を中心としては125キロ前後の距離に主要な遺跡が散らばっているのである。やはりここにも何か法則性があるように思われる。

どのような法則性か。

北海道駒ヶ岳から羊蹄山の距離（85・4キロ）が、北海道駒ヶ岳から津軽海峡を越えた恐山山地の朝比奈岳までの距離（86・9キロ）と近かったり、室蘭の測量山から海を越えた下北半島の大間崎までの距離が86・2キロであったり、函館山から夏泊崎までの距離が84・2キロだったりすることを勘案すると、この北東北と北海道の海峡間の距離が縄文時代のグランド・デザインに何らかの影響を及ぼしている可能性も浮上してくる。つまり、それぞれの地域における山と山を結んだ距離だけでなく、海を隔てた岬と岬、岬と山を結んだ距離も基線に使っているかもしれないのである。

加えてここで言えることは、遺跡配置を決めるのに使われている基線の距離は、津軽海峡を挟んで〝変調〟していることである。これは加賀の白山や聖ミカエルのラインのエイヴベリー以東と以西で見受けられたのと同じ現象だ。単純に山と山の間隔が地域によって広がったり狭まったりするために生じる変調なのか、あるいはほかに理由があるのか。それについては、第

7章で言及することにする。

こうした距離の関係に加えて、既に説明したように、古代の七つの主要遺跡が1本の直線上に並んでいる「環状列石ライン」や高島岬から八甲田大岳まで七つの山や岬や半島や遺跡を通る「岬ライン」があるわけである。まさに神業としか思えない。

私も当初、ある程度は北海道と北東北の縄文遺跡に相関関係があると思っていたが、まさかこれほど密接な位置関係になっているとは想像もしていなかった。地図上になるべく正確に各遺跡の中心、あるいは測量点とみられる経度緯度を調べて、それぞれの位置関係を測定しているだけであるにもかかわらず、次から次へと直線上や交点に縄文遺跡が並んでいることが明らかになっていったのだ。北東北と北海道の間には、何千年もの長期間にわたる深い交流があり、おそらく同じ意図を持って、同じグランド・デザインの基に次々と拠点が建造されていったのは間違いないであろう。

いずれにしても、縄文時代に北海道と北東北の間には紛れもなく同じ測量技術を持った集団が存在しており、相互の集落同士で頻繁かつ密接に連絡を取り合っていたことが見えてくる。つまり縄文時代には彼らは日本にいた、あるいは来ていた。そして彼らは間違いなく、「高み」を結びながらグランド・デザインを決めていく法則を知る測量技術集団であったのだ。

5000年前より以前に日本には測量技術集団がいた

縄文時代には既に「高み結びの法則」による測量の痕跡があったことはわかった。ではいったいそれは何年前のことであったのか。その年代についても検討しよう。

ここで取り上げた縄文遺跡は、1万6500年前のものもあれば、3000年前ぐらいのものまで1万年以上もの開きがある。しかしながら、たとえば主に3000年前に栄えた縄文遺跡である大森勝山遺跡にしても、約1万3000年前の石器が出土しているのである。つまりどの遺跡も、全盛期を迎える以前にまったく主要な集落がなかったとは言えない。まだ発掘されていない地下深くに1万6000年前の土器なり石器なりが見つからないともかぎらないわけだ。

それでも縄文時代の遺跡を、現在考えられている年代で古い順に並べて、どのように測量して拠点を造営していったかを検証することはできる。

最初は何と言っても、大平山元Ⅰ遺跡だろう。なにしろ1万6500年前の土器が出土しているのだから。

大平山元Ⅰ遺跡は、恐山と八甲田山と岩木山を使って位置が決まったとみられる。恐山山地・外輪山の最高峰である大尽山を結んだ直線と、八甲田大岳（山頂付近）を結んだ直線がちょうど直交する地点で、かつ岩木山からの距離が岩木山と八甲田山（八甲田大岳と高田大岳の中間付近）を結んだ距離と等しくなる場所に造営されたからだ。その後、高田大岳と大平山元Ⅰ遺跡を結んだ直線上に、約5000年前の縄文遺跡である御所野遺跡が造られた。

次は約9000年前の遺跡である長七谷地貝塚だ。岩木山、八甲田山、黒又山を使って位置が決まったとみられる。すなわち八甲田大岳までの距離が、岩木山と八甲田大岳を結んだ距離とほぼ等距離となる場所で、かつ岩木山と結んだ直線が黒又山と八甲田大岳を結んだ直線と直交する場所に造られているからだ。

つまり、最初の二つの縄文遺跡はどちらも岩木山と八甲田山（八甲田大岳と高田大岳）までの距離やその方角を基準にして決まったことがうかがえる。そして長七谷地貝塚を起点にして、大石神ピラミッド（大石上山）と結んだ直線上でその距離の約3倍となる場所に約4000年前の縄文遺跡である伊勢堂岱遺跡を配置し、大石神ピラミッドからの距離が大石神ピラミッドと長七谷地貝塚を結んだ距離と等しくなる場所に約7000年前の縄文遺跡である是川石器時代遺跡の位置が決定されたのである。

またおそらく大石神ピラミッドを建造したのと同じころ、黒又山を測量の中心にして使ったと考えることもできる。古代測量集団はまず、恐山（大尽山）と八甲田山（高田大岳）を結んだ直線上で、岩木山や梵珠山、それに姫神山や谷地山からほぼ等距離の地点に、扇の要となるような中心的な施設である神殿（7層の階段構造を持つ人工丘）を建立した。それが黒又山だ。

そこを中心にして直線上や等距離の場所に次々と重要拠点を築いていったのではないだろうか。

その次に来るのは、長七谷地貝塚と同じ約9000年前の縄文遺跡である北海道の垣ノ島遺跡である。この遺跡は、内浦湾の対岸にある室蘭の測量山や地球岬、北海道駒ヶ岳、それに下北半島の大間崎や八甲田山を使って決まったとみられる。すなわち測量山のほぼ真南に位置し、手宮洞窟と測量山、それに高田大岳を結んだ直線上にあり、かつ北海道駒ヶ岳と結んだ直線が、測量山と北海道駒ヶ岳山腹の東円山を結んだ直線と直交するような場所に造られている。また、室蘭市の地球岬と下北半島の大間崎を結んだ直線の中点にもなっている。

同様に約7000年前の縄文遺跡である北黄金貝塚は、ニセコアンヌプリと測量山を結んだ直線とフゴッペ洞窟と垣ノ島遺跡を結んだ直線との交点に築かれている。

このように見ていくと、古い時代の遺跡は、その地域の最高峰（岩木山、八甲田山、恐山）を、北海道ではその地域の最高峰（ニセコアンヌプリ、駒ヶ岳）に加えて、岬（大間崎、地球岬）や近くの小高い山（室蘭の測量山）を、それ以降の約5000年前より新しい縄文遺跡は、既に造営されていた縄文遺跡と山々をそれぞれ利用して建造されていったことがうかがえるわけだ。

ということは、縄文時代の測量技術集団が活躍した時代というのは最も古い場合は1万6500年以上前ということになるが、少なくとも9000年前ぐらいから初期の遺跡の配置が決まり始め、5000～4000年前ぐらいまでには、ほとんどの縄文遺跡の配置が測量により決められていたのではないか、と考えることができる。

つまり可能性としては、ストーンヘンジやエイヴベリーの巨石建造物が測量によって建造されるはるか前に、既に日本では同様な技術を使って縄文遺跡群を建造していたかもしれないのである。同時にそれは、東経１３７度11分の羽根ラインも５０００年前には既にあった可能性を示唆しているわけだ。

推測するに、日本では縄文時代のかなり初期のころ、失われた文明の測量技術が既に流入していたのではないだろうか。前出の『オアスペ』に書かれているように、日本が失われたパン大陸（オアスペに出てくる海底に沈んだ大陸。現在の西太平洋に存在し、高度な文明を築いていたという。ムーやレムリア大陸と同義とみられる）の一部であった可能性もある。

いずれにしても、そのような古代において、このような精密測量ができたのは驚異と言うほかない。まさに神々のライン。神業、神代の神々のなせる業であろうか。

「縄文地球文明」復活への道

我々はようやく、失われた文明の継承者とみられる「縄文時代の測量技術集団」が残した測量の叡智に追い着いた。だが、彼らがなぜ山と山、高みと高みを直線で結び、その距離を利用しながら幾何学的に遺跡を配置していったのか、その理由が定かではない。推測するに、この地球には未知の観測されていない「気」のようなエネルギーが流れている。彼ら測量集団は、その大地の気の流れを利用しながら、今風に言うならばパワースポットに重要な拠点を配置していったように思える。

つまり我々はまだ、「高み結びの法則」の根底にあるとみられる大地の気の流れを知るには至っていないのだ。それにはまだまだ、いろいろな側面からの調査や研究が必要である。私たちの目に見えない大地の気の流れをどうやったら科学的に解明していくかも大きなテーマだ。

同時に私たちは、より多くの情報を集め、共有しなくてはいけないとも考えている。そのためには、環状列石を含む縄文遺跡群に関する正確でより詳細な調査を全国各自治体にお願いするしかない。幸い、今回取り上げた北東北と北海道の縄文遺跡群について北海道、青森、岩手、秋田の4道県は、縄文遺跡群を人類共通の貴重な宝として未来に残すべき文化遺産であると考えて、世界遺産登録を目指している。

私もその趣旨に大いに賛同する。また、イワクラ（磐座）学会や国際縄文学協会といった団体とも連携して、今一度、「縄文文明」とも呼ぶべき縄文時代の再評価を続けていくべきであろう。

当然のことながら、読者有志の協力も欠かせない。この本を読んだあなたの地元の遺跡群も、必ずこの「高み結びの法則」にかなっているはずだ。それを見つけ出すのは、それぞれの地元有志の方々の探究心に頼るよりほかにない。そして私たちが力を合わせれば、全国の、いや全世界の古代遺跡に隠された測量集団の秘密が明かされるであろう。大地の気の流れの法則とともに失われた超古代文明の謎が解明される日も近いと信じている。

日本だけでも古代測量集団の叡智の痕跡がこれだけ残されているのだ。世界各地に散ったのであろう失われた文明の測量技術集団たちは当然、アジアやヨーロッパ、北米や南米大陸などでも測量の痕跡を残しているはずだ。

その痕跡を調べれば、古代の地球において、四大文明、五大文明の地だけに文明が発祥・開花したと考えるのは大きな間違いであることがわかるだろう。既に5000年前には、地球規模でほぼ同じ文明を共有していたのだ。しかもその文明は、それ以前に失われた文明、超古代文明の継承者がもたらした可能性が高いのである。そうでなければ、これだけの測量技術を古代人が世界各地で持っていたことの説明がつかない。地球文明は少なくとも5000年前までには確立していたのである。

竹内文書にも同じようなことが書かれている。ただ竹内文書の破天荒なところは、そのような古代において世界各地に散った16皇子・皇女の派遣先の国名が、具体的に、しかも近代の地名で書かれていることだ。その国名にはエジプトも含まれている。五色人でいうところの「赤人」の皇子二人が「民王」として派遣され、一人の派遣先はヌビアとスーダン方面、もう一人はカイロや紅海方面であったという。

そうであるならば、古代四大文明の一つとされるエジプトのピラミッドにも当然、同じような測量が施されていたはずである。エジプトのピラミッド群も、果たして「高み結びの法則」を使った測量で、建造されているのだろうか。次章では、彼らがどのようにピラミッドを建造していったかを検証しよう。

第6章 エジプトのピラミッド群と測量集団

エジプトのピラミッドはどのように測量されたのか

真上から降り注ぐ容赦のない太陽の灼熱。時折風に舞う砂塵。少し黄色がかった灰色の空気の中に、その巨大建造物は私を見下ろすように立っていた。この目の前にそびえる巨石構造物は、まるでスフィンクスの謎かけのごとく、私に何かを語りかけようとしているように思えてならなかった――これは、1980年代に私がエジプトのピラミッドを最初に見たときの印象だ（写真6－1）。

古代ピラミッドと言えば、やはりエジプト・ギザの三大ピラミッドである。5000年前のイギリス諸島や日本に「高み結びの法則」を使いながら巨石遺構や人工丘を建造し、長大なラインを設計した測量技術集団が存在したのであるのならば、4600年前のエジプトでピラミッドを建造した

写真6-1　巨大な巨石構造物であるギザの大ピラミッド（クフ王のピラミッド）

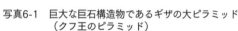

人たちもまた、同様にラインを引いてピラミッドなど巨石建造物を配置していったはずである。

それを論証するために、古代エジプト文明においてギザの三大ピラミッド、サッカラのピラミッドやルクソールの神殿といった巨石建造物がどのような測量によって配置されていったかを検証してみよう。

エジプト最古のピラミッドは、サッカラにあるジェセル王のピラミッドだ。4600年以上前の紀元前27世紀、エジプト第3王朝第2代王のジェセルがイムホテプ（紀元前2690年ごろ〜同2610年ごろ、ジェセル王に使えた宰相兼高級神官）に造らせたとされるもので、階段状のピラミッドになっているため「サッカラの階段ピラミッド」と呼ばれている。階段構造は6層あり、それぞれの層はそれ以前のエジプトの墓であった「マスタバ」と同じ方形の構造物と似ている形になっている。高さは62メートルある。

仮にエジプトのピラミッド群も「高み結びの法則」を知る測量技術集団によって建造されているのだとしたら、オオナムチとスクナヒコナと同様、このイムホテプこそ、謎の古代測量師として記録に残された数少ない人物の一人とみなされるわけだ。実際にイムホテプの経歴やエピソードを読むと、非常に興味深い。ピラミッドを建築しただけでなく、内科医としても優れ、死後「知恵、医術と魔法の神」として神格化されているからだ。まさに当時としては神業的な科学者兼技術者であった。

彼はトト神の神官であり、ジェセル王から飢饉対策としてナイル河を氾濫させるにはどうしたらいいか尋ねられたとき、ナイル河の水源の主であるクヌムの神殿に土地を寄進すればナイル河は氾濫するだろうと答えたとの記録が残されているのだという。治水などにも長けた陰陽師の臭いさえ感じられるエピソードだ。この人物については後で再び取り上げる。

そのイムホテプが設計・建造したこの階段ピラミッドは、どのような測量によって配置されたのであろうか。調べようとして最初に困ったのが、実は周囲は砂漠だらけで山がないことであった。4600年前のサッカラは、水が豊かで木々が青々と茂っていたのかもしれないが、今ではその面影はない。東にはナイル河が流れているが、西側は見渡す限り砂漠である。

測量に使われた砂漠の小山群と山岳地

ところが航空写真をよく見ると、4キロほど離れた西北西の砂漠の中に、その場所だけ黒っぽくなった砂丘のような小山群(これを「小山群Ⅰ」とする)があることに気が付いた(図6-1、図6-2参照)。もし、「高み結びの法則」を知る測量技術集団がピラミッド建造に携わっていたのならば、必ずこのような自然の丘など目標物を測量の基準にするはずである。実際に後のエジプト第5王朝(紀元前2494年ごろ~同2345年ごろ)の王たちは、この砂漠の小山群の真東にピラミッド群を建造しているのである。この小山群Ⅰが測量に使われていたことが、このことからもわかる。

サッカラの階段ピラミッドから
その小山群Iを見ると、だいたい真西から時計回りに20度から30度ほどずれた場所に横たわっている。どうやら夏至の日の入りと関係がありそうだ。北緯29度52分17秒の階段ピラミッドにおける夏至の日の入りの方角は真西から27度時計回りに傾いているから、ちょうど小山群の真ん中あたりに夏至の日没が観測される計算である。

ご存知のようにエジプトのピラミッド群は、王が死者の国（冥界）に旅立つ装置のような役割を果たしていたとみられている。またエジプトの神話では日の沈む場所は死者の領域であるために、ピ

図6-1

ピラミッド群と周辺域の「高み」

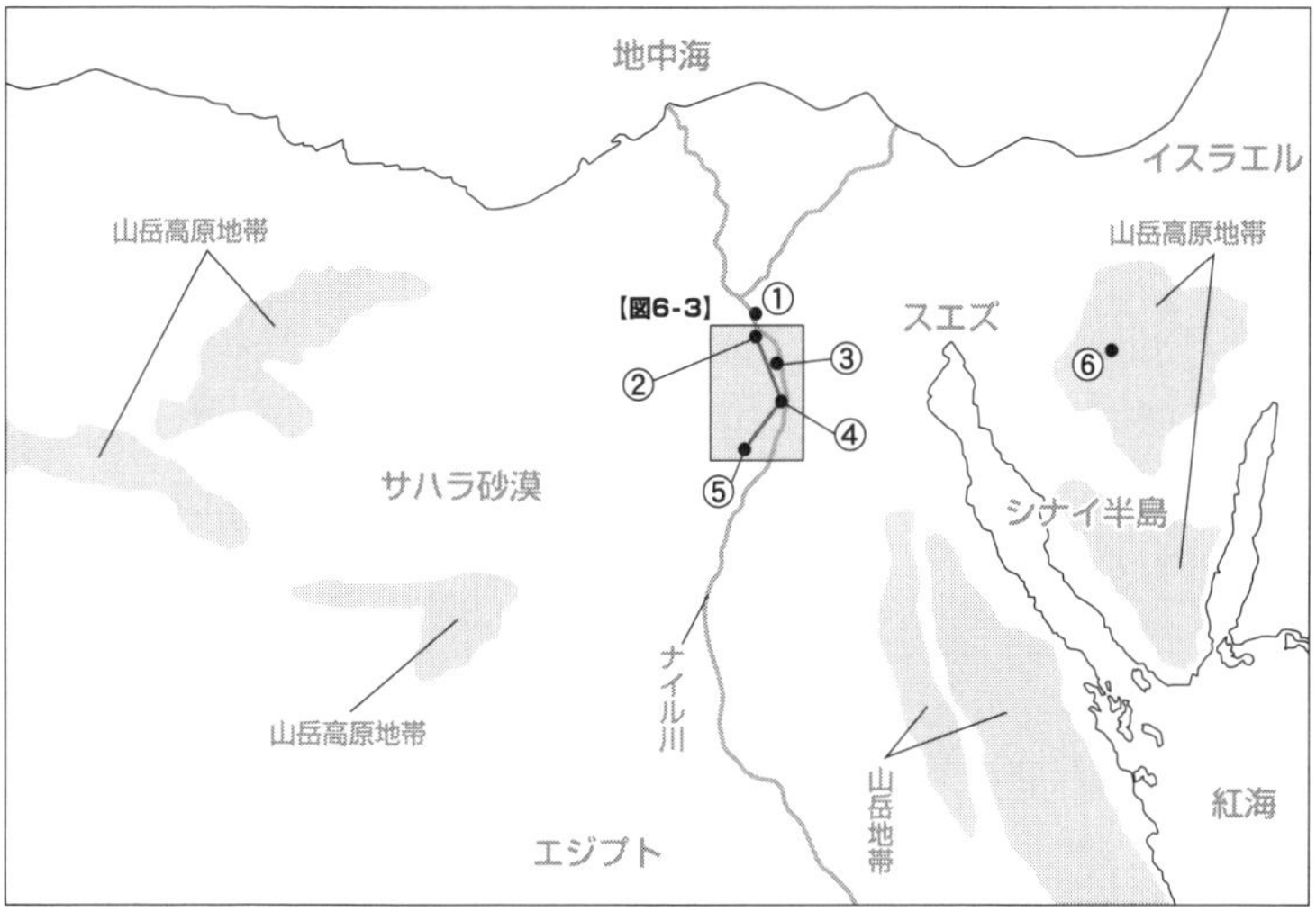

①カイロ②ギザの大ピラミッド③サッカラのピラミッド群
④アメンエムハト1世のピラミッド⑤サワラのピラミッド⑥ネクセル

図6-2

階段ピラミッド及び屈折ピラミッドと小山群Ⅰ、Ⅱの関係

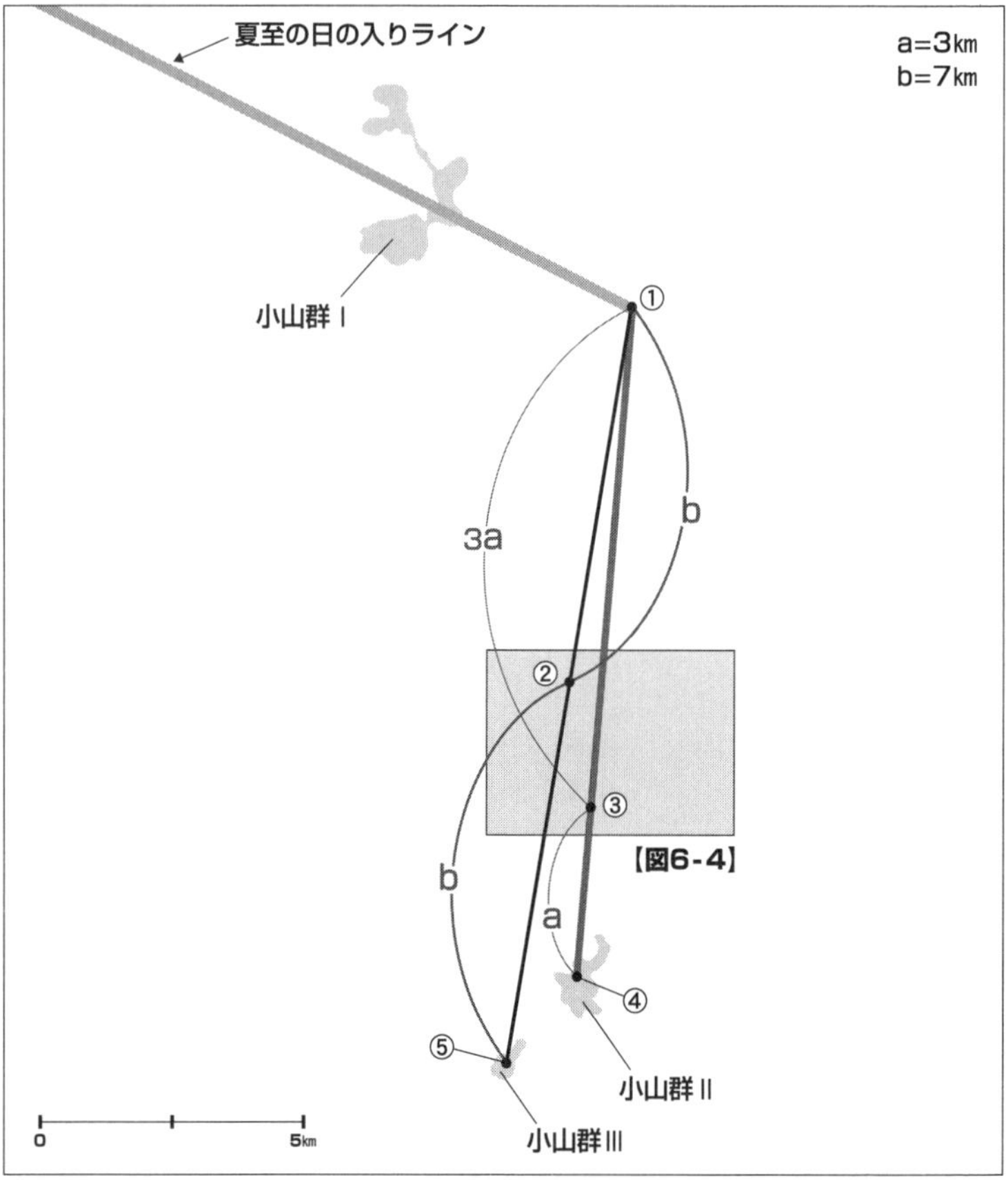

①階段ピラミッド（ジェセル王のピラミッド）
②赤いピラミッド
③屈折ピラミッド
④小山群Ⅱの中心
⑤小山群Ⅲの中心

ラミッド群はすべてナイル河の西岸に建造されているとの説もある。だからこそ、夏至の夕日が沈む場所に丘や小山群があることは重要だったのではないだろうか。

ということは、サッカラの階段ピラミッドは4キロ離れた丘に夏至の夕日が沈むのが見える場所に、つまり丘の中央を通る夏至の日の入りライン上に築かれた可能性があるわけだ。しかし、直線1本だけでは場所は決定できない。季節や年によって氾濫したり蛇行したりするナイル河では測量の目安にはならないので、ナイル河の対岸あたりに何か目標物がなければならないはずだ。ところが、ナイル河の右岸は開発が進み、もはや当時の地形を知る術もない状況になっている。

それでも、衛星写真を見ながらサッカラの階段ピラミッドから東へと進んでいくと、220キロほど離れたシナイ半島中央のネクセル（Nekhel：ナクスルとも読む）という町があることに気が付く。町の中心は北緯29度54分00秒で、階段ピラミッドは北緯29度52分17秒であるから、ほぼ真東だ。標高420メートルほどの高原地帯にあり、El Tih山地の麓に位置している。

またこの町は、古代からエジプトにとっては重要な拠点であったことがわかっている。貿易の要衝であっただけでなく、鉱物資源が豊富だったからだ。ならばこの町を通る東西線上で、なおかつEl Tih山地の山のどれかを目標物にして階段ピラミッドの建造地を決めた可能性もあるのではないだろうか。

このように200キロ単位で階段ピラミッドのある地点を見ると、なぜサッカラの地が選ばれたか、おぼろげながらわかってくる。東にシナイ半島中央の山岳地帯、南東にはスエズ湾・紅海とエジプト本土（シナイ半島を除く）の最高峰がある山岳地帯、南にはナイル河が流れ、南西と西にはサハラ砂漠の山岳地帯、北は地中海がほぼ200キロの半径で並んでいるからだ。地形的にはほぼ山岳地帯に囲まれた中央という感じがするのである（図6－1）。つまりそれは、「高み結び」の交点である可能性が高いということだ。

4度傾いた直線上には測量山があった

サッカラの階段ピラミッドのおおよその位置決めはわかった。だが、このピラミッドの一番興味深い点は、ピラミッドの各辺の方角が正確な東西南北ではなく、4度ほど時計回りに傾いていることだ。

なぜ傾いているかについては、諸説がある。単純に初期のピラミッド建造時代には、まだ東西南北を正確に測ることはできなかったという説もあれば、当時の北極を示す星が地球の歳差運動で実際の北とズレが生じていたとの見方もある。

しかし4度のズレはあまりにも大きく、意図的だとしか思えない。そこでこの4度傾いた直線の延長線上に何があるか調べてみた。残念ながら北の方角は開発が進んでおり、どれが目印なのかわからなくなっている。ところが、南の方角にラインを延ばしていくと、約11キロ離れた砂漠の中に、またしても土の丘なのか、岩山なのか航空写真からは判別できないが、明らかに小山群（これを「小山群Ⅱ」とする）が存在するのである（図6－2）。現代においても砂漠の中の目印になるような山であることは間違いない。

この小山群Ⅱは階段ピラミッドがある場所から見えたのだろうか。身長170センチの人の視達距離はだいたい5キロだ。水平線までの距離だと見えない計算だが、小山か階段ピラミッドのどちらの地点からも7メートルの台の上に乗って8メートルの高さから水平線を見さえすれば、11キロはお互いに視認できる距離になる。そもそも小山群の高さは、私が持っている地図ではわからないが、当然7メートルは超えていると推測される。ということは、間違いなく階段ピラミッドのある場所から見えたのだ。もちろん、階段ピラミッドの高さは62メートル（視達距離は30キロ以上）あるため、ピラミッド完成後はさらにはっきりと小山群は視認できたのは言うまでもない。

この構図は平安京造営の方法と似ている。南にある甘南備山と北にある船岡山を結んだ直線を軸にして平安京の傾きを決めたやり方だ。しかしながら、何度も言うようだが、北側や東側は開発が進んで、古代エジプトの地形を想像することすら難しくなっている。推測するに、古代エジプトにおいても京都の船岡山に相当する小山が北方面にあったのではないだろうか。その北と南の小山を結んで、ジェセル王の宰相イムホテプは階段ピラミッドを建造したのである。

この私の推論を裏付ける動かぬ証拠もある。それが、階段ピラミッドからギザのいわゆる

「真正ピラミッド」への移行期に建造された「屈折ピラミッド」である。第4王朝のファラオでクフ王の父でもあるスネフェル王がダハシュールに建造したピラミッドだ。高さは101メートルもある。

どうしてこれが動かぬ証拠となるのかというと、屈折ピラミッドはまさにサッカラの階段ピラミッドと、前述した南にある小山群Ⅱの中央を結んだ線分上にあるからだ。小山群Ⅱからは2キロほど北にある。もっと正確に測ると、小山群Ⅱの中央まで約3・0キロで、階段ピラミッドまでは約9・0キロであるから、階段ピラミッドと小山群Ⅱの中央を結んだ線分をちょうど3対1に分ける点の位置に屈折ピラミッドの頂点が位置するわけである（図6-2参照）。まさに「高み結びの法則」の通りだ。

54キロの直線上に規則正しく並ぶ三つのピラミッド

しかし、これだけで驚いてはいけない。「高み結びの法則」を使って測量されたという証拠は、まだまだたくさんあるのだ。

サッカラの階段ピラミッドから屈折ピラミッドへの移行期間である紀元前2610年ごろに、「メイドゥームのピラミッド」というピラミッドが造られた。第3王朝のフニ王の時代に首都カイロから約100キロ南にあるメイドゥームで建造が始まったものの、完成したのは、第4王朝時代（紀元前2613年ごろ～同2494年ごろ）のスネフェル王の時であった。スネフェル王は屈折ピラミッドを建造したファラオでもある。

メイドゥームのピラミッドは階段ピラミッドに分類されているが、一部に階段構造の段差をなくして壁面を滑らかに加工している跡があるため、真正ピラミッドへの過渡期を示す建造物として注目されている。

そのメイドゥームのピラミッドの位置には、やはり秘密が隠されている。このピラミッドは、先述したサッカラの階段ピラミッドから南に11キロ（中央までの距離は12キロ）離れた小山群IIの西の小山を結んだ直線上にある。航空写真を見ると、後に建設された先述のダハシュールの屈折ピラミッドのちょうど基底部の西端を通る直線だ。

小山群IIは横幅があるので、偶然であるのとの見方もできるが、決め手は距離にある。より正確を期すため、それぞれのピラミッドの頂点（頂上）の経度・緯度の座標を求めた。

- 階段ピラミッド：北緯29度52分16・8秒、東経31度12分59・6秒
- 屈折ピラミッド：北緯29度47分25・2秒、東経31度12分33・9秒
- メイドゥームのピラミッド：北緯29度23分18・4秒、東経31度09分26・3秒

国土地理院の測量計算サイトを使って、緯度と経度からそれぞれの距離と方位角（出発点と

到着点を直線で結んだ場合の子午線とのなす角度。同一経線上にあれば180度となる）を算出すると次のようになる（出発点－到着点の順番）。

●階段ピラミッド－屈折ピラミッド間の距離と方位角：9005・3メートル（約9キロ）、184度24分
●階段ピラミッド－メイドゥームのピラミッド間の距離と方位角：5万3833・1メートル（約54キロ）、186度08分
●屈折ピラミッド－メイドゥームのピラミッド間の距離と方位角：4万4832・8メートル（約45キロ）、186度29分

最初に言えることは、階段ピラミッドと屈折ピラミッドを結んだ距離の約5倍が屈折ピラミッドとメイドゥームのピラミッドを結んだ距離であり、約6倍が階段ピラミッドとメイドゥームのピラミッドを結んだ距離と等しいということである。

どちらも170メートルほど距離が短いではないかとの指摘もあるだろう。だがこの差は、屈折ピラミッドの測量点を頂点から30メートルほど北西方向へずらすだけでほとんど解消してしまう差なのだ。メイドゥームのピラミッドのほうが屈折ピラミッドより先に造られていることから、階段ピラミッドとメイドゥームを結んだ直線を基線として、その距離を1対5に分け

図6-3

精密に測量、配置されたピラミッド群の関係

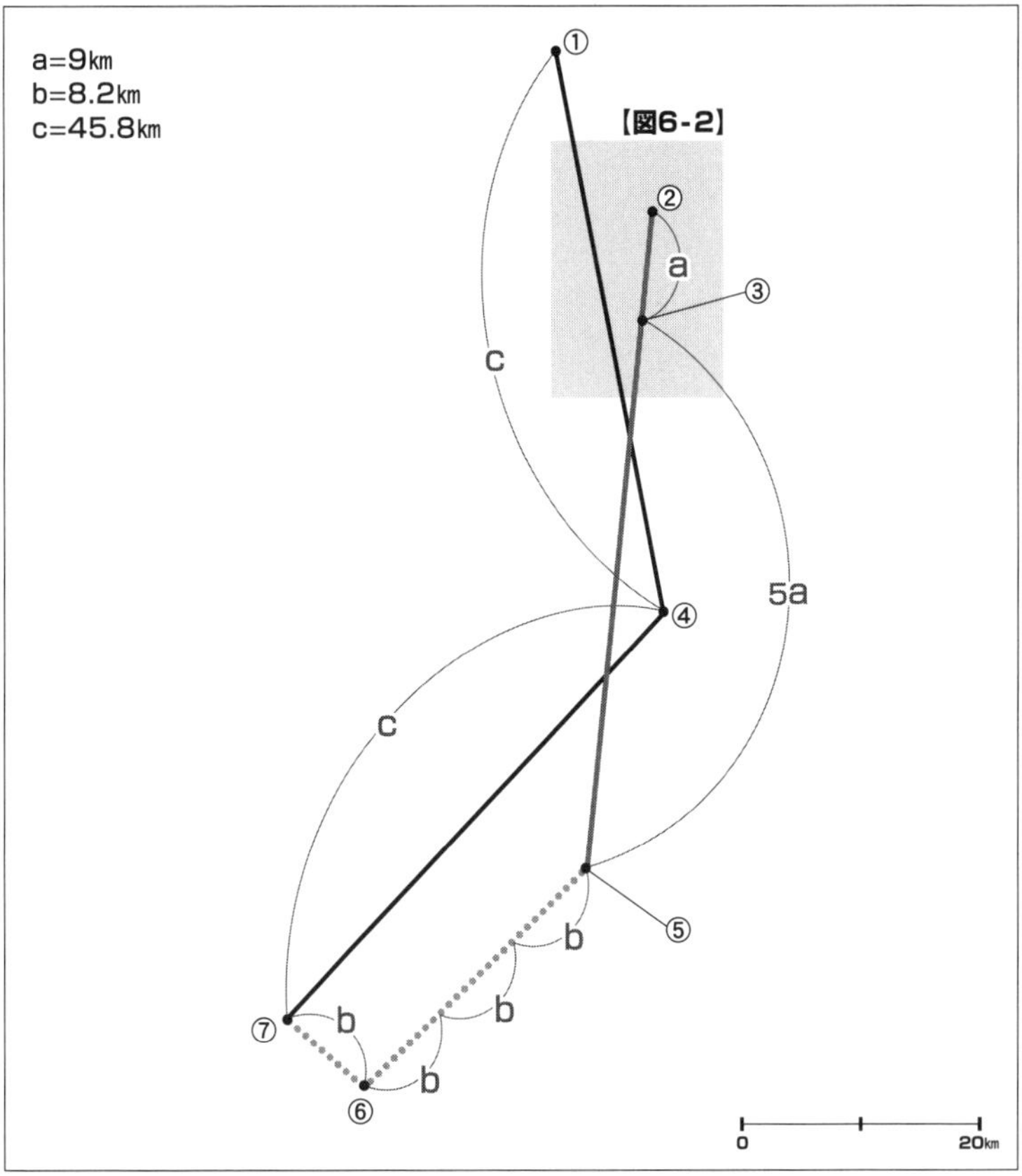

①クフ王のピラミッド（大ピラミッド）
②階段ピラミッド
③屈折ピラミッド
④アメンエムハト1世のピラミッド
⑤メイドゥームのピラミッド
⑥センウセレト2世のピラミッド
⑦ハワラのピラミッド

る点に屈折ピラミッドを置いたことがわかる（図6－3）。

しかも注目すべきは、階段ピラミッドから他の二つのピラミッドを結んだ時の方位角である。二つのピラミッドに対する方位角2度の差は、ちょうど階段ピラミッドから屈折ピラミッドの頂点と基底部北西端とを結んだ2本の直線がなす角度とほぼ同じである。つまり屈折ピラミッドの基底部北西端付近と他の二つのピラミッドを結ぶと完全な直線となることがわかる。

ということは、三つのピラミッドの頂点を一直線上に置かずにわざとずらした可能性も出てくるのだ。実際に、階段ピラミッドとメイドゥームのピラミッド間の視達距離を計算すると、階段ピラミッドの高さが60メートルであることから、メイドゥームのピラミッドの高さが崩壊後の65メートル（元の高さは92メートル）であったとしても、お互いのピラミッドの頂上から60キロ先が見えたことになる。階段ピラミッドとメイドゥームのピラミッドの距離は53・8キロだ。

当然、空気が澄んでさえいれば、あるいは夜間火を焚けば、階段ピラミッドの頂上からは屈折ピラミッドの基底部北西端の向こうにメイドゥームのピラミッドが、メイドゥームのピラミッドからは屈折ピラミッドと階段ピラミッドがまるで親子ピラミッドとして仲良く重なるように視認できていたわけだ。

逆にもし、屈折ピラミッドの頂点を階段ピラミッドとメイドゥームのピラミッドを結んだ直線上に置いてしまったら、屈折ピラミッドの高さ（元の高さは105メートル）が邪魔をして、お互いのピラミッドは視認できなくなっていた。だからこそ、三つのピラミッドがほとんど一列に並ぶように配置しながらも、意図的に少しだけ屈折ピラミッドを東方向にずらし、しかも距離も正確に測って、かつ両端のピラミッドがお互いに視認できる高さでピラミッドが建造されたことがわかるのである。

最初の5基は小山群を利用して建造された

ここまでの段階で、古代エジプト初期のピラミッドの建造地点がどのように決められたかを整理しておこう。階段ピラミッドと小山群の関係、そしてメイドゥームのピラミッドと屈折ピラミッドの位置関係の事実とピラミッドが造られた年代を考慮すると、二つの小山群を利用しておおよそ次のような設計により建造されたと解釈できる。

［1］エジプト第3王朝ジェセル王の時代に、夏至の太陽が小山群Ⅰの谷間に沈むのが見えるライン上で、かつ南12キロの小山群Ⅱの中央を測量点として、経線に対して時計回りに約4度16分の傾きとなるような直線上に、その直線を軸としてサッカラの階段ピラミッドを建造した。

［2］第3王朝セケムケト王の時代に、小山群Ⅱの東端の真北かつ階段ピラミッドから600メートルほど離れた地点で、夏至の太陽が小山群Ⅰの南の小山に沈むのが見えるライン上に、

セケムケト王のピラミッド（崩れピラミッド）を建造した。

［3］第3王朝カーバー王の時代に、小山群Ⅱの中心と小山群Ⅰの中心付近を結んだ直線上で、小山群Ⅰの中心までの距離が、小山群Ⅰの中心と階段ピラミッドを結んだ直線の距離と等しくなる地点に、カーバー王のピラミッドを建造した。

［4］第4王朝スネフェル王の時代に、カーバー王のピラミッドからほぼ真南に引いた直線と、階段ピラミッドとセケムケト王のピラミッドの頂点付近を結び、小山群Ⅱの西端付近を通る直線の交点にメイドゥームのピラミッドを建造した。その際、建設地を階段ピラミッドと小山群の中央を結んだ距離（約12キロ）の4・5倍となるように計算、かつ階段ピラミッドの頂上から視認できる高さに設定した。

［5］同じスネフェル王の時代に、階段ピラミッドと小山群Ⅱの中心を結んだ直線上で、その直線を3対1に分割する地点、かつ階段ピラミッドとメイドゥームのピラミッドを結んだ直線上で、その直線を1対5に分割する地点付近に屈折ピラミッドを建造した。その際、階段ピラミッドとメイドゥームのピラミッドを結んだ直線が、ピラミッドの頂点ではなく、基底部北西端付近を通るようにずらして設計した。

「屈折」「赤」「黒」「白」の直角な関係

スネフェル王の時代に、メイドゥームのピラミッドと屈折ピラミッドのほかに、「赤いピラミッド」と呼ばれる、初めての真正ピラミッド（側面が二等辺三角形の方錐形ピラミッド）も建造された。屈折ピラミッドの次に造られたピラミッドで、表面の花崗岩が赤っぽくみえることから名づけられた。高さは104メートルとエジプトのピラミッドとしては3番目に高く、屈折ピラミッドの北約2キロの場所に建造された。

このピラミッドの四面は見事に東西南北を向いているが、何枚かの航空写真や衛星写真を拡大して見ると1度ほど時計の反対回りに傾いているように見える。この計測が正しければ、その傾きゆえに先述した屈折ピラミッドから2キロほど南にある小山群IIの中心の方向を赤いピラミッドの南面が向いていることになるのだ。

実は先ほど説明しなかったが、屈折ピラミッドもほとんど誤差の範囲内で四面はほぼ正確に東西南北を向いている。そしてその真南に小山群IIがあるわけだ。また、階段ピラミッドが4度ほど時計回りに傾いている理由はこの小山群IIを測量に使ったのではないかとの説は既に述べた。ということは、より詳細な角度の検証をすれば、この三つのピラミッドの南面が指し示している小山群IIの中で、具体的にどの小山をそれぞれ測量で使ったのかも判明するかもしれないのである。

いずれにしても、赤いピラミッドも小山群Ⅱを使った測量によって位置が決められた公算が大なのである。もう一つ、面白い状況証拠がある。それは、階段ピラミッドと赤いピラミッドを結んだ直線上に、もう一つ別の小山群（小山群Ⅲ）が砂漠の中にあることだ。小山群Ⅱから南西方向に約1キロ離れた場所にある。この小山群の中心と赤いピラミッドを結んだ距離は7・0キロとなり、階段ピラミッドと赤いピラミッドを結んだ距離と等しくなる。ということは、階段ピラミッドとこの小山群を結んだ中点に、赤いピラミッドを築いた可能性もあるわけだ（図6－2）。

さらに興味深い位置関係としては、後の第12王朝（紀元前1991年ごろ～紀元前1782年ごろ）の時代に屈折ピラミッドの東約1キロの地点に建造されたアメンエムハト三世のピラミッド（別名・黒いピラミッド）の場所である。次ページの図6－4をご覧いただきたい。屈折ピラミッドの頂点から赤いピラミッドの頂点に引いた直線（BA）と、屈折ピラミッドの頂点から黒いピラミッドの頂点に引いた直線（BC）のなす角度は正確に90度となる。

また同じ第12王朝の時代に、アメンエムハト2世のピラミッド（別名・白いピラミッド）が黒いピラミッドの北1・5キロの地点に建造された。この時、黒いピラミッドの頂点から白いピラミッドの頂点（注：ただし白いピラミッドは崩れているため正確ではない可能性もある）に引いた直線（CD）と黒いピラミッドの頂点から屈折ピラミッドの基底部北西角に引いた直

図6-4

赤、黒、白のピラミッドと屈折ピラミッドの関係

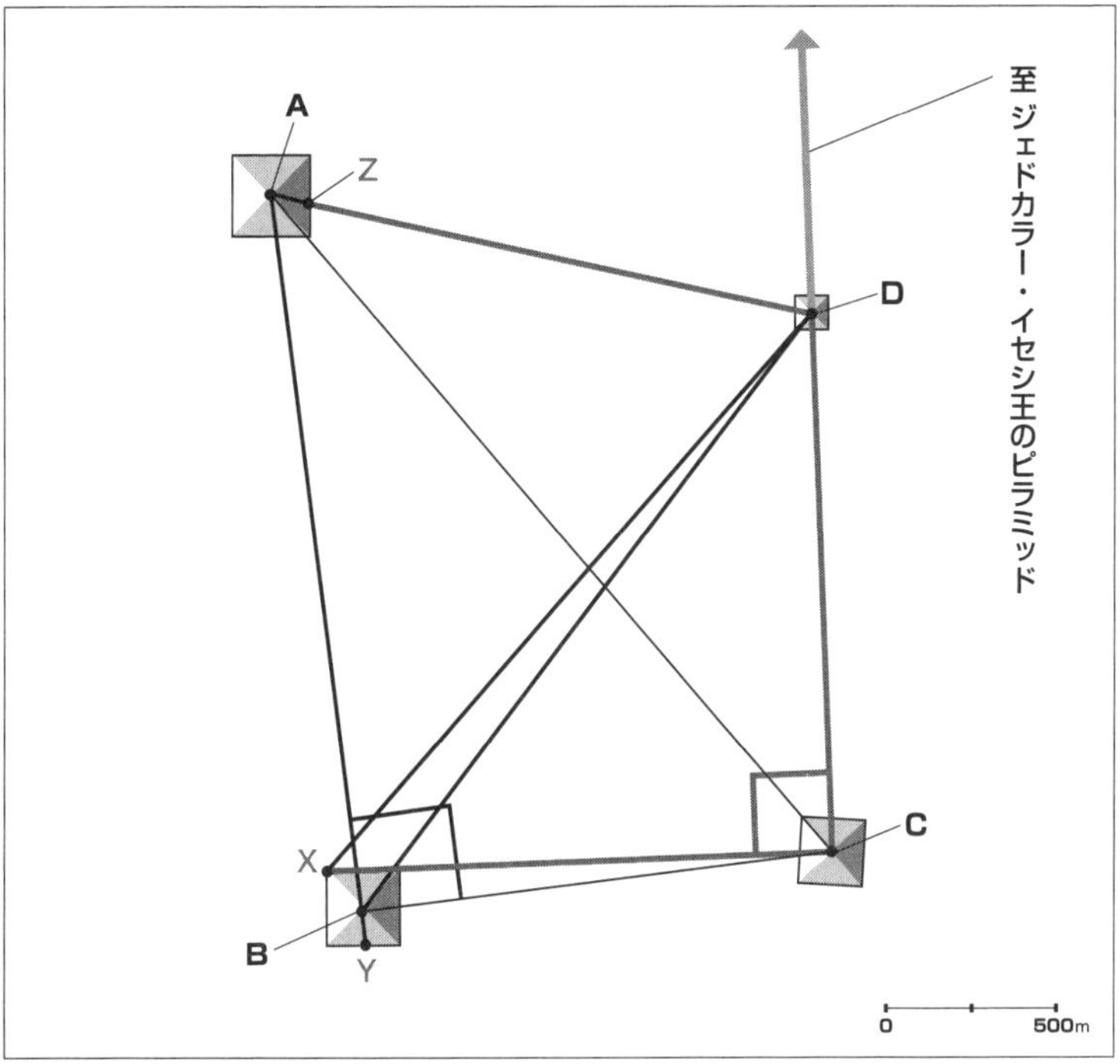

A 赤いピラミッドの中心
B 屈折ピラミッドの中心
C 黒いピラミッドの中心
D 白いピラミッドの中心

① CX=CD=DZ=1550m
② AY=DB=DX=2170m

線（ＣＸ）のなす角度も正確に90度となるのだ。

それだけではない。ＣＸとＣＤの距離は１５５０メートルと等しく、ＤＣＸが正確な二等辺直角三角形となるだけでなく、白いピラミッドの頂点と赤いピラミッドの頂点を結んだ直線が赤いピラミッドの基底部東辺と交わる点Ｚまでの白いピラミッドの頂点からの直線（ＤＺ）の距離も１５５０メートルと等しくなる。さらに屈折ピラミッドの頂点から白いピラミッドの頂点までの直線（ＢＤ）の距離は、ＡＹ（Ｙは直線ＡＢと屈折ピラミッド基底部南辺との交点）およびＤＸの距離と等しい２１７０メートルなのである。

同時に、直線ＡＢは階段ピラミッドと第12王朝のセンウセレト3世のピラミッドを結んだ直線と平行であり、直線ＣＤを北に延ばしていくと第5王朝のジェドカラー・イセシ王のピラミッドに至る。白いピラミッドは、ジェドカラー・イセシ王のピラミッドと第6王朝のメルエンラー1世のピラミッドから等距離（5・0キロ）にある。

これらのことから見ても、角度と距離を正確に計算・測量しながら、設計者のグランド・デザインによってピラミッドの建造場所が次々と決められていったことがわかるのである。最初は現在砂漠の中にある岩山や小山を利用し、次には自分たちが建造したピラミッドを直線で結ぶなどして、すなわち高みと高みを結びながらピラミッドを配置していったのは間違いない事実だ。

クフ王の大ピラミッドはこうして位置が決まった

第12王朝のピラミッド群にまで話が及んでしまったが、ここで再び時間を戻して、赤いピラミッド以降の第四王朝のピラミッド群を取り上げよう。赤いピラミッドの次に登場するのが、「ギザの大ピラミッド」と呼ばれる「クフ王のピラミッド」だ。クフは赤いピラミッドを造ったスネフェル王の息子で、第4王朝2代目のファラオである。紀元前2540年ごろから20年間かけて建築されたと考えられている。完成時の高さは146・7メートルあり、14世紀のイギリスにリンカーン大聖堂（約160メートル）が建てられるまで、世界で最も高い建築物であるとされた。

では、古代エジプトの測量技術集団はどのような測量に基づいてクフのピラミッドの位置を決めたのか――。その答えは、実は航空写真を見れば一目瞭然なのである。カーバー王のピラミッドの時と同様に、階段ピラミッドから見て夏至の日没方向にある小山群Ⅰと、屈折ピラミッドの2キロほど南にある小山群Ⅱを使ったのだ。ギザのピラミッドは、小山群Ⅱと小山群Ⅰを結んだ直線上にあることがはっきりとわかる。

ただし、小山群では具体的にどの小山が測量に使われた山であると断定するのは難しい。それでも砂漠の中にポツンとある二つの小山群を測量に使わないはずがないのである。

もちろん、これだけでクフ王のピラミッドの位置が決まったわけでもない。屈折ピラミッドとクフ王のピラミッドを直線で結ぶと、その中点に小山群Iがあることから、ギザ台地からもよく見える高さ105メートルの屈折ピラミッドと小山群Iのどれかの山を結んだ直線上にクフ王のピラミッドを置いたとも考えられる。

もう一つの決め手は、スフィンクスだ。階段ピラミッドとスフィンクスの腰の辺りを結んだ直線上にクフ王のピラミッドの頂点が位置しているのである。残念ながら、スフィンクスの建造年代については諸説あり、クフ王のピラミッドよりも先にできたのか、後にできたのかは断定できない。仮にスフィンクスの方が先に建造されたのであれば、間違いなく階段ピラミッドとスフィンクスを結んだ直線上にクフ王のピラミッドの中心（頂点）を置いたことになるし、逆の場合はクフ王のピラミッドと階段ピラミッドの中心（頂点）を結んだ直線上にスフィンクスが来るようにしたということになるのである。

また、距離も正確に測定された跡がうかがえる。クフ王のピラミッドの直前に造られた赤いピラミッドとカーバー王のピラミッドを結んだ距離（14・4キロ）は、クフ王のピラミッドと階段ピラミッドを結んだ距離にまったく等しく、その距離の2分の1の距離が赤いピラミッドと階段ピラミッドを結んだ距離（7・0キロ）にほぼ等しいからだ。

こうした事実をまとめると、クフ王のピラミッド位置は次のように決められたことになる。

［1］小山群IIと小山群Iを結んだ直線上におおよその場所を設定。

［2］さらに屈折ピラミッドと小山群Iを結んだ直線上で、かつその距離の2倍となる位置にだいたいのピラミッドの中心を置くことを決めた。

［3］その際、階段ピラミッドとスフィンクス（西端の腰付近）を結んだ線上にピラミッドの中心を置くことにした。

［4］同時に階段ピラミッドからの距離が、赤いピラミッド－カーバー王のピラミッド間の距離と同じになり、かつその距離が階段ピラミッドと赤いピラミッドを結んだ直線の距離の約2倍となる位置にピラミッドの中心を置くことを決めた。


ちなみに、クフ王のピラミッドと、ギザから南に65・5キロ離れたメイドゥームのピラミッドの間でお互いが視認できたかどうかを計算してみた。すると、仮にメイドゥームのピラミッドが現在の高さである65メートルだとしても視達距離は約77キロ（元の高さである92メートルであれば約83キロ）となり、十分にお互いのピラミッドが目で確認できたことがわかった。ギザは台地になっているので、なおさら見やすかったであろう。仮にエジプトの大気が今のようにスモッグがかかったようになっていたとしても、夜間かがり火を焚けば、お互いに連絡を取り合うことができたはずである。

ギザの三大ピラミッドも精密に配置されていた

ギザ台地に2番目に造られたピラミッドが、ジェドエフラー王の異母兄弟とみられ、第4王朝第4代のファラオとなったカフラー王のピラミッドだ。「第2ピラミッド」とも呼ばれ、場所もギザの三大ピラミッドの真ん中にある。高さは143・5メートルあり、三大ピラミッドの中で唯一、頂上付近に外装の一部をとどめている。

三大ピラミッドの最後は、カフラー王の息子で第5代ファラオとなったメンカウラー王が築いたとされる「第3ピラミッド」だ。三大ピラミッドの中では一番小さく、高さはもともと66・5メートルであった（**写真6－2**）。

この三大ピラミッド全体の配置だが、実は早くから意図的にデザインされているのではないかとの説

写真6-2　ギザ台地には３つの巨大ピラミッドが建造されている

はあった。たとえば、早稲田大学名誉教授の吉村作治氏は、大ピラミッドの北東角と、第3ピラミッドの南基辺を倍の長さに延ばした南西角、そしてスフィンクス神殿の南西角の3点を結ぶと直角三角形になることを発見したという。

私も実際に調べてみた。すると確かに、大ピラミッドの基底部北東角とその中心を結ぶと第2ピラミッドの基底部北東角とその中心を貫いており、その直線と第3ピラミッドの南基辺を延ばした直線の交点Xと第3ピラミッドの中心を結んだ直線は、スフィンクス神殿の南西角Yに至る。この時、大ピラミッドの基底部北東角とX、Yを結ぶと、Yで直角となる見事な直角三角形が出来上がるのである。

このほかにも私が調べたところ、次のことがわかった。

［1］大ピラミッドの北東端（A）と第2ピラミッドの中心（B）までの距離約640メートルは、第2ピラミッドの中心からスフィンクスの腰付近までの距離と等しく、かつ大ピラミッドの北東端、第2ピラミッドの中心、それにカメレルネブティ1世（カフラー王の王妃）の墓の中心（C）の3点を結ぶと一辺640メートルの正三角形になる。

［2］第3ピラミッドの南西角（D）とケントカウエス女王の墓の南西角（E）、それに大ピラミッドの中心（F）を結ぶと直角三角形となる。

［3］大ピラミッドの中心からスフィンクスの頭（H）までの距離約540メートルは、第2

ピラミッドの中心とケントカウエス女王の墓（マスタバ）の中心（G）を結んだ直線の距離と等しい。

［4］大ピラミッドの北東角とスフィンクスの顔までの距離約580メートルは、第2ピラミッドの北東角とスフィンクスの顔までの距離と等しい。

［5］ケントカウエス女王の墓の中心と第2ピラミッドの北東角（I）を結んだ直線は、大ピラミッドの中心と第2ピラミッドの中心（J）を結んだ直線と直交する。

［6］ケントカウエス女王の墓の南西角と第2ピラミッドの中心を結んだ直線は、第2ピラミッドの中心と第三ピラミッドの中心を結んだ直線と直角で交わる。

［7］ケントカウエス女王の墓の中心、大ピラミッドの中心、第3ピラミッドの南にある3基の衛星ピラミッドのうち西端のピラミッドの北西角（K）を結ぶと直角三角形になる。その際、ケントカウエス女王と西端の衛星ピラミッド北西角を結んだ直線は、ちょうど第3ピラミッドの南東角（L）を通る。

［8］第2ピラミッドの南底辺を延長した直線上にスフィンクス神殿の東西軸があり、その神殿東30メートルの広場の地点（M）、大ピラミッドの中心、第2ピラミッドの南西角（N）を結ぶと、南辺を底辺とし、右辺はハウロン・ホルエムアケト神殿を通る綺麗な二等辺直角三角形となる。

紙幅の制約のため図では示せなかったが、このように、ギザ台地にある構造物すべてが計算尽くされて配置されていたのである。そしてその壮大なグランド・デザインは、ギザ台地の構造物だけでなく、エジプト全土、もしかしたらシナイ半島を越えた山々や遺跡群にまで及んでいた可能性もあるのだ。

ある程度の説得力を持つオリオン三つ星説

より壮大なグランド・デザインと、ギザの三大ピラミッド複合体の関連についても述べておこう。その一つの可能性を示しているのが、オリオン信仰説だ。

エジプト出身の建築技師ロバート・ボーヴァルらが唱えている説で、太陽神ラーを〝絶対神〟として信仰する以前の古代エジプトではオリオン座が信仰の中心だったとしたうえで、ギザの三大ピラミッドの地理的配置はオリオン座の三つ星と対応しており、ナイル河は天の川に相当するというのである。実際、この説を採用すると、三大ピラミッドのうち第3ピラミッドだけがなぜ小さくて、かつ2基のピラミッドの南西の対角線からずれているかが説明できてしまう。オリオン座の三つ星の配列と明るさに厳密に対応していると解釈できるからだ。

ボーヴァルらはさらに、オリオンの右ひざに相当する恒星サイフはアブ・ロアシュにあるジェドエフラー王のピラミッドで、左肩に相当する恒星ベアトリックスがザウィエト・エルアリアンにあるカーバー王のピラミッドであると主張した。だが、三つのピラミッドは確かに綺麗に三つ星と相対関係にあるが、カーバー王のピラミッドも、ジェドエフラー王のピラミッドも距離や角度がずれているように思えるし、残念なことにオリオンの右肩に相当する1等星のベテルギウスに対応するピラミッドが見当たらない。

また、同じようなピラミッドの配列がジェセル王の階段ピラミッド複合体にもあることをどのように考えるとよいのだろうか。同複合体のピラミッドの配列がギザの三大ピラミッドに似ているものの、趣《おもむき》を異にしているからだ。

中央に第3王朝のジェセル王の階段ピラミッドがあり、その北東には第5王朝のウセルカフ王のピラミッド、南西には第5王朝のウナス王のピラミッドが配置されている。ウセルカフ王のピラミッドとジェセル王の階段ピラミッドは北東と南西を結んだ対角線上に位置しているように見えるが、南西にあるウナス王のピラミッドだけ対角線から東にずれているのだ。

これだけを見ると、オリオン座の三つ星を模したかのようにも思えるが、ところがサッカラの階段ピラミッド複合体の場合は、ウセルカフ王とウナス王のピラミッドの先に、それぞれ別のピラミッド（第6王朝テティ王のピラミッドと第3王朝のセケムケト王のピラミッド）も建造されており、全部で5基のピラミッドが北東から南西にかけて一列に並んでいるのである。

こうなると、オリオン座の三つ星を模したというよりは、北東から南西にかけてのライン上にピラミッドを配置したとみるほうが埋に適っていることになる。イギリスの北ヨークシャー州にある三つの巨石の列石「デヴィルズ・アローズ」などもそうだが、三つの構造物が作る角度のずれには、遠くにある次の構造物なり目標物を示す測量上の意図があった。オリオンの三つ星説を排除するわけではないが、ピラミッド複合体においても、それぞれのピラミッドを結んだ直線の角度や方角が重要だった可能性は極めて高いのだ。

点と点とを結んだ先にある「大地の北極星」

この考え方をギザのピラミッド複合体に当てはめると、大ピラミッドと第2ピラミッド、第2ピラミッドと第3ピラミッドをそれぞれ結んだ直線が示す方向に意味があったことになる。その二つの直線が示す角度とは、それぞれ北から時計回りに約45度と約32度である。

二つの直線の南西方向にあるのは、広大な砂漠だ。何もない。ただどちらも、砂漠の中の山岳地帯を示しているようにも見える。

では北東方向には何があるのか。直線は二つとも地中海へと出る。そして一つは、トルコから黒海を抜け、ロシアへと向かう。もう一つは、レバノンからシリア、アゼルバイジャンを経てカスピ海へと続く。

後者のラインのそばには、ベカー高原の古代遺跡バールベックや、最近になって世界最古(紀元前1万~同9000年)の石造神殿が発見されたトルコのギョベクリ・テペ、標高513

7メートルのアララト山などが並び、さらに言えば、ラインは紀元前1万2500〜同9500年まで栄えたナトゥーフ文化圏の中央を縦断している。前者のラインは、トルコ中部アナトリア高原の奇岩で有名なカッパドキアを通っている。いずれも世界最古の文明とされてきたメソポタミア文明の初期にシュメル人の影響が及んでいたとみられる地域である。

これらの遺跡と地域がギザのピラミッドと何らかの関係があるのかどうかは、今後さらに研究を進めていく必要がある。ギザよりも南にある階段ピラミッドとウセルカフ王のピラミッドを結んだ直線の角度も北から時計回りに約40度であることを考慮すると、大ピラミッドと第2ピラミッドを結んだ直線が指し示す先と同じ場所を示しているのかもしれない。そうであるならば、ギザから北東の地に、何らかの関連性がある、意味のある場所なり目標物があったはずだ。

そういう意味では、オリオン座三つ星説の考え方は正しいのだ。夜空の星々をラインで結ぶことにより星座はできる。その星座の星々を大地に投影することは、まさに点と点の距離を測りながら直線で結ぶ作業である。また、北極星の位置（距離と方角）を指し示すカシオペアや北斗七星のように、大地に投影した星座の星々を結ぶことにより「大地の北極星」の位置（距離と方角）を示したのだとも考えられる。ならば、ピラミッド同士や山や巨石建造物を結んだ直線は、ある決まった地点を指し示していると考えるべきなのだ。

そう、これこそ「高み結び」のエジプト版と言えるものだ。

砂漠に描かれた46キロの完璧な二等辺三角形

その後も壮大なデザインに基づいて、すべてのピラミッドの配置が決められた。ギザの大地に鎮座するスフィンクスを含む三大ピラミッド複合体のそれぞれの構造物は、後のピラミッドや巨石神殿の建造地を決定する際に、砂漠に埋められた「星々」であるかのように、他のピラミッドの位置を指し示している。

たとえば、第4王朝最後のファラオであるシェプセスカフ王がサッカラに建造したピラミッドと、第5王朝になってからアブシールに建造された4基のピラミッドとサッカラに建てられた1基のピラミッドはすべて、ギザの大ピラミッドと、スフィンクスの頭、肩、背中、腰をそれぞれ結んだ直線上にある。精密に測量され、一直線上にピラミッド群が配置されたことがわかるのである（写真6－3）。

写真6-3　スフィンクスと第2ピラミッド。ここには写っていないが、クフ王のピラミッドとスフィンクスを結んだ直線の先に他のピラミッド群が配置されている

このようにして私は第3王朝のジョセル王のピラミッド（サッカラの階段ピラミッド）から第18王朝のアハメス1世のピラミッドまで合計34基のピラミッドの配置が「高み結びの法則」を使った測量によって決められたことをすべて明らかにすることができた。膨大な量の説明を要するので、ここでは全部を記すことはないが、第12王朝のピラミッド群の芸術的な配置は特筆に値するので、少しだけ触れておこう。

第12王朝のウナス王、メルエンラー1世、シェプセスカフ1世、アメンエムハト1世、およびセンウセレト1世の5基のピラミッドはほぼ南北線となる一直線上に並んでいる。テティ王、ジェドカラー・イセシ王、センウセレト1世の各ピラミッドも誤差3〜5分（1分は1度の60分の1であるから、わずか0・05〜0・08度のずれ）という精度でほぼ完璧な南北線上に配置されているのだ。

特に第12王朝の初代ファラオであるアメンエムハト1世のピラミッドは、この時代のピラミッド造営に非常に大きな意味があったことがわかる。第12王朝の時代に完成された7基のピラミッドのうち、センウセレト2世のピラミッドを除くすべてのピラミッドの位置を決めるための測量に活用されていると思われるからだ。そのセンウセレト2世のピラミッドも、実はアメンエムハト1世のピラミッドからの距離が44・9キロとなり、この距離はアメンエムハト1世のピラミッドからギザの大ピラミッド複合体（スフィンクスの200メートル手前）までの距離と等しい。つまり、第12王朝の時代に築かれたピラミッドはすべて、アメンエムハト1世のピラミッドを基準にしていると解釈できるわけである。

実際にアメンエムハト1世のピラミッドは、北と南に大きく離れたピラミッド間の中間点に位置している。それは、アメンエムハト3世が建造した、ギザから80キロ離れた「ハワラのピラミッド」を見ればよくわかる。アメンエムハト1世のピラミッドは、ギザの大ピラミッドまでの距離（45・8キロ）と、「ハワラのピラミッド」までの距離が等しくなる中間点に鎮座しているからである（265ページの図6-3）。

純粋に同じ標高にあると仮定して、ピラミッドの高さだけで視達距離を計算すると、ギザのピラミッドとハワラのピラミッドとでは76キロほどとなり、たとえピラミッドの頂上に登ったとしてもお互い視認することはできない（ただし、ギザ台地が平地よりも60メートル高台にあれば、計算上は視認できることになる）。そのことから、光通信や測量をする場合は中間点にあるアメンエムハト1世のピラミッドを利用したのではないかとみられる。

誤差のない数字が三角測量の「動かぬ証拠」

その二つのピラミッドから等距離にあるアメンエムハト1世のピラミッドだが、厳密にそれぞれの位置座標から距離を計算すると、アメンエムハト1世のピラミッド-大ピラミッド間の距離が4万5690メートルで、アメンエムハト1世-ハワラのピラミッド間の距離は4万5

977メートルとなり、300メートルほど後者のほうが長い。

これを単なる誤差とみるかどうかは議論が分かれるところだが、私はこれを誤差ではなく計算された距離なのではないかと考えた。幸いなことに、イギリスのヘンジ群や頂上の平らな丘と違って、エジプトのピラミッドは測量点がわかりやすい。吉村氏がギザで測定したように、ピラミッドの頂点や基底部の四つの角を測量の基準点に使うのである。

アメンエムハト1世のピラミッドと「ハワラのピラミッド」の中心点を結んだ距離のほうが長いのだから、大ピラミッドの測量点を北か西に、アメンエムハト1世のピラミッドの測量点を南か東に、ハワラのピラミッドの測量点を北か東方向にそれぞれ移動させれば、300メートルの差がなくなるはずである。思い出してもらいたいのは、シルベリー・ヒルとマーリンの丘の緯度差である。差はシルベリー・ヒルの北辺とマーリンの丘の南辺を測量点にすることでまったく解消したではないか。

そこで、大ピラミッドの基底部北西角（北緯29度58分49・0秒、東経31度07分58・8秒）と、アメンエムハト1世のピラミッドの基底部南東角（北緯29度34分27・8秒、東経31度13分33・1秒）、それにハワラのピラミッドの基底部北東角（北緯29度16分29・0秒、東経30度53分57秒9）が測量点であると仮定して、同様な方法で距離を測ってみた。

その結果は、私が予想した通り。アメンエムハト1世のピラミッドの基底部南東角と大ピラミッドの基底部北西角を結んだ距離は4万5880メートルであったのに対して、アメンエムハト1世のピラミッドの基底部南東角と「ハワラのピラミッド」の基底部北東角の距離が4万5899メートルとなり、その差が19メートルに縮まったのである。

しかし、この誤差すら別の測量点を設定することにより解消するかもしれないと考え、大ピラミッドの基底部北東角（北緯29度58分49・0秒、東経31度08分07秒0）とアメンエムハト一世のピラミッドの基底部南西角（北緯29度34分27・8度、東経31度13分28・5秒）、それにハワラのピラミッドの基底部北東角で同じように計算してみた。すると、距離はそれぞれ4万5813・6メートルと4万5813・9メートルとなり、誤差はなんと0・3メートル、つまり30センチしかなくなったのである。確かに位置関係を見ると、測量するには大ピラミッドの北西角よりも北東角を使ったほうが容易であるし、アメンエムハト1世のピラミッドに関しては南東角よりも南西角を使ったほうがわかりやすかったように思える。いずれにしても、ピラミッドの中心ではなく、より測量に使いやすい角と角と角という測量上重要な点を結んだところ、完全な等距離となったのだ。

これがどれだけすごい数字かというと、まさに神業なのである。実はピラミッドの中心や基底部は、大ピラミッドこそ形が残っているのでわかりやすいが、アメンエムハト1世と3世のピラミッドは崩壊しており、筆者が航空写真や衛星写真を何枚か見比べながら、ここが中心や基底部の四隅であったであろうという場所に点を打って座標を求めている。その際、北緯29度34分27・8秒としたアメンエムハト1世のピラミッドの緯度をコンマ1秒ずらしただけで、3

〜4メートルほど距離が変わってくるのである。つまり30センチの誤差は、コンマゼロ何秒の世界の話で、GPS（衛星測位システム）やレーザーを用いた距離測定方法がなかったであろう時代に、どのようにしてこの精度を成し遂げたのかわからない。

アメンエムハト1世のピラミッド（基底部南東角）から他の二つのピラミッドの基底部角に延ばした二辺が完璧に等距離であったということは、極めて重要な意味を持つ。少なくとも当時、三角関数と精密機器を使った測量をしていなければ絶対に導き出せない数字であるからだ。言い換えれば、この緻密な、計算し尽くされた数字こそ、彼らが三角測量を使ってピラミッドを意図的、かつ正確に大地に配置していたことを示す、ピラミッド5000年の歴史の動かぬ証拠となるのだ。

夏至の太陽が沈む場所に王家の墓を造った

北東北から北海道にかけての縄文遺跡群の位置がすべて説明できるように、エジプトのピラミッド群も、どのような測量によってその地点に建造することになったのかをすべて説明することができるとがわかった。山と山、山とピラミッド、ピラミッドとピラミッドを結び、その延長線上や交点に新しいピラミッドを築いていったのである。

その法則は、かつてテーベとして知られたルクソールにある古代エジプト最大の神殿であるカルナック神殿や王家の墓の位置などにも当てはまる。王家の谷と王妃たちの谷は、地元では「ピラミッド山」とも呼ばれているアル・クルンという山を基準にして配置されていることが一目瞭然なのだ。かつての古都テーベは、平安京が船岡山と甘南備山を基軸としたように、まさにアル・クルンを中心軸にして造営されている。しかもその中心軸の傾きは、カルナック神殿の軸の傾きと同様、夏至の太陽が沈む日没ラインと一致しているのである（写真6-4、写真6-5）。

太陽の日の出や日の入りラインを基準にしたのは、第19王朝のラムセス2世が建造したアブ・シンベル神殿も同様だ。

アブ・シンベル神殿は、カイロから南へ850キロほど離れたエジプト南部、スーダンとの国境近くにある。スーダンはかつてヌビアと呼ばれ、竹内文書で赤人民王が派遣された場所でもある。

写真6-4　古都テーベに建造されたカルナック神殿。神殿全体の中心軸の傾きは夏至の日没ラインと一致している

この岩窟神殿は紀元前1250年ごろの建造で、大小二つの神殿からなり、大きい神殿は、アメン・ラー神、ラー・ホルアクティー神、メンフィスの主神であるプタハ神、神格化されたラムセス2世に捧げられており、正面には高さ20メートルの四つの巨大なラムセス2世の座像が据えられている。小さい神殿は、大神殿から60～70メートル離れた場所にあり、ハトホル女神とラムセス2世の王妃ネフェルタリに捧げられている。この遺跡のあるヌビア地方は、ネフェルタリの生まれ故郷だったのではないかとされている。

そして何よりも面白いのが、大神殿が建造された角度である。何と1年に2回、2月21日と10月21日に、朝日が神殿入り口から真っ直ぐに奥へと差し込み、神殿最深部にある至聖所の4体の像を照らし出すからである。なぜその日が選ばれたかは諸説あるが、一説によると、ラムセス2世が生

写真6-5 「王家の谷」を見下ろすようにそびえる「ピラミッド山」であるアル・クルン

まれた日が2月21日で、王に即位した日が10月21日だったのではないかともいう。

　理由はともかく、この神殿は間違いなく、特定の日に朝日の光がどのように入り込むかを計算して設計されたということだ。ただしこの神殿は、1964〜68年にかけてアスワン・ハイ・ダムの建設により水没の危機にあった。そこで神殿を解体して角度を変えないまま200メートル離れた高所に移築した。その際、1年に2回朝日が最深部まで差し込む角度は確かに維持されたが、高所への移動により現在はその日が1日ずれてしまったという。

　このことからわかることは、古代エジプトの建造物の軸の傾きや向きには重要な意味があるということだ。階段ピラミッドの軸の傾きもそうであった。傾きだけではない。すべての直線、距離、高さ、大きさにも意味があるのである。古代測量技術集団は時を知り、天体の運行を知り、三角測量を熟知し、精密機器を使ってエジプトの大地に次々と金字塔を打ち立てていった。それは同時に、古代エジプトの建造物をたとえどんなに完璧に復元したとしても、たとえば今は湖底に沈んでしまっている元々の場所でなければ、本当の意味を隠してしまうということでもあるのだ。

遠方のピラミッドは中継基地だった

古代エジプトの測量技術集団が正確に建造物を配置していったということを示す事例をさら

に挙げていこう。そこには、我々がこれまで気が付かなかったような理由がある場合もある。

たとえば、第1中間期の第8王朝ごろの時代にクイという支配者がギザから300キロ近く離れたダラという町にピラミッドを築いている。ピラミッドといっても、現在残っているのは基底部の土台だけで、一体どのくらいの高さの建造物を建てようとしたのかわからない。これまでのピラミッド群からあまりにも離れているので、当初はマスタバ（大墓）であると位置づけられていた（現在でも一部ではそう考えられている）。

しかし、これまで書いてきた測量師的観点から見れば、これは間違いなくピラミッドであると思える。というのも、サッカラの階段ピラミッドの傾きの延長線上、すなわち階段ピラミッドから赤いピラミッドと屈折ピラミッドの間を通り抜け、メイドゥームのピラミッドを結んだ直線の延長線上にあるからである。つまり階段ピラミッドの基軸上であるとともに、ピラミッドを中継基地とした光通信のライン上にあることになる。

ただし、メイドゥームのピラミッドからクイのピラミッドまで232・3キロもあるので、この途中にも何基かの中継基地が必要だったであろう。何かその手掛かりがないかと思って探したが、蛇行するナイル河の東岸と西岸を行ったり来たりするこの直線には、開発地を通っていることもあり、そのような古代遺跡（基地）は見つけられなかった。それでも今後、その直線上に古代基地が発見されることも考えられる。少なくともナイル河の両岸に、何らかの測量上の目標物があるように思われるのだ。

また、クイのピラミッドが置かれた距離的な意味もある。王家の谷のそばのピラミッド型の山であるアル・クルンとクイのピラミッドを結んだ距離（244・6キロ）は、アル・クルンとギザ台地の南の縁（大ピラミッドから2キロほど南）を結んだ距離（約489キロ）の2分の1になっているし、クイのピラミッドから屈折ピラミッドまでの距離（277・1キロ）を2倍にすると、ほぼクイのピラミッドからアブ・シンベル神殿までの距離（555・9キロ）となるのである。まさにエジプトのナイル河沿いを縦断する重要な中継基地の役割を果たしていたことがわかる。

第18王朝初代ファラオであるアハメス1世が、ギザから南に420キロほど離れたアビュドスに建造したピラミッドも、非常に興味深い場所にある。王の記念碑として建造され、現在は崩れて高さ10メートルほどの小山になっているが、元々は高さ40メートルの歴《れっき》とした、この地域では唯一の本格的なピラミッドである。

なぜ、このようにギザからもテーベからも離れた場所に、王の墓ではなく記念碑としてピラミッドがあるのか、だれもが不思議に思うであろう。しかし、一見無秩序に配置されたように思えるこのピラミッドも、測量師の観点からすれば非常に意味があるのである。

400キロを超える距離だと、もう地図ではほとんど距離を測れないので、経度と緯度の差から導き出すしかない。アハメス1世のピラミッドからギザ台地の南の縁までの距離が約427キロであり、この距離はアハメス1世のピラミッドからアブ・シンベル神殿までの距離（4

26・3キロ）とほぼ等しい。またアハメス1世のピラミッドとアル・クルンを結んだ距離（81・9キロ）の2倍の距離が、ほぼアハメス1世とクイのピラミッドを結んだ距離（164・3キロ）となっている。

アハメス1世のピラミッドもまた、第6王朝のピラミッドがそうであったように、大ピラミッドとスフィンクスを使って位置が決まったと思われる。というのもアハメス1世のピラミッドは、ギザ台地の大ピラミッドとケントカウエス女王の墓を結んだ直線上にあり、しかもその直線はアメンエムハト1世とセンウセレト1世のピラミッドの間をまさにかすめるように通っていくからだ。またスフィンクスとアメンエムハト1世のピラミッドを結んだ直線上にもある。このように遠く離れた場所であっても、国土地理院の測量計算サイトで方位角を求めさえすれば、直線であるかどうかを確認できるのである。

エジプトの大地に刻まれた超巨大複合体

王家の墓を見下ろす「ピラミッド」であるアル・クルンも、エジプト全土を測量する上で重要な役割を演じたことがわかる。たとえば、アル・クルンとアハメス1世のピラミッドを結んだ距離（8万1896メートル）の6倍がアル・クルンとスフィンクスを結んだ距離（49万198メートル）であり（誤差約178メートル）、その3倍はアル・クルンとカイのピラミッドを結んだ距離（24万4640キロメートル）にほぼ等しい。

500キロ近く距離が離れると、直線は平面地図の作製方法によっては曲線になってしまうことを考えると、まさに驚異的な測量技術だ。

アル・クルンはまた、大ピラミッド、アメンエムハト1世、ハワラのピラミッドのメートル単位の二等辺三角形を測量する際に使われた大ピラミッドの基底部北東角とスフィンクスの基底部西端付近を結んだ直線上にもある。その直線は同時に、階段ピラミッドの西北西にある小山群Iの中心付近を通り、屈折ピラミッドの西脇を抜けて行くラインでもある。

また第5王朝のネフェルイルカラー王のピラミッドからペピ1世のピラミッドの基底部西端付近を通り、ケンジェル王のピラミッドを結んだ直線も、480キロ離れたアル・クルンを指し示しているのだ。間違いなく、古代エジプトの測量技術集団はそのことを知っていたし、おそらくテーベ（現ルクソール）に都を築く時にそれらのラインを利用したことは、まず間違いないだろう。

つまり、すべてが計算されていた可能性がある。すべてのピラミッドや巨石建造物や山が、大いなるグランド・デザイン、またはある規則や法則に従って、古代エジプト全土の大地にまるで夜空の星々か宝石のように散りばめられたのである。しかも、夜空の星々のようにただ無作為（ただし「神」が作為的に配置した可能性はある）にそこにあるわけではない。山と山、山とピラミッド、ピラミッドとピラミッドを直線で結び、その距離と角度を測りながら、意味のある「星座」として意図的に配置したわけだ。

その「意味」の根底にあるのは、もちろん「高み結びの法則」である。この法則は4000〜5000年前までには、地球規模で普遍的に存在した叡智の一つであったことがわかる。その叡智をもたらしたのは、超古代文明を継承したとしか思えない測量技術を持った集団なのである。

ではなぜ、そのようなことをしたのか。理由はまだ定かではないが、私には大地を活性化させるためだったように思える。人間に鍼灸を施すように、あるいは気功により気を養い、細胞を活性化させるように、古代測量技術集団は大地のパワーを強めるための装置を「大地のツボ」に置いていったのではないだろうか。それはエジプトのピラミッドだけの話ではない。イギリスの聖ミカエルのライン、ストーンヘンジなどの巨石構造物、平安京などの古都、位山・羽根ライン、縄文遺跡と環状列石——すべてが、大地のエネルギーを活性化させるために配置されたように思えてならないのである。

最終章では、彼らが大地に刻んだ直線や幾何学模様の真の意味について迫ろう。

第7章

超古代文明と地球のエネルギー

二重に失われた文明の叡智

我々は5000年前の地球に既に存在した古代人による驚異の測量技術を見てきた。彼らは、角度と距離を正確に計算・測量しながら、設計者のグランド・デザインによってピラミッドなどの巨石建造物や聖地の建造場所を次々と決めていったのである。

このように「高み」と「高み」を結んで距離や角度を測りながら重要拠点の位置を決めていくことは、当然のことだが、現代文明においてもできる。だが、富士山と東京タワーを結んだ直線の距離を測り、その直線上に東京スカイツリーを建設したりはしないし、東京タワーとスカイツリーを使って意図的に幾何学模様を作ったりもしない。現代建築においては、そのような発想すら聞いたことがない。

ということは、5000年前に測量技術集団が巨大建造物を造る際に使っていた「高み結びの法則」を用いた測量技術は、中国の風水や古代道教、その後の日本の陰陽道などに一部継承されているものの、現代の科学においては失われてしまった科学知識であり科学技術であるということになる。言い換えると、それは二重の意味で「失われた文明」の叡智なのだ。

文明の継承地だったシュメルとエジプト

おそらく古代エジプトの測量技術集団は、現時点で人類最古の文明を築いたとされているシュメル人（注：通常「シュメール人」として表記されるが、古代メソポタミア研究家の小林登志子氏によると、実際はスメラミコトの「スメラ」の音に近いシュメル、もしくはスメルであるという）の都市からやって来たのだろう。

実際『旧約聖書』でも、シュメルから中東、エジプトへと移動した流れを読み取ることができる。というのも、イスラエルの民の祖とされるアブラハム（キリスト教、ユダヤ教、イスラム教の「信仰の父」と呼ばれる、紀元前2000年ごろ存在したとされる人物）がシュメルの都ウルにいたことがわかっているからだ。アブラハムは方舟で大洪水から逃れたノアの子孫であるから、大洪水の後、シュメルの地に集まったグループがいたことが推察できる。

その後、アブラハムの一行は衰退するシュメル人の都市文明に別れを告げ、中東のカナン（現在のパレスチナ）、エジプト、そして再び中東へと移動。その後、アブラハムの子孫はエジプトと中東の間を行ったり来たりするような時期を経て、最終的にはカナンの地を中心にして古代ユダヤ人の国を建てるのである。つまり、滅びゆくシュメル文明からエジプト文明へと流れる古代人の移動があったことがうかがえる。

エジプト史上初のピラミッドとなったサッカラの階段ピラミッドを設計した宰相イムホテプにシュメル人説があるのもうなずける。イムホテプも、アブラハムよりも前にシュメル文明に見切りをつけて逃れた主導者の一人であったかもしれないからだ。

そのシュメル人もまた、大洪水などにより失われたとみられる文明の叡智の継承者であったはずだ。だからこそ、民族・言語系統の異なる彼らが、紀元前4000年ごろメソポタミアの地にやって来てほどなく、この地を支配することができたのではないだろうか。

ならば、イラク戦争などの破壊を経て一般の旅行客ではなかなか行くことのできなくなった、現在のイラクやイランに当たる地にシュメル人が築いた都市国家にも、5000年以上前に「高み結びの法則」を使った同様の遺跡群が配置されていたに違いないのである。現代人による近年の愚かな戦争により遺構の多くは破壊されたかもしれないが、地球人類の叡智を埋もれさせてはいけない。また、愚かな争いによって人類全体の叡智をこれ以上破壊させてはならない。

その叡智を復活させる時期が来たのではないかと私は考えている。必要なものは詳細な地図と、正確に古代遺跡と目立つ山をその地図の上にポイントすることだけである。そして可能であれば、現場に実際に出かけ調べてみればいい。だれもが簡単に古代測量技術集団の叡智に触れて実感することができるはずだ。5000年前には、明らかに人類共通の文明が地球にはあった、と。

全世界的にこの作業を重ねていけば必ず、「高み結びの法則」がただの想像の産物でないことがより明確になっていくだろう。

崩壊した世界共通の文明

エジプトの測量技術集団がシュメル文明に遡れるのだとしたら、シュメル人たちがどこから来たのかという問題も取り上げておかなければならない。ところが、実はまったくわかっていないのだ。わかっているのは、シュメル語が日本語と同じ膠着語（注：日本語の「てにをは」のような接辞を持つ言語）であるのだが、古代オリエント世界にはシュメル語に近い言語が確認されていないということである。つまり、どこからともなく突如現れて、その地域の主導的な立場を築いてしまったというわけだ。

何度か引用させてもらった正統竹内文書の口伝によると、大洪水の後、生き残った人々が最初に文明を開花させた場所が日本であり、その後日本からメソポタミアに移動した「スメラミコト」のグループがシュメル人と呼ばれ、文明を築いたのだ、という。これをそのまま信じることはできないが、口伝や竹内文書の記述から、やはり一つの歴史のパターンがあったように思われるのだ。

そのパターンを解釈することによって一つの仮説が生まれる。大洪水など何らかの理由で高度な科学技術を持った文明が滅びた。だが、その科学技術などの叡智を受け継いだグループが日本など世界各地に散って、それぞれの地で、ある種共通の文明を築いた。その共通文明の一つが、「高み結びの法則」と高度な測量技術を駆使した国土・都市計画や構造物の建造法であった、という仮説だ。

竹内文書を読むと、そうした世界各地で同時発生的に花開いた文明間では、頻繁に交流があったことがうかがえる。世界各地の文明に、16菊花紋のようなシンボルが刻まれているのも、その交流を物語っている。

もちろん最初はほぼ共通だった文明もその後、各地域の環境的特色や政治風土に合わせて変化したり変質したりしていったのであろう。そのことを象徴的に描いているのが、『旧約聖書』のバベルの塔の物語である。その物語では、大洪水を逃れたノアの子孫たちは「石」と「漆喰」の代わりに「煉瓦」と「アスファルト」という新技術を開発、それによって天まで届く「バベルの塔」を建造した。それが神の怒りに触れたため、一つだった言語はいくつにも分けられ、人々は言葉が通じなくなり、散り散りになったというのである。

「言語」を「文明」に置き換えれば、共通の文明が次第に失われていったと理解できる。共通の言葉が無くなってしまったのだから、そこには争いも起きただろう。共通の文明により、平等に分配されていた恩恵にも偏りが生じ、科学技術も一部の技術者や為政者だけの知識になってしまったのかもしれない。「石」と「漆喰」は巨石と土の文明の象徴であろう。「バベルの塔の崩壊」は、その共通文明の崩壊にほかならない。

海から流れ込むエネルギーの道

残された最後の問題は、なぜ高みと高みを結び、大地に幾何学的な模様を描いたのかという根本的な謎だ。

既に示唆したように、私にはこうしたラインや幾何学図形が大地の気を誘導、増幅する巨大な装置だったような気がしてならない。しかしながら、現代の科学においてはまだ、「気」を証明するに至っていない。「気」の存在は明らかになりつつあり、大衆的にも「パワースポット」「風水」などの言葉で「気」の概念は、少なくとも日本においては浸透しつつある。だが、どのようなメカニズムで「気」が発生し、どのように測定すればよいかなど、まだ解明できないでいるように思われる。それでも「気」が明白に存在することは、勘の鋭い人間ならばだれもが気が付いているはずだ。

科学的に説明がついていない以上、その目に見えないエネルギー、大地の気の流れの神髄に迫るためには、やはり陰陽道や古代道教、それに風水術の文献を調べたり、目に見えない気の流れが実際に見える人間に尋ねたりするしかない。

そこでわかってきたのは、どうやら大地の気の流れは、「龍穴《りゅうけつ》」という聖なる土地に向かって流れるらしいということだ。その龍穴では大地の気が噴き上がるともいう。特に深い入江や構造線など大地に切れ込みがある地形に沿って「龍脈」は流れており、その龍穴からエネルギーを再分配する位置関係や方角があると古代測量技術集団は考えていたようだ。

さらに大地を流れるエネルギーは、はじめは高みに集まるという傾向があるようにも思われる。エネルギーは高みから高みへと流れるのだ（この大地を流れる、見えないエネルギーを国際気能法研究所代表の秋山眞人氏の言葉を借りて「地流気」とする）。

仮にそれが正しいとして、私は５０００年前の古代測量技術集団が実際に測量したとみられるラインを使って検証してみた。地流気の流れと高み結びのラインには何か相関関係があるはずだからだ。

すると、イギリスの聖マイケルラインは、ブリストル海峡からセバン川へと続く入江のそばをほぼ平行に走る直線になっていることがわかる。つまり聖マイケルラインは、大西洋からブリストル海峡に向かって流れるエネルギーを引き込む導線のように見えるのだ。同時にラインの東半分は、ロンドン東方のテムズ川河口から引き込まれたエネルギーを西に送る導線のようだ（27ページの図1－1参照）。

これに対してエジプトは、地中海からナイル河のデルタ地帯によって漏斗《じょうご》のように集められたエネルギーがギザ台地のピラミッドに集約され、それがナイル河に沿って各ピラミッドに分配されているように見える。そしてまさに要所要所にピラミッドを配置し、そのエネルギーが途切れることのないように増幅させながら、再度王家の谷にそびえるアル・クルンにエネルギーを集約させて、ルクソール神殿やアブ・シンベル神殿といったナイル河の奥へ奥へと送っていったのではないだろうか（257ページの図6－1参照）。

では、日本に築かれたラインはどうであろうか。富山湾から流れ込んでくるエネルギーは、富山平野の扇状地形によって集められ、一つは神通川に沿って南の位山に向かっているように見える。これが呉羽丘陵と位山を結ぶ羽根ラインだ。もう一つは富山の二上山によって誘導されたラインで、庄川に沿って南西に向かい、五箇山の天柱石、霊峰白山へと続く。さらにもう一つは常願寺川に沿って古代ピラミッドの尖山に至り、北アルプスの立山に流れていく。

一方、三河湾に流れ込んだエネルギーは矢作川に沿って岡崎市の羽根を通り、名古屋市の北東付近で伊勢湾から流れ込み庄内川（土岐川）に沿っ

写真7-1　聖マイケルラインの南西端に位置するセント・マイケルズ・マウント

て進むエネルギーと合流、巨石群のある山岡町やピラミッド石のある笠置山へと向かう。また、伊勢湾に流れ込み木曽川に沿って北上したエネルギーは、そのまま上流の飛騨川に沿って萩原町の羽根から位山に至るのである。

大阪湾も同様だ。大阪湾に流れ込んだエネルギーは、淀川に沿って京都に進み、琵琶湖を斜めに横切りながら白山へと向かう。このラインはまさしく大和の二上山、京都の三上山、近江富士、白山を結ぶ直線と平行線になる。すなわち巨大な帯のエネルギーとなって大阪湾から琵琶湖、白山へと続く地流気のライン、龍脈となるわけだ。

和歌山県の紀ノ川から流れ込んだエネルギーは、畿内国の南限である背ノ山を経て奈良と和歌山の県境にある真土山まで進む。そこから一つは金剛山、葛城山、大和の二上山という霊峰によってエネルギーを増幅させながら、飛鳥京や平城京のあった大和盆地を北上、京都や琵琶湖に至る。もう一つは吉野川に沿って吉野の妹山に集められ、その奥の宮滝遺跡（吉野宮）へと流れていくのである（175ページの図4－4参照）。

古代測量術を継承した江戸城と日光東照宮

このようにすべての測量ラインは、地流気の流れによって説明できるように思えてくる。そうした地流気に、入江や切れ込みに沿って流れたり、高みに集まり増幅したりするという性質があるならば、人工的にそのエネルギーを誘導したり、集約したりすることもできるはずだ。

意外に思われるかもしれないが、少なくとも江戸城はそのような発想を基にして建造されたのではないかとみられている。309ページの図7-2を見てもらいたい。隅田川の水はJR両国駅付近で外堀の水として引き込まれ、秋葉原、御茶ノ水を経て、飯田橋や四谷、新橋の辺りで角度を変えて、有楽町を通り、まるで渦巻きの渦を描くように、中心にある江戸城本丸や現在の皇居のそばにある紅葉山に至るのである。

これはまさにエネルギーの引き込みルートだ。隅田川の三角州によって漏斗状に集められたエネルギーを、外堀に沿って渦巻き状に誘導する装置にほかならないではないか。集められたエネルギーは紅葉山《もみじやま》で蓄積、もしくは増幅され、江戸城全体、そして江戸全体をエネルギーで満たすわけである。

それをさらに強固にしたのが、江戸時代の日光東照宮であったともされている。日光は江戸から120キロほど北に位置する地で、古くから日光山《にっこうさん》のある霊場として知られていた。日光山は、男体山《なんたいさん》と女峰山《にょほうさん》などからなる火山群で、二荒山《ふたらさん》ともいう。3代将軍家光が祖父家康の意を受けて、この地に日光東照宮を築いた。もっとも、江戸の守護地としての日光の選定を含め、江戸の都市計画を実際に請け負ったのは、風水や陰陽道に長けた天海僧正であったとも言われている。

この地が選ばれたのは、男性的な力強いエネルギーを持つ男体山と、女性的で柔らかいエネ

図7-1

江戸城と地流気の集積・分配システム

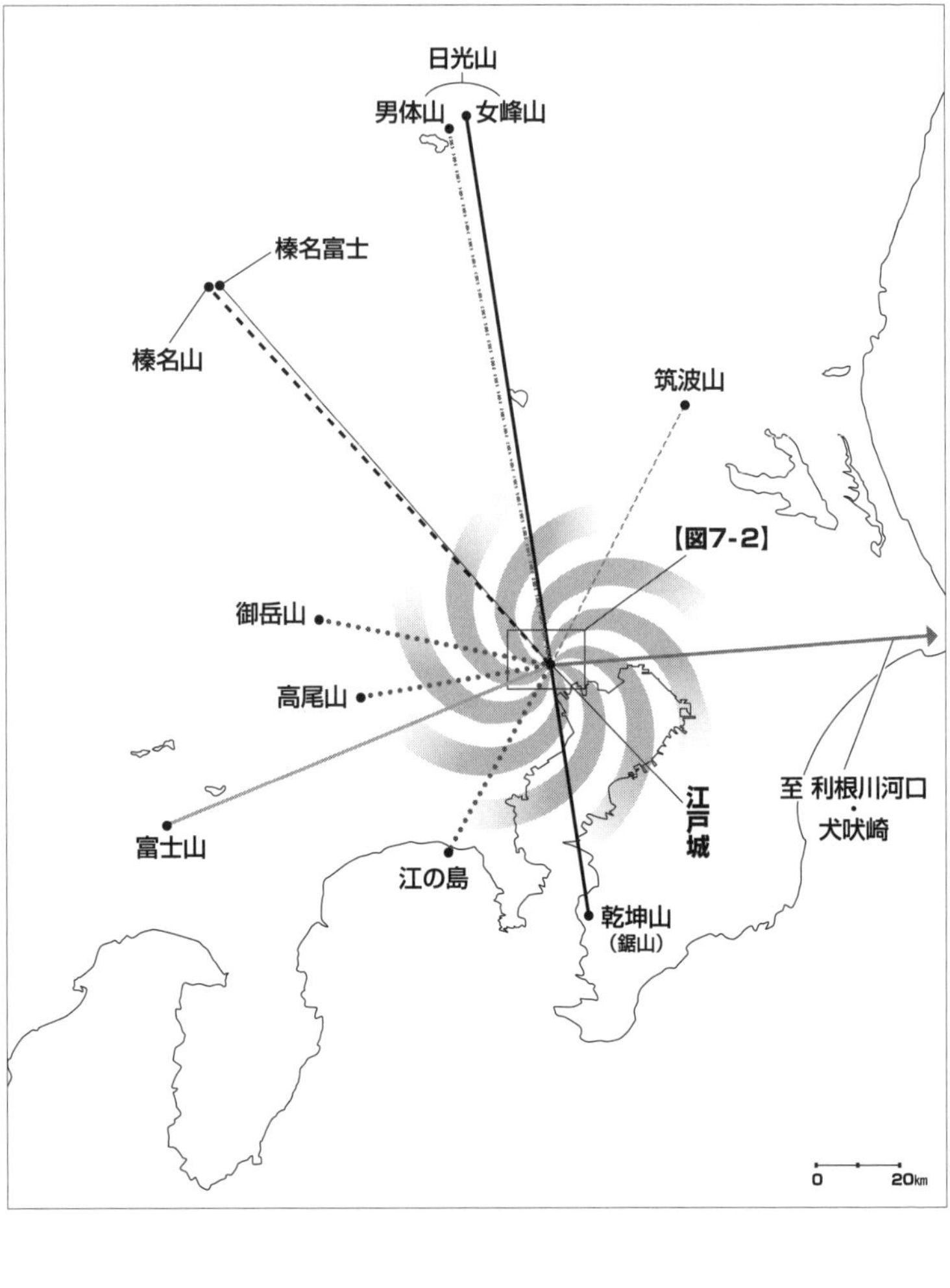

図7-2

江戸城と総曲輪《そうがわ》（外堀）と地流気の関係

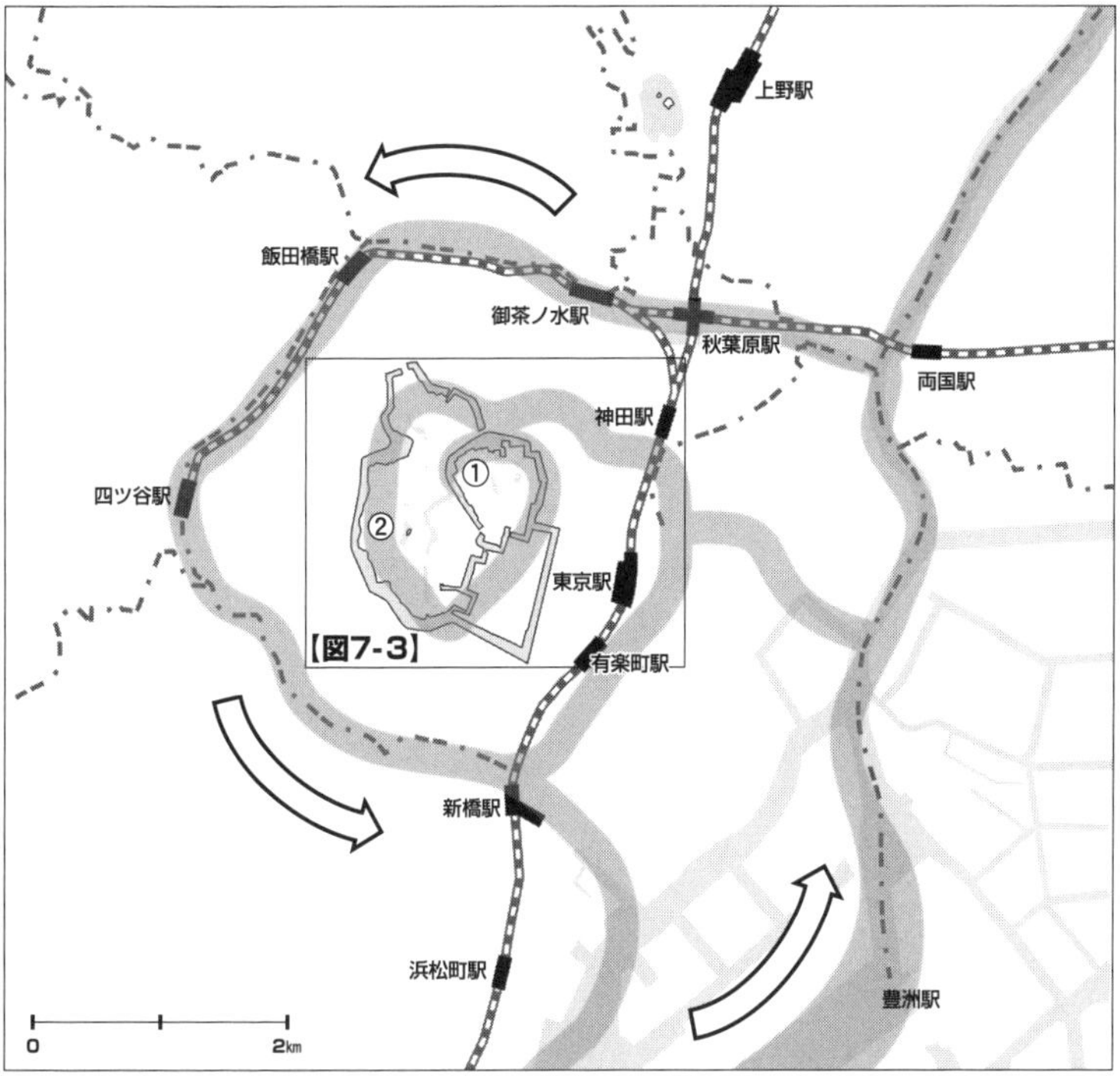

①江戸城・本丸　②紅葉山

外堀は江戸城を防御する重要な施設だが、海からのエネルギーを誘導して取込む装置であったとも考えられる。図のように外堀は江戸城・本丸、もしくは紅葉山に向かって渦を巻くように設計されている。

ルギーをもつ女峰山がほどよく交わり、陰陽のバランスが取れた龍穴であるとしたからだと考えられている。だからこそ日光東照宮の100メートル離れた奥に、日光山をご神体とする二荒山神社があるのだろう。

おそらく徳川家康、あるいは天海僧正の意図は、二荒山からのエネルギーを日光東照宮のすぐ北西奥にある標高774メートルの山(二荒山神社の真北にある裏山)に集め、そのエネルギーを南にある江戸に送るということであったのではないか。少なくともそのような装置を考えていたように思われる(図7-1参照)。

図7-3

江戸城が示す方角

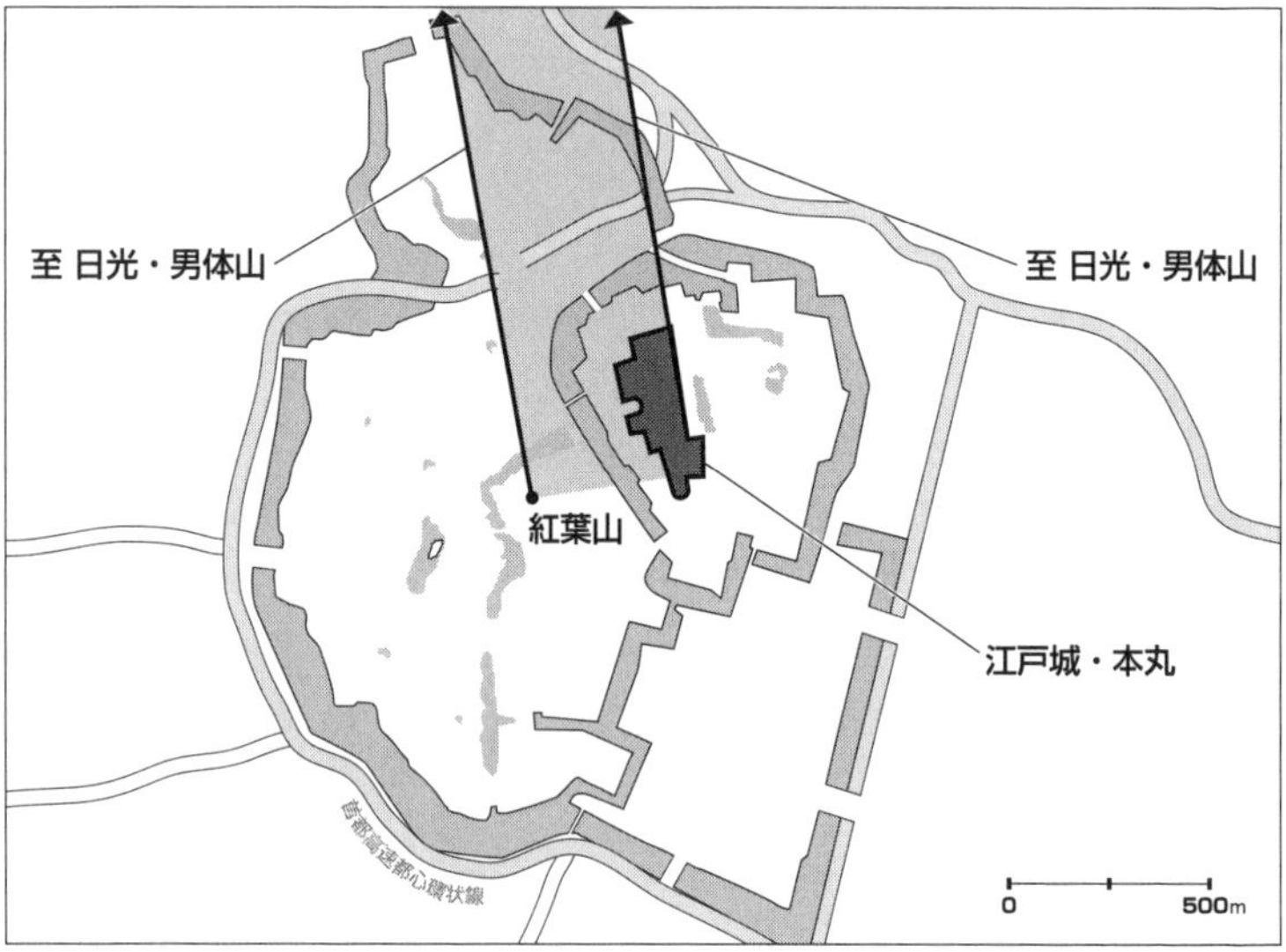

実際に江戸城全体を見てみると、日光のある北北西に軸が傾いているように見える。地図で角度を調べたところ、紅葉山と日本武道館の東端を結んだ直線の延長線上に日光の男体山があることがわかった。そして、この傾きとほぼ同じになっているのが、江戸城・本丸の軸の傾きである（図7－3）。つまり明らかに江戸城は、男体山を意識して築城されたことがわかるのである。

また古代測量師的に考えるならば江戸城は、日光山と、江戸時代後期の画家谷文晁《たにぶんちょう》が「日本名山図会」において「日本80名山」のうちに数えた、房総半島南部の乾坤山《けんこんざん》（鋸山《のこぎりやま》）を結んだ直線を南北の軸にして建造されたとみなせる。それは同時に、北東に筑波山、北西に榛名山《はるなさん》および榛名富士、西に御岳山《みたけさん》、高尾山、富士山、南西に江の島、鎌倉を望む地でもあった。そこで、そうした四方八方の山々に集められたエネルギーを引き込むために、あるいはエネルギーを引き込み、それを分配する象徴として、江戸城の本丸および紅葉山を中心に螺旋渦巻き状に堀をめぐらしたのではないだろうか。まさに現在の皇居は、エネルギーを集め、分配する装置の動力部的な役割を果たしているのである（図7－1参照）。

アトランティスにも同様なシステムがあった⁉

この江戸を活性化させるシステムの概念図を書いている時に思い出したのが、前出のプラトンが描写した謎の大陸アトランティスであった。プラトンの『クリティアス』によると、アトランティス大陸（島）の海岸線は険しく切り立っているが、中央に進むにつれて盆地になっており、肥沃な平地が広がっていた。鉱物資源に恵まれ、動植物も豊かで、首都は富み栄え、高度な土木技術を有していたのだという。

その首都の中心には、直径約925メートルの円形の陸地があり、そこに海神ポセイドンの神殿と王宮が建てられていた。それらの建物には炎のように光り輝くオルハリコンという合金が使われていた。その神殿と王宮のある中央の円形の土地を、同心円状に環状の運河と土地が三重に取り囲み、いちばん内側の環状の運河の幅は約185メートルあった。

次に約370メートル幅の環状の陸地があり、その外側を約370メートル幅の環状の運河がめぐらされていた。さらにその外側には、約555メートル幅の環状の陸地と約555メートル幅の環状の運河があり、そのいちばん外側の環状の運河では大型の船舶も悠々と航行することができた。そして三重に取り巻く環状の運河と陸地を貫くように外海と中央の円形の陸地をつなぐ直線の運河があったのだとプラトンは記している（314ページの図7－5）。

この三重に取り巻く運河は、江戸城を二重、三重に取り巻く内堀と外堀の構造に似ている。また中央にあったという王宮と神殿の関係は、江戸城と紅葉山の関係に相似している。プラトンの記述がどれだけ正確なのかはわからないが、江戸とアトランティスの構造にはエネルギーを誘導・集積し、分配するシステムという意味で、何らかの共通点があるように思われるのだ。

さらに、このアトランティスの首都の構造で想起されるのは、同心円状に石が二重に配置された大湯環状列石だ。万座環状列石、野中堂環状列石ともに中心から内帯の外側までの距離の3倍が外帯の外側までの距離であった。プラトンの記述したアトランティスの首都も、中心から1番目の運河の内側までの距離約462・5メートルの3倍が2番目の運河の外側までの距離約1387・5メートルであり、中心から1番目の環状運河の外側までの距離約647・5メートルの3倍が3番目の運河の内側までの距離約1942・5メートルと等しいのである。ここに

図7-4

アトランティスの詳細図

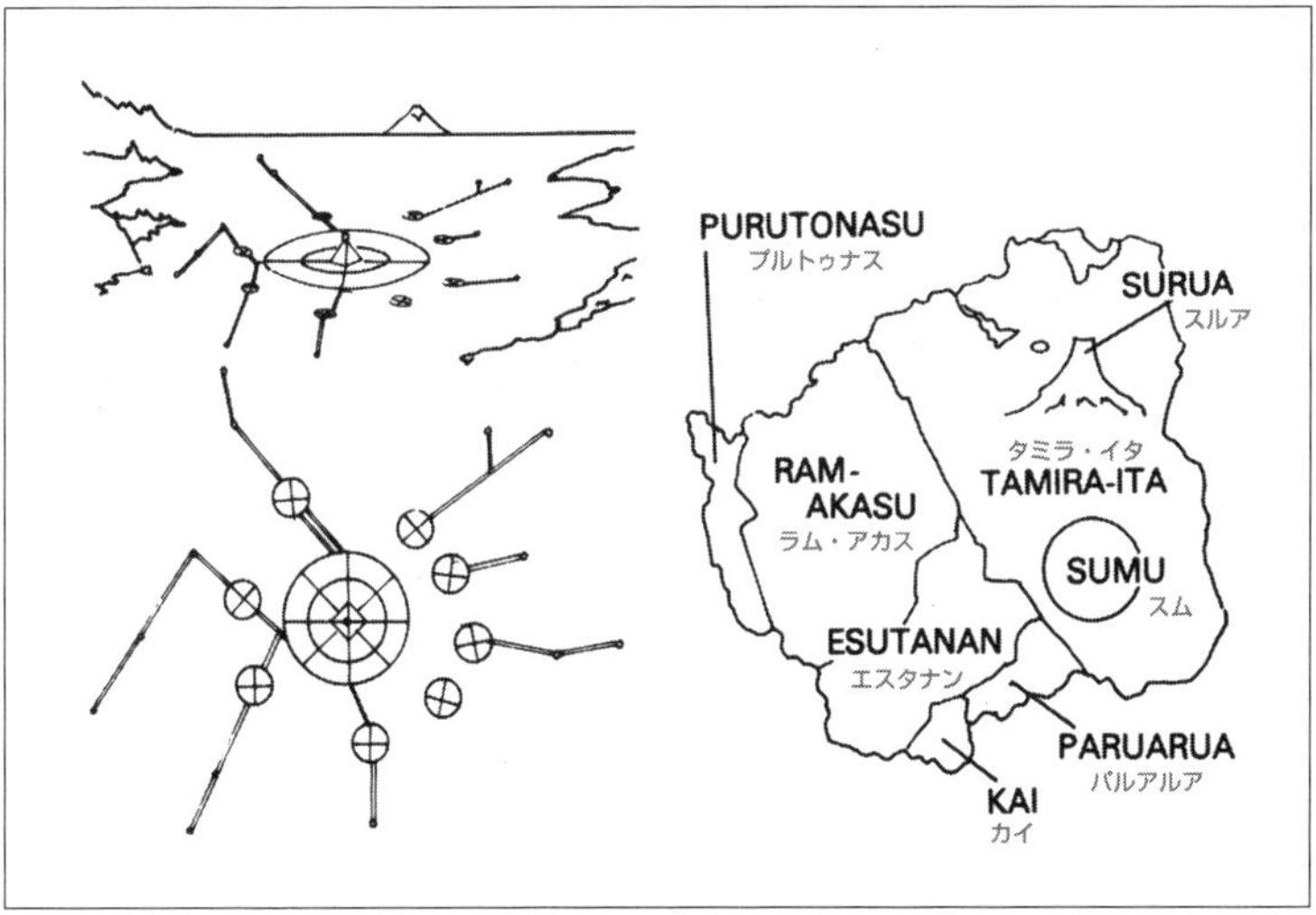

秋山氏らが“遠隔透視”したというアトランティス大陸（右）とその中心都市「スム」の全景（左上下）。　秋山眞人「霊術の教科書『超能力開発マニュアル』」より

図7-5

プラトンが描写した「アトランティスの首都」の概念図

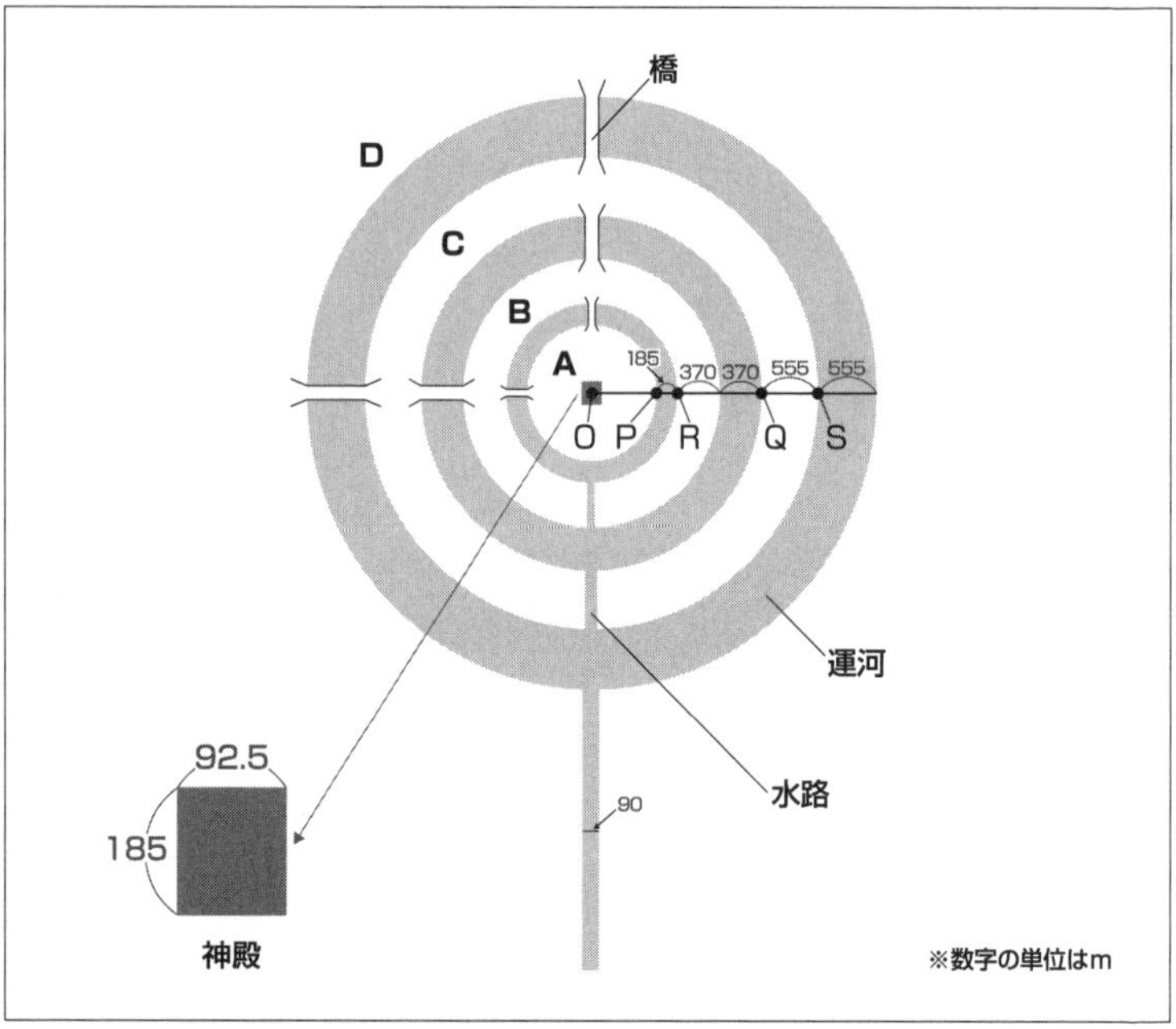

Aは中央の円形の陸地。神殿のほかに王宮もあったが形・大きさは不明。
B、Cは神殿を中心とする環状の土地で、王族、神官軍人の居住地。
Dはいちばん外側の環状運河の外側にある一般市民の居住区。
A、B、C、Dを結ぶ橋があったが何本架かっていたかは不明。

も何か秘密がありそうだ。

アトランティス大陸があったかどうかを含めて、その文明の詳細が分からない以上、どのようなエネルギー・システムであったかを論じることはできない。そこでアトランティスがあったと仮定して、アトランティスの過去生の〝記憶〟があるという国際気能法研究所の秋山眞人氏とプラトンの描写を融合させて、筆者がそのエネルギー・システムを仮想してみた。

まず紹介するのは、秋山氏がアトランティスの記憶を持つという仲間たちと作成した地図（313ページの図7-4）である。それによると、アトランティスは直径数千キロに及ぶ一つの大きな島（大陸）で、南東部の比較的海に近い場所に中心都市「スム」があり、その北方には「スルア」という尖った最高峰があったようだ。スムは都市構造が同心円状になっており、中心にはエネルギーを生産するピラミッド状の建造物が立っていた。おそらくこの建造物がプラトンの言うポセイドンの神殿とみられるが、秋山氏はこの建造物には左から右に回転する光の渦があったと言う。

面白いのは、二重の環状構造の外側には八つの円形構造物があり、それらのいくつかとは木の根のようなパイプでつながっていたとしている点だ。この〝記憶〟の主たちが描いた図7-4の左側の図を見ると、エネルギーを運ぶ導線のようにパイプが外側に延びていたことがわかる。まるでそれはナスカの地上絵のようでもあり、まさに都市全体が何かコイルのようにエネルギーを発生させているかのようだ。

これらの描写から想像するに、おそらく北にある最高峰スルアや南の港町パルアルアにある入江などからエネルギーを中心部のピラミッド状建造物に集積し、それを八つの円形の構造物などを使って放射状に配分していたのではないだろうか。もしそうなら、まさに同様なエネルギー・システムが江戸城を造営するときに使われた可能性もあるのではないだろうか。

そう考えると、なぜ縄文時代の日本や5000年前のイギリス諸島で、頻繁に環状列石が建造されたかが、理解できるような気がするのである。二重三重の同心円状に組石が配置されている小牧野遺跡の環状列石や大湯環状列石を見ると、アトランティスの都市の模型のようにも思えてくるからだ。

地流気的に説明できる縄文遺跡群の配置

しかしながら、縄文時代の測量技術集団も、本当にそのような地流気の流れの誘導法を熟知したうえで環状列石などを建造したり配置したりしたのであろうか。その答えはわからない。知識として持っていたのかもしれないし、あるいは感覚的にわかっていたのかもしれない。それでも、今残っているものから彼らが配置した遺構とエネルギーの流れの関係を検証することはできる。

209ページの図5-2や235ページの図5-9を見ながら確認してもらいたい。

まず環状列石のある樺山遺跡は、仙台湾や石巻湾、それに北上川河口を経て取り込まれたエネルギーが北上川に沿って北上した地に築かれていることがわかる。2・5キロほど離れた北には男山と呼ばれる標高162メートルの見晴らしのいい山があり、おそらくこの山からエネルギーを下ろしてくるような場所に建造したのだろう。

北上川に沿って北上するエネルギーは、そのまま岩手山や谷地山、それに姫神山で蓄積、増幅され、それぞれ釜石環状列石や湯舟沢環状列石に分配される。そのエネルギーは岩手山付近で二つに分かれ、一つは御所野遺跡方面に、もう一つは大湯環状列石方面に流れているように見える。

八戸港の入江構造によって集められたエネルギーは、是川石器時代遺跡のそばを通り抜けて馬淵川に沿って南西に流れ、一つは御所野遺跡に、もう一つは大湯環状列石方面に流れ込んでいく図式が浮かび上がる。青森県の野辺地湾や小川原湖方面から流れ込むエネルギーは、二ッ森貝塚や長七谷地貝塚を通り、一つは大石神ピラミッドと十和田三山を経て十和田湖へと流入しているようだ。また、十和田三山によって蓄積、増幅されたエネルギーは、南西方向にある大湯環状列石方面に流れているように思われる。

一方、津軽平野の漏斗状の地形によって集められたエネルギーは岩木山に蓄積され、増幅されたのであろう。岩木山と靄山を結ぶことで、亀ヶ岡石器時代遺跡や田小屋野遺跡、それに石神遺跡や大師森遺跡にエネルギーは分配され、さらには岩木川に沿って大湯環状列石方面に流れ込む。

　能代平野の地形によって集まったエネルギーは、米代川にそって東に進み、伊勢堂岱遺跡の環状列石を経て、やはり大湯環状列石方面に向かう。一方、青森湾の地形によって流れ込むエネルギーは、三内丸山遺跡や小牧野遺跡のそばを通過しながら、大師森遺跡付近で岩木山からのエネルギーと合流、大湯環状列石の方向に流れるわけだ。

　地流気の流れの観点から縄文遺跡を見ると、このようにほとんどすべてのエネルギーの流れが大湯環状列石の方向に向かっているように見える。縄文時代の測量技術集団はそのことに気が付いていたに違いない。だからこそ大湯環状列石のそばにエネルギーの貯蔵、増幅施設として黒又山を置いたのではないだろうか。そう考えると、なぜ黒又山を中心に等距離の場所に多くの遺跡が配置されているかの説明がつくのである。エネルギーの分配装置として黒又山を造った可能性が浮上してくるのだ。


　同様に北海道の縄文遺跡についても、地流気的に検証してみよう。

　函館湾の地形によって集められたエネルギーは、北の北海道駒ヶ岳に向かい、そこから北西の鷲ノ木遺跡と、南東の大船遺跡、垣ノ島遺跡に分配される。内浦湾に流れ込んだエネルギーは、北黄金貝塚と入江・高砂貝塚を通って羊蹄山へ、曾我北栄環状列石を経てニセコアンヌプリへと向かう。

苫小牧市付近の湾曲した地形によって流入したエネルギーは、北上してキウス周堤墓群に至り、そこから一つは石狩川に沿って流れ、音江環状列石や神居古潭ストーンサークルを経て大雪山に至る。もう一つは北西に進路を変え、石狩市の紅葉山古墳群を経て小樽市の手宮洞窟方面に向かう。

石狩湾の地形によって集約されたエネルギーは、一つは手宮洞窟から忍路環状列石、大谷地貝塚などを経て南下、羊蹄山、ニセコアンヌプリ方面に流れる。もう一つは石狩平野を石狩川に沿って北東方向へ針路を取り、苫小牧方面から来たエネルギーと合流、音江環状列石と神居古潭ストーンサークルを経て、やはり大雪山へと向かうのである。

地流気的に見ると、北海道の縄文遺跡群もまた、その配置は大地を流れるエネルギーの動きと符合するような位置にあることがわかるのである（209ページの図5-2、239ページの図5-10参照）。

これらのことから、少なくとも縄文時代の測量技術集団は、目に見えない大地のエネルギー（地流気）の流れを感覚、経験的によく知っていたとみることができるのだ。

エネルギーの質によって間隔が変調する

地流気を入江や谷、切れ込みなど地形的な構造から見てきたが、これによってわかってくる事実もある。たとえば、天柱石、白山、三上山（近江富士）、三上山、二上山のラインだ。既に説明したように、このラインは白山を境にして間隔が微妙に変化している。白山より南では33〜34キロ間隔なのに、白山から北は36〜37キロ間隔に変調しているのだ。この変調の理由は測量的な観点からだけでは説明できないが、地流気的観点からは、十分説明が可能なのだ。

175ページの図4－4を見ると、まさにこの白山において大阪湾から琵琶湖を経て流れ込んだエネルギーと、富山湾から二上山や砺波平野を経て流れ込んできたエネルギーが合流・融合しているように思えてくる。つまり、同じ直線であっても、それぞれが全く質の異なるエネルギーのラインであるとみることができるわけである。ということは、変調したのではなく、もともと別の性質のエネルギーを引き込むラインであり、測量的には直線でも地流気的には同じエネルギーのラインではなかったことになる。エネルギーの質が異なるので、間隔も変調するということだ。

これと同じことがやはり、イギリスの聖マイケルラインについても言える。27ページの図1－1を見ると、テムズ川河口から流れ込んできたエネルギーとブリストル海峡から流れ込んできたエネルギーはエイヴベリーの大ヘンジ付近でぶつかっていることがわかる。エイヴベリーの大ヘンジから東は、遺跡間の距離は52〜57キロのほぼ等間隔で並んでいるのに対して、大ヘンジから西は、17キロのほぼ整数倍というリズムを刻んではいるが、17〜102キロまで遺跡間の間隔はまちまちになるのだ。

つまり明らかにエイヴベリーの大ヘンジの東と西でライン上の遺跡の間隔は変調するが、それは東と西から流れ込むエネルギーの質の違いから生じたものであると解釈できるのである。津軽海峡を挟んで北海道と北東北の縄文遺跡群を結んだラインも同様だ。北海道と北東北では、流れ込むエネルギーは違うと思われる。仮に一直線上に並んでいても、異なるエネルギーのラインとなる場合もあるはずだ。逆に言うと、異なるエネルギーのラインを一直線上に並べる際に、たとえば下北半島の恐山を中継地にすることにより、そのエネルギーを恐山で調整した可能性もある。そうであるからこそ、恐山は古くから霊場として畏怖されてきたのかもしれない。

エネルギーが蓄積される山が神奈備

地流気が持つとみられるもう一つの性質は、高みから高みへ、山から山へと流れるというものだ。おそらく地流気は谷や川などの切れ込みに誘導されるように動くが、多くは山に蓄積されるのではないだろうか。特に富山の尖山や伊豆半島の下田富士、琵琶湖の近江富士のように、遠くからでも目立つ尖った山ではその力が強まるように思われる。これらの山々が、古来神の宿る神奈備山と呼ばれた理由はそこにある。

そしてある特定の距離に別の尖った山があったりすると、どういうメカニズムなのかはわからないが、蓄積されたエネルギーは谷を越え、その尖った山に向かってより激しく流れるのである。これが現代の科学では解明されていない高み結びの神髄なのだ。

そのメカニズムには、山の高さ、尖り具合などの形、山と山の角度といったものが関係しているように思われる。古代測量技術集団はそのことを知っており、どの方角にどのような形や大きさの構造物をどのように配置すると、より効果的にエネルギーを増幅させたり誘導させたりできるかを熟知していたはずだ。

人工衛星からしか確認できない巨大図形

そのエネルギーに方角を与えたり、増幅したりする形が三角形や渦巻き、同心円といった幾何学図形なのではないだろうか。そうでなければ、なぜ大地に巨大な正三角形や二等辺直角三角形などの図形を描くのか、理由がわからない。

そのヒントになるのが、南米ペルーのナスカ平原に描かれた巨大な地上絵である。高度300メートルの上空から見て初めてその全体像がわかる、猿やハチドリ、蜘蛛など大小さまざまな絵や幾何学模様が描かれているのは有名だが、実はそれよりもはるかに巨大な、全長50キロ近い超巨大図形が衛星写真に写っていたのだ。1970年代にアメリカの物理学者ロバート・アール氏が見つけた（図7-7参照）。

図7-6

ナスカの「巨大矢印」と地上絵群

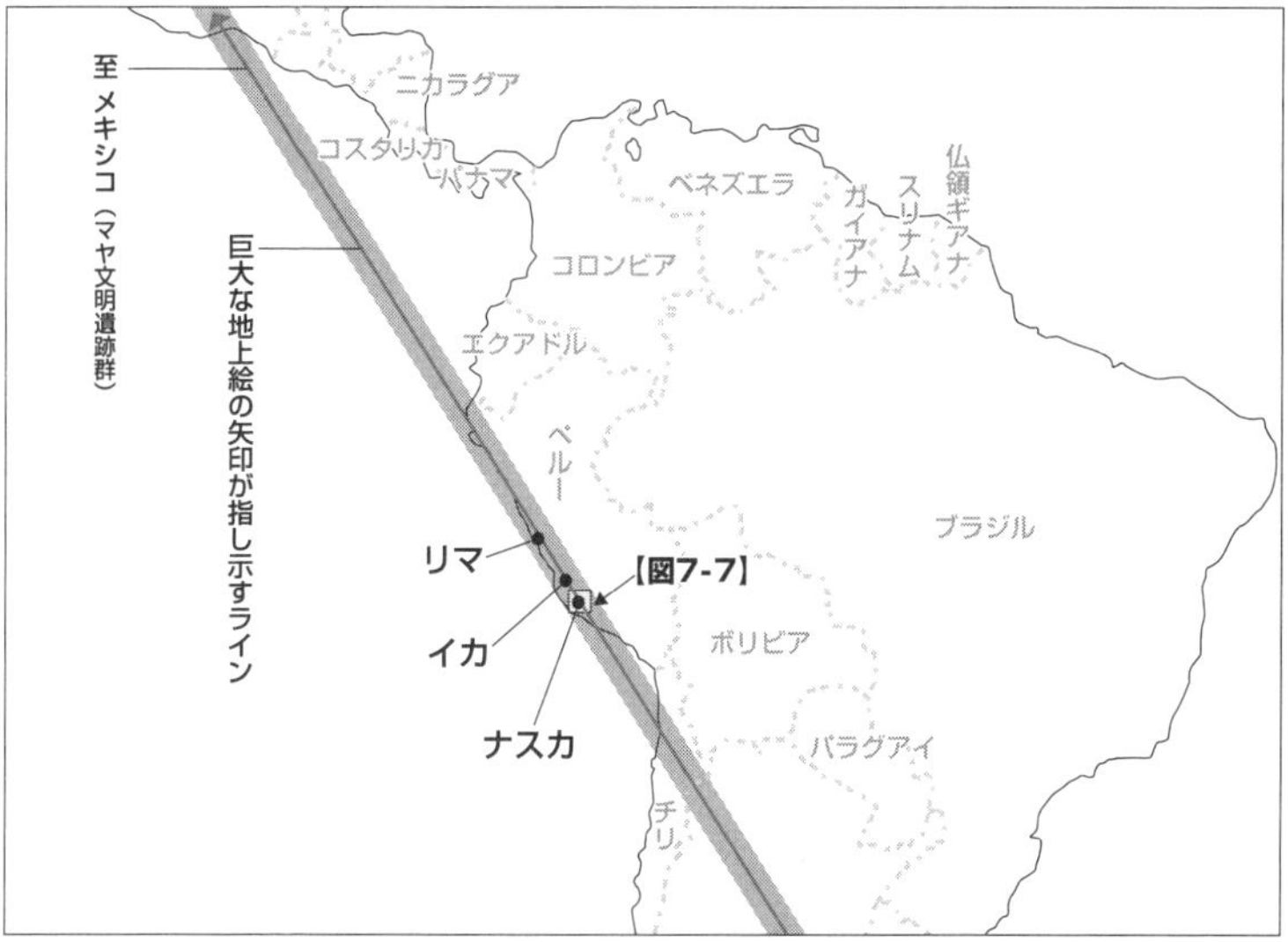

【図7-7】

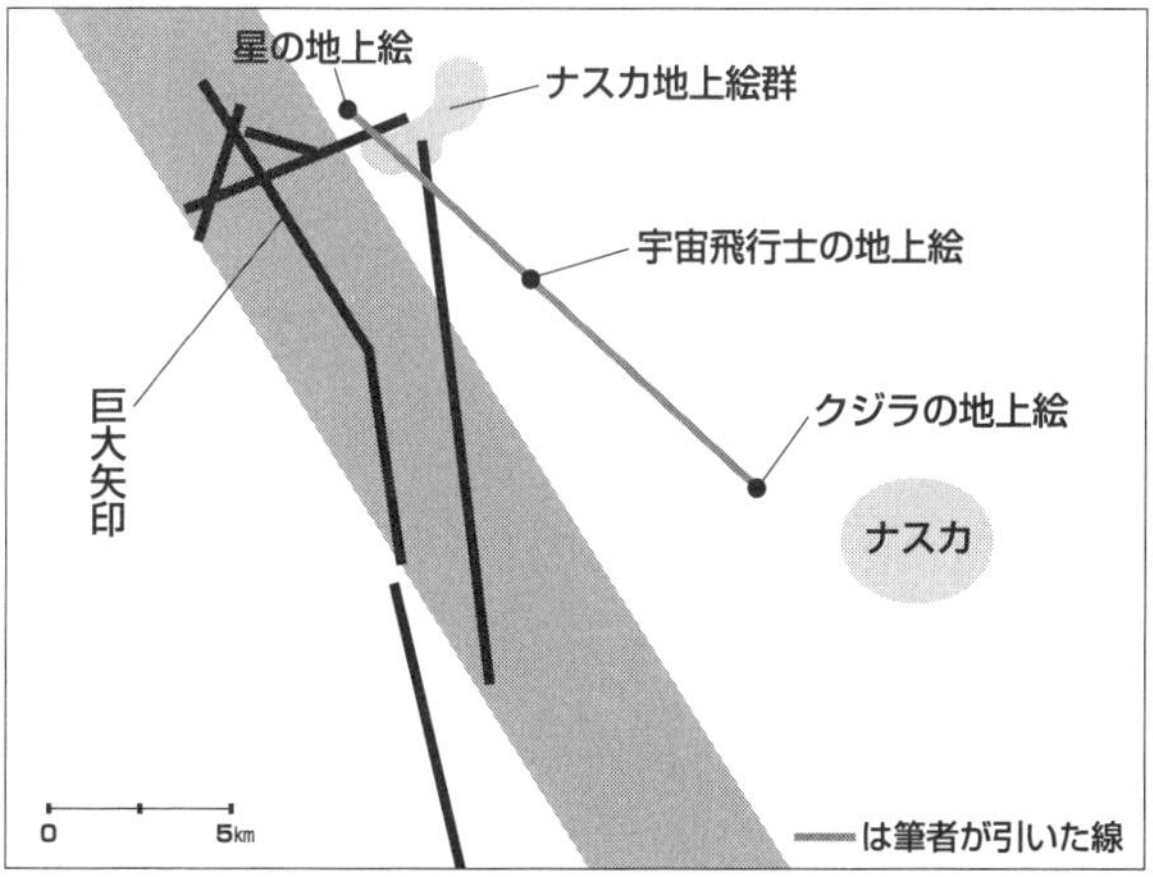

その中で特に目立つ図形が、一辺2・5～3・5キロの巨大三角形である。その三角形の頂点付近から底辺のある南東方角に約7・6キロ真っ直ぐな直線が延びている。その直線はそこで角度を南南東に変えて6・5キロほど真っ直ぐに進むのだが、その際幅が1キロはあろうかという、峡谷の上を通って行くのである。その後もその直線は、別の直線と事実上合流、二つの小さな谷と一つの大きな谷を越えて約14キロ進む。そこで再び角度を南西方角に変えて直線が延びていくという、いったいどこまで続くのかわからないほど巨大な図形なのである。

私が最初にこの直線を見たときは、砂漠地帯を走る自動車の轍《わだち》が衛星写真に写ったのかと思ったが、山や谷を越えて直線が続いているのだから、だれかが意図的に直線を引いたとしか思えない。しかも人工衛星でしか確認できないような巨大図形なのだ。

私にはこの長大な直線と巨大な三角形には何か非常に深い意味があるように思われた。最初に誰もが気づくのは、三角形と直線を合わせるとまるで矢印になることだ。それがたとえ古代の道路の一部であったとしても、図形が意図的に描かれたものであり、何かを指し示しているに違いなかった。

そこで矢印をそのまま延ばしていくと、どこに至るかを地図上で確認してみた。すると、イカとリマの中心付近を通り、ペルーの海岸線をほぼ平行に進み、遠くグアテマラやメキシコといった中米に向かっていたのである（図7-6）。イカは、恐竜や人間、三葉虫などが書かれた線刻石が数千個発見された場所で有名であり、リマは現在のペルーの首都で、かつてはインカ帝国の宗教的な中心地であった。グアテマラやメキシコは、マヤ文明の中心地として栄えた地域である。

この巨大矢印が実際に古くからの重要な聖地や文明の拠点を指していたのかはわからない。しかし、近くのナスカの地上絵と合わせた複合遺跡の一つであったことは間違いない。というのも、この三角形の底辺をそのまま東北東に延ばした直線が実在し、ナスカの地上絵の密集地帯に至るからだ（図7－7）。明らかに何らかのグランド・デザインに基づいて設計されている巨大図形なのである。

エネルギーを増幅・誘導する巨大図形

ナスカ平原に描かれた巨大図形と地上絵の関係を詳しく見ていこう。

まず巨大三角形の底辺から右に延びた直線をたどっていくと、その直線に対して平行な、長さ850メートルほどの巨大滑走路のような図形（「滑走路A」とする）が描かれていることがわかる。そしてこの滑走路Aの南西角にコンドルが、滑走路Aと別の滑走路Bが交わる付近の西側にクモ、滑走路Aの南東端に花がそれぞれ描かれている。滑走路Aが地上絵を作成する際の目安になったことは明白だ。

また、道路の反対側にもう一つの滑走路Cがあるが、滑走路Cにはサギがその滑走路に沿うように西南西方向に嘴《くちばし》を向けて描かれている。そして滑走路Cもほぼ滑走路Aと平行になっている。さらに地元の研究者によってサギの嘴の方向が6月22日前後の（南半球の）「冬至」の太陽が沈む方向だとされていることを考慮すると、どうやら巨大三角形の底辺、滑走路A及びCはいずれも、12月22日の「夏至」の日の出や6月22日の「冬至」の日の入り方向を意識して建造されているようである（実際に調べたところ、2～3度のズレがある可能性はあるが、ほぼ夏至の日の出・冬至の日の入りラインであった）。

いずれにせよ、巨大三角形はナスカの地上絵を描くときの基準の直線であった可能性が極めて高いのだ。

そしてもう一つ注目しなければならないのは、他の三角形と地上絵の関係である。ナスカ平原には地上絵のほかに無数の直線が引かれている。すると、3本以上の直線に囲まれた三角形の地域ができる。その三角形の中に描かれたことがはっきりとわかる地上絵もあるのである。たとえば地上絵のオウム。拡大して見ると、綺麗な正三角形の中にオウムが描かれていることがわかる。同様に地上絵の犬も見ると、一辺が約440メートルの二等辺三角形の中央付近に描かれているのだ。

ということは、古代においてナスカの地上絵を描いた人たちは、三角形に何かしらの力が生じることを知っていたのではないだろうか。たとえば三角形の中ではある種の力が強まるなどだ。三角形の中に描いたシンボルの力が増幅されるのかもしれない。

三角形だけではない。あらゆる図形やシンボル、形に、力が流れ込んだり増幅されたりする固有の性質があることを知っていた可能性もある。

ある陰陽道に詳しい専門家によると、「の」の字など渦巻きに関係する図形やシンボルは宇宙からの力を取り込む力があり、三角形には力のバランスを取り、それを増幅させる性質が備わっているという。直線が交差するところにも力が宿り、丸（円）は宇宙、四角形は大地とつながるシンボルになるのだともいう。日本の前方後円墳がまさに天地の力が融合する象徴となるわけだ。ならば、それぞれの固有のエネルギーをブレンドすることにより、ある特殊の力を生み出すことも可能なのであろう。

地上絵はエネルギーを流す回路だった

では、ある形・シンボルや図形によって蓄えられた力を、直線や曲線によって誘導することはできるのだろうか。

江戸城の外堀の渦巻きは、まさにそうした構造になっていた。プラトンが描写したアトランティスの都市構造も同様な意味があったのだろう。エジプトのピラミッド群を結んだ直線も、ナイル河の上流、その奥へ奥へとエネルギーを送り込むために配置されたように思われる。おそらく気の流れに沿って作られた羽根ラインや天柱石－白山－三上山（近江富士）－三上山－

二上山のラインも、エネルギーを運ぶ導線の役目を果たしているに違いない。

そのことを如実に語りかけてきているのが、ナスカの地上絵の猿ではないだろうか。この地上絵もまた、一辺が約2キロのほぼ正三角形の中心付近にある。巨大な矢印形の三角形の東側の斜辺をそのまま1・2キロ延長した直線のそばに地上絵の猿が、さらにその直線を800メートルほど延ばした付近に犬が並ぶように描かれている。

この地上絵の猿は、非常に変わった幾何学図形との複合体となっている。渦巻きのような尻尾、湾曲した背中、丸太を抱え込むように輪を作っている両手、そして一筆書きで描いたことを裏付ける直線の誘導路が猿の尻尾から北西方向へと延びている。その直線の誘導路は二度鋭角に曲がり、Z

図7-8

地上絵の猿と幾何学図形

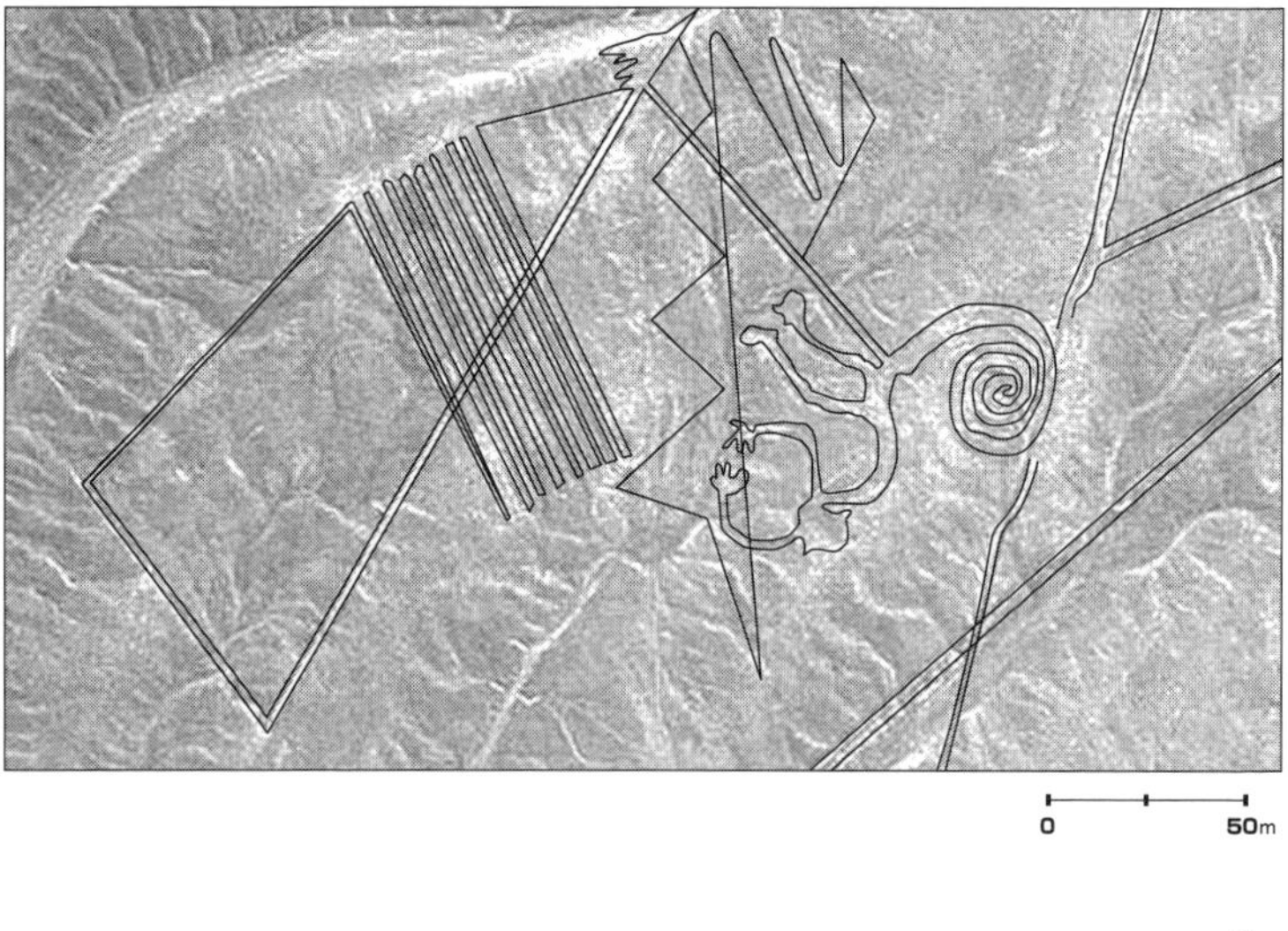

形を描いた後、北東へ進み元の誘導路に戻るのだが、その際、多数の平行線をつなげた蛇腹のような模様を描いているのである（図7－8）。

地元の研究家は、このような一筆書きの図形や絵は、古代人がその上を歩きながら雨乞いの儀式を執り行った、一種の参道ではないかとみている。そうかもしれない。しかし私には、この図形そのものに何か意味があると思えてならないのである。

ではその意味は何か。私が最初にこの地上絵を見たときに直感的に思ったのは、「回路図のようだな」というものだった。そう、エネルギーの増幅器か蓄電器の回路図に見えたのである。そう考えると、なぜ地上絵を正三角形や二等辺三角形の中に描いたり、渦巻きや回路図のような図形を動物の絵などと組み合わせたりするのか理解できてくる。彼らは直線や曲線にはエネルギーを誘導する導線としての性質があり、渦巻きや密集した何本もの平行線、三角形にはエネルギーを蓄積したり、増幅させたり、分配したりする性質があることを知っていたのではないだろうか。

そして人間がその幾何学模様の上を歩くことにより、エネルギーをより通しやすくした。少なくともそう信じていた。だからこそ、このようなコンデンサの回路図のような図形を描いたのだ。つまり地上に描かれた図形は、目に見えないエネルギーを思い通りに流す回路なのである。その回路は、その上を人間が実際に歩くことによって、言い換えれば、人間の意識や意志が加わることによって、エネルギーがよりスムーズに流れるようになるのではないだろうか。

古代のエネルギー活性化システム

ピラミッド群や古代遺跡群を結ぶことによって描ける幾何学図形は、エネルギー回路とみなすことでかなりのラインを説明できるのではないかと思っている。

たとえば、藤原京を見てみよう。三輪山と葛城山、三輪山と金剛山をそれぞれ結んだ直線（「高み結び」の直線）にはエネルギーが流れることを古代測量技術集団は知っていたに違いない。そこでそれらのエネルギーを畝傍山、天香久山、耳成山の大和三山がなす二等辺三角形に呼び込み、蓄積する（実際どちらの直線も、耳成山と天香久山を結んだ直線と交わるようになっている）。さらに三山でそのエネルギーを増幅、分配させることにより藤原宮のある地を活性化させたのである。

当然、そこには人間の関与も重要になってくるはずだ。だからこそ、エネルギーの拠点で祭祀や祭りなどの儀式を定期的に執行し、その活性化システムを維持したのではないか。

天柱石、尖山、二上山がつくる正三角形も同様である。富山湾から流れ込んできたエネルギーをこの三角形に呼び込み、蓄積、増幅、分配して、富山平野全体を活性化させたのだ。かつ正三角形の一辺の長さとほぼ等距離にある宝達山と結ぶことにより、そのエネルギーを加賀へと運んだ。

天柱石が高清水山、高落場山となす三角形も意味深い。天柱石は尖山、二上山と織り成す大きな三角形と、高清水山、高落場山と形成する小さな三角形の両方でエネルギーを蓄積したり、増幅したりしていることになるからだ。まさにエネルギー活性化システムの中枢であることがわかる。

それほど重要な場所であるならば、逆に天柱石で祭祀を執り行わなくなったり、人が寄り付かなくなったりすると、エネルギー活性化システムが滞るのだと考えることもできる。

また、天柱石－白山－三上山（近江富士）－三上山－二上山のラインで注目すべきは、山の高さであろう。近江富士、三上山、二上山の標高はそれぞれ432メートル、473メートル、517メートル（雌岳は474メートル）と、ほぼ同じ高さの山だからだ。ほぼ33・5キロ間隔で並んでいるのも山の高さと関係がある可能性もある。つまり同じ高さの山であれば、等間隔に置くとエネルギーが流れやすくなるのかもしれない。

山の高さで考えれば、白山は2702メートルの山であるから、白山から近江富士までの距離が約140キロと離れるのも、当然なのかなと思われてくる。また、天柱石が位置する標高630メートルと宝達山の標高637メートルがほとんど同じなのにも理由があるように思われる。尖山の標高559メートルも天柱石の標高に近い。

ということは、古代測量技術集団は山の高さも精密に測り、どのくらいの距離に中継基地を置けば、山から山へと流れるエネルギーをより効率的に運んだり、蓄積・増幅したりできるかを熟知していた可能性も浮上してくるのだ。そして、そのシステムを管理維持するために、エネルギーが集まる山々で定期的に祭祀や儀礼・儀式を執行した。もしそうであるならば、明治維新以降の西洋文明と科学の流入により、そうした迷信めいたものを半ば排除する傾向を持つようになった現代人の我々は、もう舌を巻くしかない。我々の知恵は古代人の叡智に遠く及ばないことになるからだ。

基線整数倍の法則とピタゴラス音律の倍音

さらに注目しなければならないのは、幾何学的に、しかも基線の整数倍に配置された聖なる地の距離の秘密である。第1章の最後に触れたように、基本となる高みと高みを結んだ直線の距離の整数倍に、古代遺跡が並んでいる。これはまさにピタゴラス音律を彷彿とさせる法則のように思われる。

ピタゴラス音律とは、ピタゴラスの定理で知られるピタゴラスが発見したとされる音律だ。ピタゴラスは鍛冶屋で金槌の音を聞いている時に気持ちよく響き合う金槌と、そうでない金槌があることに気がついた。そこで金槌の重さを量って比べたところ、気持ちよく響き合う金槌の重さの比は簡単な整数比となることを発見したというのだ。この整数比を基に気持ちよく響き合う音(協和音)の関係を考察し、完全5度を繰り返すことによってピタゴラス音律を完成させたとされている。

この音律の発見によって、ある音の振動数（周波数）の倍音という概念が生まれた。具体的には、周波数の比率が基本の音に対して1オクターブ（完全8度）上がると2倍、2オクターブ上がると4倍となる。完全5度では2対3（1・5倍）、完全4度は3対4（約1・333倍）だ。すると、たとえば「ド」の音を基本の音にすると、2倍音は1オクターブ上の「ド」であり、3倍音は1オクターブと完全5度上の「ソ」の音になる。

重要なのは、こうした整数倍の音が基本の音を奏でることにより、一種の共鳴現象が発生して混じり込むことである。ほとんど聞こえないが、古来大聖堂などで演奏や合唱をすると、本来聞こえるはずのない音や声がしばしば聞こえてくる現象があり、「天使の声」などと呼ばれていた。おそらくこの「天使の声」も倍音による共鳴現象ではないかとされている。

このように倍音が基本の音に自然に混じる（共鳴する）ことによって、音楽に奥行きが生まれ、ハーモニーが奏でられるのである。しかも周波数が近い（倍率が小さい）ほど、その協和音が強調される。たとえば「ド」「ミ」「ソ」の和音を考えたとき、「ソ」の1オクターブ上の「ソ」は「ド」の3倍音であり、「ミ」の2オクターブ上の「ミ」は「ド」の5倍音となっている。つまり「ド」「ミ」「ソ」の周波数が3倍と5倍という整数一桁の倍音の関係になっているから、音が増幅され綺麗な和音となって響くのである。

この倍音や和音と同じ法則が、大地のエネルギーの振動数（周波数）にも当てはまるのではないかと私は思っている。イギリスの聖マイケルラインで説明しよう。

聖マイケルラインに見る大地の〝調律〟

第5章でも説明したグラストンベリー・トールとバロー・マンプの距離は17・3キロだ。この二つの丘を結んだ基線の距離をKとして、ライン上にある10か所の「高み」間の距離を測ってみると、おおよそ次のような関係になっていることがわかる。

(①セント・マイケルズ・マウント〔聖ミカエルの丘〕②ローチ・ロック③ハーラーズ・ストーンサークル④ブレント・トール⑤バロー・マンプ⑥グラストンベリー・トール⑦エイヴベリーの大ヘンジ⑧ビッグ・リングス・ヘンジ⑨ワウルズ・バンク⑩ワンドゥルベリー・リング‥数字は当該遺跡間の距離を表す＝27ページの図1－1参照)

- K×3‥②－④52・3キロ、⑨－⑩52・0キロ
- K×5‥①－③85・2キロ、⑤－⑦84・2キロ
- K×6‥④－⑤102・0キロ
- K×7‥⑥－⑧120・3キロ、④－⑥119・3キロ
- K×8‥⑤－⑧137・6キロ

●K×9：②－⑤154・1キロ
●K×10：②－⑥171・4キロ
●K×11：④－⑦186・2キロ
●K×12：①－⑤210・2キロ、③－⑦209・2キロ
●K×13：⑥－⑩229・1キロ、①－⑥227・5キロ
●K×14：⑤－⑩246・4キロ、④－⑧239・6キロ、②－⑦238・3キロ
●K×15：③－⑧262・6キロ
●K×17：④－⑨296・6キロ、①－⑦294・3キロ、②－⑧291・7キロ
●K×19：③－⑩319．6キロ
●K×20：②－⑨348・7キロ、④－⑩348・4キロ、①－⑧347・7キロ
●K×22：③－⑩371・4キロ
●K×23：②－⑩400・4キロ
●K×24：①－⑨404・7キロ
●K×27：①－⑩465・5キロ

このようにすべてのライン上の古代遺跡間の距離はK（17・3キロ）の整数倍で説明できてしまうのだ。

厳密に言うと、Kの整数倍になってはいないではないか、との指摘もあるだろう。確かに2

27・5キロは17・3キロの13倍ではなく、17・5キロの13倍である。17キロでわずか0・2キロのズレは、誤差の範囲内であるとみることもできる。しかしこのズレにこそ、聖マイケルラインの秘密が隠されているのだ。

それはまさにピタゴラス音律に似ているように思われる。同音律は2対3の周波数比の音（たとえば「ド」に対する完全5度の「ソ」の音）を得ることを繰り返すことに基づく音律だが、3分の2の累乗はオクターブ関係を規定する倍率2の累乗と一致することがないので、この操作を何回繰り返しても正確なオクターブの関係は得られない。このためピタゴラス音律とオクターブの関係に微妙な誤差が生じることになり、音楽用語ではこれを「ピタゴラスコンマ」と呼んでいる。その誤差は、7オクターブ（1オクターブが1200セントなので、8400セント）で約23・46セント（半音の約4分の1）だ。

ところがこの誤差（揺らぎ）のお蔭で、ピタゴラス音律は心地良いとされているのだ。逆に電子楽器の音のように完全に整数倍の成分だけの音は人工的な響きに感じられ、長時間聴くと疲れやすいともいう。

この点について知人の音楽家に尋ねたところ、「波乗りと同じではないか」と話す。つまり全く誤差の無い完璧な倍音よりも、わずかだけ波の前の音（例えば完璧な440ヘルツの音よりも439・9ヘルツの音）を奏でることにより、心地よさを醸しだす（波に乗る）ことができるのではないかというのだ。

そうだとすると、聖マイケルラインの古代遺跡間の距離が示す、微妙に異なる倍数のズレは、大地のエネルギーの震動を増幅するための意図的な仕掛けであるかもしれないのである。

そのメカニズムの詳細はまだよくわからない。だがピアノ調律師が倍音を使って微妙な調律を行うように、古代測量師もまた精妙な整数倍の距離に「高み」を配置することにより、大地のエネルギーを〝調律〟した可能性はある。それも現代の科学では未知の分野であることは間違いない。

失われた超古代文明の遺産

本当に三角形などの幾何学図形にエネルギーを蓄積・増幅するような性質や力が備わっているのか、直線や曲線を引くことによりエネルギーが誘導できるのか、人間が幾何学模様の上を歩いたり、山々などの拠点で儀式を執行したりするだけでエネルギーが活性化するのか、基線の整数倍に「高み」を配置することにより、倍音の「共鳴」のように大地のエネルギーを調律できるのか、などといった事象は、より科学的な解明を待たなければならない。だが、間違いなく古代測量技術集団はそのことを知っていた。少なくとも、そういう考えやグランド・デザインを基にして古代遺跡の位置や方位を決めたのである。おそらくその知識と叡智は、アトランティスやムー（レムリア、もしくはパン）といった、それ以前に失われたとみられる超古代文明の遺産であったのではないだろうか。

その論より証拠が、世界各地に古代測量技術集団が残した遺跡群の正確な配置である。9キロ近く離れた地に秒まで一致する緯度上に人工丘を造り、45キロ以上離れた地点の距離をメートル単位までピタリと測ってピラミッドを建造することは、我々の想像を超えた精密な測量技術を持っていたということにほかならない。それが4000〜5000年前の地球の各地に既に存在していたということは、それ以前に存在した文明の科学を受け継ぐ者たちがいたからではないか。そうであるならば、彼らが遺した痕跡は現代人の我々に託された、彼らの歴史の埋もれた記録であり、人類にとっての貴重な遺産でもあるはずだ。

彼らの文明には地流気など自然エネルギーを活用する知恵があった。もしかしたら、それを集積・増幅するだけでなく、公平、平等にあまねく分配するシステムすら持っていた可能性がある。エネルギー関連の富が偏在し、事故が発生すると制御不能となる原子力発電所の建造や原子爆弾など大量殺戮兵器の製造を続ける現代の文明が破壊に向かっているのだとしたら、古代人の叡智にこそ、我々が学ぶべきヒントがあるのではないか。そもそも我々の現代文明は、産業革命から発しているのだと考えれば、たかだか250年の歴史を持っているにすぎない。それなのに、もはや自然と調和する能力を失っているように思えるのは、なぜか。

今こそ、精神文明と科学技術が融合して開花した「失われた超古代文明」の叡智と、真摯に向き合うべき時が来ているのではないだろうか。

竹内文書が描く地球の超古代文明と現代の文明——結びとして

5000年前には、既に高度な測量技術を有する地球文明が確立していた——この壮大な仮説を前にして多くの読者は戸惑いを隠せなかったのではないだろうか。5000年前の古代人がそうした高度な科学技術を持っていたはずはないと、我々はずいぶん長い間、思い込まされてきたからだ。しかし彼らは間違いなく、我々の文明が17世紀ごろになってようやく手に入れることになった経度の測量技術をほぼ完璧に保有していたと断言することができる。彼らの測量技術は現代のGPS（衛星測位システム）やレーザー測量に匹敵する精密さである。

それは奇しくも、竹内文書が描く超古代の世界史観に近い。というのも、人類は太古において、想像を絶するような高度な測量技術と造船技術を持って、世界各地を移動できたことになっているからだ。信じがたい話だが、もしその記述が正しければ、なぜ5000年前に、すでに地球文明が確立していたかも説明できる。

具体的に竹内文書の記述を見てみよう。

たとえば、今から何千年前なのか何万年前なのかはわからないが、天神第7代の天御光太陽《あめみひかりおおひな》貴《かき》王《お》日《ひ》大御神《おおみかみ》大光《おおひかり》日《ひ》天神《あまつかみ》の時代には、日、月、年、四季などの暦や8方位や12方位の名前が定められ、天体の運行を観測したことになっている。

上古第1代天日豊本葦牙気皇主身光大神天皇《あめひのもとあしかびきみぬしみひかりおおみかみすめらみこと》の時代には、越国か飛騨国とみられる「天越根国」に大移動してきたことや、空を浮かんで進む天空船や水上を走る水船が建造されたこと、日本だけでなくアジアを測量して地名を定め、文字が発明されたことなどが記されている。

さらに上古第2代造化気万男身光天皇《つくりのしきよろずおみひかりのすめらみこと》の時代には、地球を16方位に分けて十六菊花紋の元となる十六綺形紋章を定め、その16方位に五色人の祖となる15人の皇子と1人の皇女を派遣。ところが、次の上古第3代天日豊本黄人皇主神天皇身光神《あめのひのもとひのひみいぬしかみすめらみことみひかりのかみ》の時代には、天変地異が発生し地球全土が泥の海となってしまう。天皇や皇子の一族397人は天空浮船に乗って日本を脱出して避難。天変地異が収まるのを待って、再び北アルプスの立山か尖山とみられる「越根中国・ニイヤ」の「トトノ山」に戻ってきた、と書かれている。この辺りはノアの洪水を彷彿させる物語だ。

その後、地球各地で都の再建が進み、上古第4代天之御中主神身光天皇《あめのみなかぬしのかみみひかりすめらみこと》の時代に、スメラミコトの一行は世界各地を巡幸し、万国の国境を測量したとしている。

何とも壮大なファンタジーに思え、とても鵜呑みにはできない。だが、もしかしたら真実の断片が隠されているかもしれないではないか。少なくとも、そこには地球の歴史に関する一つの物語が浮かび上がってくる。

すなわち、太古において地球には高度な科学技術を持つ文明が存在した。地球規模の天変地異により滅亡したが、船に乗って生き残った者たちもいた。彼らは元の大陸があった場所に戻り、文明を再興。同時に全世界にも散って文明の復興を成し遂げた、というストーリーだ。

この物語が一つの歴史の真実を表しているのだとしたら、当然世界各地に何らかの共通の文明の痕跡を残したはずである。その一つが、「高み結びの法則」に基づきながら主要な都や拠点を幾何学的に次々に配置していくという測量方法であったのだと筆者は考えている。

本書を書くにあたって筆者は、イギリス諸島の古代遺跡から始まって、古代エジプトのピラミッド、ナスカの地上絵、日本の縄文遺跡群まで古代測量技術集団の痕跡を調べてきた。1年ほど前に古代遺跡間の距離や方位角を調べ始めたころ、まさかこれほどまでに精密に計算されて遺跡群が配置されていようとは想像もしていなかった。ところが、調べていくうちに自然では到底ありえないような直角二等辺三角形が出てきたり、同時代の遺跡群が直線上に六つも七つも並んだりしていることが次々と明らかになったのである。

最初は地図上で遺跡間の長さや角度を測った。その際、50万分の1の縮尺を5万分の1の縮尺地図にすることで精度を上げていった。次にそれを目安にしながら、緯度・経度の座標から2点間の距離を独自に計算して距離を出した。こうして数カ月かけて世界各地に残る古代遺跡群の距離を算出したのだが、そのころになってようやく2点間の距離と方位角をミリや100分の1秒単位まで正確に算出できる計算ソフトを国土地理院が提供していることを知った。「測量計算サイト」(http://vldb.gsi.go.jp/sokuchi/surveycalc/main.html)の「距離と方位角の計算」である。

私はこのソフトを使って、それまで独自に計算していた遺跡間の距離と角度をもう一度精査して算出し直した。それによって明らかになった事実も多々あり、古代測量技術集団の「神業」が改めて浮き彫りになったのである。

たとえば、エイヴベリーの複合体遺跡ではウィンドミル・ヒルとナップ・ヒルの頂上を結んだ距離8492・68メートルは、その直線上にあるシルベリー・ヒルの西端からマーリンの丘の東端までの距離とわずか30センチ未満の誤差で完全に一致することが判明したのだ。この誤差は中心点の座標をコンマ0数秒ずらすだけでなくなってしまうことを考えると、まったくないに等しいことになる。

さらにこのソフトは、ギザ台地の大ピラミッドの基底部北東端とアメンエムハト1世のピラミッドの基底部南西端、アメンエムハト3世の建造したハワラのピラミッドの基底部北東端を結ぶと、一辺が4万5813メートルの完璧な二等辺三角形になることも証明してくれた。その誤差はわずか382ミリだが、同様に中心点のとり方がコンマ0何秒ずれただけでこの差は解消されることから誤差はないと言っていい。

この巨大な二等辺三角形は当初、4万4000分の1の地図で確認されていた。しかしその時は、それぞれのピラミッドの中心を結んだところ、105センチとぴったり46・2キロであった。だが40キロも離れると、たとえ1万分の1の縮尺図を床一面に広げて測っても正確に距離を出すことはできない。楕円球体である地球を平面地図にすると、どうしても赤道に近づけば近づくほど2点間の距離は圧縮されて地図上では短くなってしまうのだ。
案の定、国土地理院のサイトを使って確認したところ、アメンエムハト1世のピラミッドとアメンエムハト3世のピラミッドを結んだ距離よりも、より赤道に近いアメンエムハト1世のピラミッドとアメンのとき私はこれを測量の誤差とは考えずに、シルベリー・ヒルとマーリンの丘のケースを思い出した。測量点は必ずしも中心とは限らないのだ。

大ピラミッドを結んだ距離のほうが287・81メートル長いことがわかった。そ

大ピラミッドの基底部の1辺ですら230・3メートルもある。ならばピラミッドの四つ角や北辺、南辺などを測量点にしてハワラのピラミッドの位置を決めたのではないかと仮定した。既に建造したピラミッドの頂点に登ってわざわざ測量するよりも、測量しやすい基底部の角を使ったほうがより現実的だからだ。こうして見つけたのが、ピラミッドの角と角と角を結ぶという測量方法であった。

こうした測量点を見つけることができたのも、国土地理院のソフトのお蔭であった。また、縄文遺跡の正確な位置座標を知るために、全国の関係自治体の担当者に協力を仰いだ。この場を借りて、すべての関係者の方々に感謝を申し上げたい。

本書においては、ページ数の関係もあり、筆者が発見した古代遺跡の測量の痕跡をすべて紹介することはできなかった。特に古代エジプトと古代イギリス諸島の遺跡群に関しては、詳しい知識を持つ地元の学者が興味を示すようなことをさまざま発見している。それらの発見は、

学者だけでなく一般の地元の人が知っておくべき大切な情報ではないかと思っている。それらの貴重な情報は、改めて本にすることになっている。

また、本書に使用している地図に関しては、日本の地図は国土地理院を、国外の地図に関してはGoogleなどの衛星画像や市販の地図をそれぞれ参考にして基本的に筆者が作製した。

なお、本書で提示した私の仮説のいくつかは、まだまだ検証が必要なものがあることも事実だ。それでも、5000年前までには存在していたとみられる地球規模の古代文明は、現代人の我々が想像するよりもはるかに高度な科学技術を持っていたことは間違いないように思われる。失われた超古代文明の謎は深まるばかりである。

その謎の解明には、多くの叡智を結集させる必要があるだろう。だからこそ、この壮大な仮説によって地球の古代文明を再確認しようという気運が世界中で高まり、各専門分野で議論が広がり、かつ深まっていくことを心から願っている。

巻末資料

「高み」「聖地」の解説集

イギリス

ウィンドミル・ヒル◉エイヴベリーの北西約2キロの場所にある、周壁遺跡のある小高い丘。紀元前3300年ごろ頂上付近に同心円の三重の溝が掘られたとみられている。一番外側の堀の直径は365メートルもあり、イギリス最大級の周壁遺跡とされている。エイヴベリー複合体遺跡の一つで、シルベリー・ヒルとナップ・ヒルを結んだ直線上にある〔**図1－2**の①、**図1－3**〕。

ウェスト・ケネット・ロング・バロー◉紀元前3600年ごろから建造が始まったとみられる、新石器時代の石室古墳。長さが100メートルほどある、英国最大級の長さを誇る古墳である。エイヴベリー複合体遺跡の一つで、ウィンドミル・ヒル、シルベリー・ヒル、ナップ・ヒルを結んだ直線上にある〔**図1－3**〕。

ウォルベリー・ヒル◉バークシャー州、およびロンドン－ブリストル間のイングランド南東部における最高峰（標高297メートル）。山頂付近には鉄器時代の要塞がある。現在でもテレビ中継の臨時中継所として使われているという。ストーンヘンジの中心から見ると、夏至の日の出ライン上にある〔**図1－1**の⑫、**図1－2**の②〕。

ウッドヘンジ◉紀元前2470年ごろから造られはじめたとみられる環状列柱。同心円上に六重の列柱が並び、外側の環の直径は40～43メートル。その周りは、直径110メートルほどの土手がめぐらされている。北東方向に出入り口がある。ウィンドミル・ヒルとミルク・ヒルを結んだ直線上で、ダリントン・ウォールのすぐ南側に位置している。

エイヴベリーの大ヘンジ◉遅くとも紀元前2600年ごろに造られたとされる、新石器時代のヘンジ構造物（環状の土手と堀の構造物）。直径約420メートルのヘンジの内側には、欧州最大（直径約332メートル）のストーンサークルと、さらにその内側に二つのストーンサークルがある。聖マイケルライン上にあり、同じくライン上にあるグラストンベリー・トールと、ストーンヘンジを結ぶと直角三角形ができる〔**図1－1**の⑦、**図1－2**の④〕。

オールド・セーラム◉紀元前500年ごろの鉄器時代に要塞が造られた丘だが、紀元前3000年ごろの新石器時代から人が住んでいることがわかっている。丘自体は楕円形で長さ400メートル、幅360メートルある。本書では取り上げなかったが、ウィンドミル・ヒル、ストーンヘンジ、クリアベリー・リング、フランケンベリー（加工丘）を結んだ直線上にある。

グラストンベリー・トール◉サマセット州グラストンベリーにある、高さ158メートルの丘。建造年代や目的は不明だが、人工とみられる7層のテラス構造がある。頂上付近からは新石器時代の石器が見つかっており、かなり古くから人が住んでいたことがわかっている。11世紀ごろ頂上には聖マイケル教会が建造されたとみられ、現在は14世紀に造られた教会の塔だけが残っている。聖マイケルライン上にある〔**図1-1**の⑥、**図5-3**〕。

コーニーベリー・ヘンジ◉紀元前2700年ごろ建造されたとみられる、新石器時代の環状遺跡（木造や石の周壁遺構）。ストーンヘンジの南東1・4キロの場所にある。楕円の周壁を持ち、北東に入口がある。ストーンヘンジ複合体遺跡の一つで、ウォルベリー・ヒルと結んだ直線は、ウィンドミル・ヒル、エイヴベリーの大ヘンジ、サンクチュアリーを結んだ直線と直交する〔**図1-2**の⑨〕。

サンクチュアリー◉紀元前3000年ごろ建造されたとみられる、環状構造物を含む新石器時代の遺構。最初は同心円上に木材が六重の環状に並べられた構造物（環状列柱）だったが、紀元前2100年ごろまでには、同心円の二重の環状列石に取って代わったとされている。外側のサークルの直径は40メートルあったとみられる。エイヴベリー複合体遺跡の一つ。ウォルベリー・ヒルとシルベリー・ヒルを結んだ直線上にある**図1-2**の⑥〕。

シルベリー・ヒル◉紀元前2750年ごろに建造されたとみられる、先史時代における欧州最大の高さ（約39・5メートル）の人工丘。直径167メートルで、見事な円錐形の山に見える。エイヴベリー複合体遺跡の一つで、この丘の基底部北辺の緯度は約9キロ東に離れた人工丘マーリンの丘の基底部南辺の緯度と秒まで完全に一致する〔**図1-2**の⑤、**図1-3**、**図1-4**〕。

ストーンヘンジ◉紀元前3000年ごろから建造が始まったとされる新石器時代の周壁遺構で、後に直径約110メートルの周壁（ヘンジ）の内側に直径約35メートルのストーンサークルが造られた。サークルの中心から見て夏至の太陽が昇る方角に出入り口があり、そこからアヴェニューと呼ばれる道が約2・5キロ続いていることがわかっている。グラストンベリー・トールとエイヴベリーの大ヘンジを結ぶことで直角三角形が形成されるほか、マーリンの丘と結んだ直線はウォルベリー・ヒルとシルベリー・ヒルを結んだ直線と直交、ウィンドミル・ヒルと結んだ直線はウォルベリー・ヒルとマーデン・ヘンジを結んだ直線と直交する〔**図1－1**の⑪、**図1－2**の③〕。

セント・マイケルズ・マウント（聖ミカエルの丘）◉コーンウォール州マラザイアンから350メートルほど離れた沖合に浮かぶ、海抜約76メートルの円錐形の小島。海に完全に囲まれているが、潮が引いたときには徒歩で渡ることもできる。12世紀から15世紀までの間、同様の形態を彷彿とさせるフランスの世界遺産モン・サン・ミッシェル修道院の管理下に置かれ、修道院として利用されていた。聖マイケルラインの南西端に位置する〔**図1－1**の①〕。

ダリントン・ウォール◉紀元前2500年ごろ建造されたとされる、直径470メートル強の巨大周壁遺構。周壁には北西と南西に二つの入り口がある。ストーンヘンジ複合体遺跡の一つで、ウッドヘンジのすぐ北側に位置している。ウィンドミル・ヒルとミルク・ヒルを結んだ直線上にある〔**図1－2**の⑫〕。

タン・ヒル◉ミルク・ヒルから西に約2・4キロ離れた場所にある丘。標高は294メートルで、この地域ではミルク・ヒル（標高295メートル）に次いで高い。近くには建造年不詳の長さ23メートルほどの白馬の地上絵や小さいストーンサークルがある。ナップ・ヒルとミルク・ヒルを結んだ直線上にある。

ナップ・ヒル◉紀元前3500年ごろ造られたとみられる周壁遺構のある標高261メートルの丘。近くには長塚もあり、約1・5キロ離れたミルク・ヒル、約4キロ離れたタン・ヒルと、一直線上に並んでいる。ウィンドミル・ヒルとシルベリー・ヒルを結んだ直線上にある〔**図1－2**の⑪、**図1－3**〕。

ハーラーズ・ストーンサークル◉コーンウォール州ボドミン・ムーア東部にある、紀元前2000年ごろ建造されたとみられる三つのストーンサークル。その三つは北北東から南南西に一直線上に並んでおり、直径はそれぞれ35、42、33メートルある。中央のサークルから南西に約100メートル離れた場所には2本の立石が門柱のように立っており、2本の立石の間からは約1キロほぼ真北に離れた場所にある「チーズリング」という名の奇岩が見える。聖マイケルライン上にある〔図1－1の③〕。

バロー・マンプ◉サマセット州バローブリッジにある高さ約24メートルの丘。斜面は階段状のテラス構造になっている。15世紀には聖マイケル教会（現在は廃墟）が頂上に建造された。聖マイケルライン上にある〔図1－1の⑤、図5－3〕。

ビッグ・リングス・ヘンジ◉オックスフォードシャー州ドーチェスターにある新石器時代に建造されたとみられるヘンジ。同心円の二重の堀が張り巡らされ、外側の直径は193メートル、内側の直径は125メートルある。堀と堀の間には土塁があったとみられるが、現在は砂利採取などで完全に破壊され、見ることはできない。聖マイケルライン上にある〔図1－1の⑧〕。

ブレント・トール◉南デボン州ダートムーア国立公園の西端にある標高約330メートルの丘。かつては火山であったとみられ、丘の上には聖マイケル教会が建っている。鉄器時代に造られたとみられる砦（土塁）の跡が見つかっている。聖マイケルライン上にある〔図1－1の④〕。

マーデン・ヘンジ◉ストーンヘンジ複合体遺跡とエイヴベリー複合体遺跡の中間地帯にある、紀元前2400年ごろ建造されたとみられる新石器時代の周壁遺構。現在わかっているイギリス最大のヘンジだとされている。周壁内には巨大な円形のマウンドと土手に囲まれた環状の窪地、それに立石があったとみられるが、農地開墾などにより破壊されてしまった。ウォルベリー・ヒルと結んだ直線は、ストーンヘンジとウィンドミル・ヒルを結んだ直線と直交する〔図1－2の⑦〕。

マーリンの丘◉紀元前2400年ごろ建造されたとみられる新石器時代の人工丘。高さが約19メートル、底辺の直径は約83メートルで、ほぼ真西に約8・4キロ離れたシルベリー・ヒルの姉妹丘とされている。ストーンヘンジと結んだ直線は、ウォルベリー・ヒルとシルベリー・ヒルを結んだ直線と直交する〔図1－2の⑧、

図1－3、図1－4〕。

ミルク・ヒル◉ウィルトシャー州では最高峰（標高295メートル）となる丘。ロンドン－ブリストル間ではウォルベリー・ヒル（標高297メートル）に次ぐ高さでもある。晴れた日には、ソールズベリー平原だけでなく、遠くウェールズのブラック・マウンテンまで見渡せるという。エイヴベリーの大ヘンジとストーンヘンジを結んだ直線上にある〔図1－2の⑩、図1－3〕。

ローチ・ロック◉コーンウォール州中部のローチ区にある、高さ20メートルほどの花崗岩の岩山。頂上には15世紀に岩山を一部加工して建造された、聖マイケル礼拝堂（廃墟）がある。聖マイケルライン上にある〔図1－1の②〕。

ワウルズ・バンク◉ベッドフォードシャー州ルートンのそばにある紀元前3000年ごろの新石器時代に建造されたとみられるヘンジ状構造物。それ以前の中石器時代に造られた可能性もある。土手と堀に囲まれた面積は7万平米で、D字形の形状はマーデン・ヘンジによく似ている。北西の角にはリー川の源泉「五つの泉」が湧き出ている。聖マイケルライン上にある〔図1－1の⑨〕。

ワンドゥルベリー・リング◉ケンブリッジシャー州のワンドゥルベリー・ヒル（標高62メートル）にある鉄器時代に建造されたとされる丘を使った要塞。環状に張り巡らされた堀と土手は紀元前400年ごろ造られたとみられるが、見晴らしのいい丘として隣接するリトル・ツリーズ・ヒルとともに測量点として使われたと思われる。聖マイケルライン上にある〔図1－1の⑩〕。

日本（関東・東海・北陸・山陰地方）

赤羽根（あかばね）◉愛知県田原市に残る地名。羽根ラインの最南端に位置する。和歌山県かつらぎ町の船岡山と奈良県吉野町の船岡山を結ぶと、吉野宮跡地とみられる宮滝遺跡を通り、この赤羽根に至る〔図2－1と図2－3の⑱、図2－4の⑦、図4－4、図4－6の⑱〕。

伊吹山（いぶきやま）◉滋賀・岐阜両県の境にある標高１３７７メートルの山。古くから霊峰とされ、『日本書紀』ではヤマトタケルが東征の帰途に伊吹山の神を倒そうとして返り討ちにあったとする神話が伝わっている。天柱石と吉野の船岡山を結んだ直線上のちょうど中間地点に位置する〔図4-6の㉕〕。

鵜渡根島（うとねじま）◉伊豆諸島の利島と新島の間に位置する島。伊豆半島の下田富士と結んだ直線は岐阜の笠置山に至るが、これが夏至の日の日没ラインと一致する〔図2-1、図4-6の㉑〕。

大山（おおやま）◉神奈川県の丹沢山系にある標高１２５２メートルの三角形の山。古くから庶民の山岳信仰の対象とされ、山頂に阿夫利神社が建っている。別名「阿夫利《あふり》山」、「雨降《あふ》り山」。竹内文書によると、鵜草葺不合《うがやふきあえず》朝《ちょう》第1代の武鵜草葺不合《たけうがやふきあえず》天皇がこの山に大宮を建造したという。富山の二上山と尖山を結んだ直線上にある〔図4-6の㉒〕。

笠置山（かさぎやま）◉岐阜県恵那市と中津川市にまたがる標高１１２８メートルの山。傘を置いたような山容を持ち、かつては舟伏山と呼ばれていた。尖山ピラミッドライン上にあり、北西の麓にはピラミッド型に削られた3個の岩（ピラミッド石）が頂上に向かって夏至の日没ライン上に配置されている〔図2-1と図2-3の⑮、図2-4の⑤、図4-4、図4-5、図4-6の⑮〕。

位山（くらいやま）◉岐阜県高山市にある標高１５２９メートルの分水嶺の山。飛騨一宮水無神社のご神体になっている。古来より霊山として崇められ、天皇即位に際して位山のイチイの笏が献上される。登山道に沿って巨石群があり、山頂付近には「天の岩戸」と名付けられた組石の巨石が鎮座している。竹内文書によると、上古第14代国之常立《くにのとこたち》天皇がこの山に大宮を造営したという。羽根ラインの中心的な位置にある〔図2-1の⑫、図2-2の⑪、図2-3の⑫、図2-4の①、図4-4、図4-5、図4-6の⑫〕。

呉羽山（くれはやま）◉富山県・呉羽丘陵の標高80メートルの山。竹内文書によると、上古第21代伊邪那岐《いざなぎ》天皇は呉羽丘陵に大宮を造営したという。富山市の羽根の真北の羽根ライン上にある。

下田富士（しもだふじ）◉伊豆半島下田市にある標高１９１メートルのピラミッド型の山。山容は富山の尖山に非常によく似ている。山頂からは寝姿山の武山を挟むようにして、円錐形の伊豆諸島の利島と鵜渡根島を見ることができる。利島と山岡町の巨石群を結んだ直線と鵜渡根島と岐阜県の笠置山を結んだ直線の交点にある〔図2－1、図2－3、図4－6の⑲〕。

城山（じょうやま）◉富山県・呉羽丘陵最高峰の標高145メートルの山。竹内文書によると、上古第21代伊邪那《いざな》岐《ぎ》天皇は呉羽丘陵に大宮を造営したという。城山は尖山と二上山を結んだ直線上にある。

須賀（すが）◉島根県雲南市にある地名。スサノオが八岐大蛇を退治した後、妻の櫛名田姫《くしなだひめ》とともに住む土地を探しているときに、「気分がすがすがしくなった」として「須賀」と命名し、そこに宮殿を建てたとされる。正統竹内文書によると、「スガ」や「スカ」は古代の都の意味であるという。

船通山（せんつうざん）◉鳥取県日南町と島根県奥出雲町との県境にある標高1142メートルの山。『古事記』では、高天原を追放されたスサノオがこの山の麓に降臨して高志の八岐大蛇を退治、八岐大蛇の尾から得た天叢雲剣を天照大神に献上したことになっている〔図4－5の④〕。

高落場山（たかおちばやま）◉富山県南砺市の天柱石のそばにそびえる標高1122メートルの山。高清水山と天柱石を結ぶと、ほぼ正三角形になる。

高清水山（たかしょうずやま）◉富山県南砺市の天柱石のそばにそびえる標高1145メートルの山。高落場山と天柱石を結ぶと、ほぼ正三角形になる。宝達山と天柱石を結んだ直線上にあり、その直線は尖山を結んだ直線と直交する〔図2－2の⑥〕。

立山（たてやま）◉北アルプス北部の立山連峰に位置する山で、雄山（標高3003メートル）、大汝山《だいなんじやま》（標高3015メートル）、富士ノ折立《ふじのおりたて》（標高2999メートル）の三つの峰から成る。富士山、白山と並ぶ日本三霊山の一つ。竹内文書に登場する「父の山《とと》」が立山であるとの見方がある。そうだとすると、上古第2代造化気万男《つくりのしきよろずお》天皇の御陵がこの山にあることになる。また上古第3代天日豊本黄人皇主《あめのひのもとのもとみいぬし》天皇が天空浮船に乗って天変地異を逃れた後、最初に降臨した地でもある。後に上古第21代伊邪那岐天皇もこの山の宮殿で亡くなっている〔図4－5〕。

天狗の頭（てんぐのかしら）◉白馬鑓ヶ岳のそばにある標高2812メートルの峰。天柱石と尖山を結んだ直線上にある。

天柱石（てんちゅうせき）◉富山県南砺市の山中にある高さ30～40メートルほどの巨石。巨大な船を大地に突き刺したような形をしている。竹内文書によると、天神第5代天一天柱主大神《あめはじめあめはしらぬしおおかみ》を祭った巨石であるという。頂上付近には神代文字らしきものが彫られている。尖山、二上山、宝達山から等距離にあり、尖山と結んだ直線は白馬鑓ヶ岳付近の天狗の頭と出雲の船通山を結んでいる〔図2－1の④、図2－2の②、図2－3の④、図4－4、図4－5の③、図4－6の④〕。

利島（としま）◉伊豆諸島にある円錐形の島。最高峰の宮塚山の標高は５０８メートルある。下田富士と結んだ直線は岐阜・山岡町の巨石群に至る〔図2－1、図4－6の⑳〕。

尖山（とんがりやま、とがりやま）◉富山県立山町にそびえる標高５５９メートルのピラミッド型の山。竹内文書によると、上古第24代天仁仁杵天皇《あめのににぎのすめらみこと》の神殿跡であるという。基底部には無数の石が積まれたようになっている場所がある。天柱石、二上山と正三角形を形成する。天柱石と結んだ直線は、白馬鑓ヶ岳そばの天狗の頭と出雲の船通山を結ぶ。二上山と結んだ直線は相模の大山に至る〔図2－1の⑤、図2－2の③、図2－3の⑤、図4－4、図4－5の②、図4－6の⑤〕。

寝姿山（ねすがたやま）◉伊豆半島の下田富士のそばにある山の連なり。女性が仰向けに寝そべっているように見えることから名づけられた。「女性の頭」の部分に相当する武山の標高は１７９メートルある。下田富士の頂上からこの武山を見ると、その両側の海上に利島と鵜渡根島を望むことができる。

乗鞍岳（のりくらだけ）◉北アルプス南部の長野県松本市と岐阜県高山市にまたがる剣ヶ峰（標高３０２６メートル）を主峰とする山々の総称。山頂部のカルデラを構成する最高峰の剣ヶ峰、朝日岳などの8峰を含め、摩利支天岳、富士見岳など23の峰がある。竹内文書によると、上古第21代伊邪那岐天皇がこの山に大宮を造営した。白山、白馬鑓ヶ岳、富山市の羽根から等距離にある〔図2－1の⑬、図2－2の⑫、図2－3の⑬、図4－4、図4－5、図4－6の⑬〕。

白山（はくさん）◉石川県白山市と岐阜県大野郡白川村にまたがる、標高２７０２メートルの山。富士山、立山とともに日本三霊山のひとつに数えられ、最高峰の御前峰《ごぜんがみね》には白山比咩《しらやまひめ》神社奥宮がある。竹内文書によると、上古第21代伊邪那岐天皇の皇后伊邪那美《いざなみ》の御陵がこの山にあるという。宝達山、呉羽丘陵の城山、富山市の羽根、尖山、それに乗鞍岳から等距離にあり、かつ富山の天柱石、近江富士、京都の三上山、大和の二上山を結んだ直線上にある〔図2-1と図2-2と図2-3の⑨、図4-4、図4-5、図4-6の⑨〕。

羽根（はね・能登町）◉奥能登最高峰の宝立山の真南にある石川県の地名。海岸沿いにあり、晴れた日には富山湾対岸の北アルプスの山々が望める。東経137度11分の羽根ライン上にある〔図2-1と図2-3の②、図4-4、図4-6の②〕。

羽根（はね・富山市）◉呉羽丘陵・呉羽山の真南にある富山市の地名。江戸時代初期（1604年）には既に「はね村」として存在していたことがわかっている。中心には羽根神社が鎮座している。羽根ライン上にあり、尖山と二上山を結んだ直線上にある〔図2-1と図2-2と図2-3の⑦、図4-4、図4-5、図4-6の⑦〕。

羽根（はね・婦中町）◉富山市の中心部から10キロほど離れた婦中町にある地名。標高120メートル前後の羽根山丘陵には、王塚古墳など弥生時代後期から古墳時代前期の遺跡群である羽根山古墳群がある。天柱石と富山市の羽根を結んだ直線と、宝達山と尖山を結んだ直線の交点にある〔図2-2の⑧〕。

羽根（はね・萩原町）◉位山の真南にある岐阜県萩原町の地名。江戸期には既に存在していたことがわかっている。羽根ライン上にあり、真東には尖山ピラミッドライン上にある若栃山が鎮座している〔図2-1と図2-3の⑭、図2-4の④、図4-4、図4-5、図4-6の⑭〕。

羽根（はね・河合村）◉岐阜県北部に広がる飛騨高地北部の豪雪地帯に位置し、富山県と接する村（現在は町村合併により飛騨市河合町）にある地名。村全域が険しい山の中にあり、位山三山の一つである川上岳《かおれだけ》を水源とする宮川と小島川が合流する地点でもある。位山と宝達山を結んだ直線上に位置し、かつ位山と白山から等距離にある〔図2-1と図2-2と図2-3と図4-6の⑩〕。

羽根（はね・岡崎市）◉愛知県岡崎市にある地名。戦国時代には既に「羽根郷」として存在したことがわかっている。東経１３７度11分の羽根ライン上にある〔図２-１と図２-３の⑰、図２-４の⑥〕。

羽根（はね・秦野市）◉丹沢山系の大山の麓、神奈川県秦野市にある地名。平安時代に書かれた『和名抄』に「波多野郷」とあり、秦野の地名が秦氏と関係があるとの説もある。緯度（北緯35度23分）が島根県出雲市斐川町の羽根と一致することから、東経１３７度11分の羽根ラインに直交する東西ライン上にあることがわかる。

羽根（はね、斐川町）◉島根県出雲市斐川町にある地名。３５８本の銅剣や銅鐸、銅矛などが出土した荒神谷《こうじんだに》遺跡（同町）のそばにある。緯度（北緯35度23分）が神奈川県秦野市の羽根と一致することから、東経１３７度11分の羽根ラインに直交する東西ライン上にあることがわかる。

二上山（ふたがみやま）◉富山県の高岡市と氷見市に跨がる標高２７４メートルの山。万葉歌人の大伴家持がこの山を題材にした歌を詠んでいる。竹内文書によると、武内宿禰の墓があるという。天柱石、尖山と正三角形を形成するとともに、尖山と富山市の羽根、呉羽丘陵の城山を結んだ直線上にある〔図２-１の⑥、図２-２の④、図２-３の⑥、図４-４、図４-５、図４-６の⑥〕。

富士山（ふじさん）◉山梨県と静岡県に跨《また》がる標高３７７６メートルの日本最高峰。白山、立山と並ぶ三大霊峰として崇められてきた。富士山の神霊として考えられている浅間大神とコノハナノサクヤビメを主祭神とする浅間神社は全国に存在する。竹内文書によると、上古第12代宇麻志阿志訶備比古遅《うましあしかびひこじ》天皇がこの山に大宮を建造。上古第24代天仁仁杵《あめのににぎの》天皇の皇后である木花佐久夜姫《このはなさくやひめ》は、この山で亡くなっているという。「宮下文書」には古代において富士王朝があったと記されている〔図４-６の㉓〕。

布勢の円山（ふせのまるやま）◉富山県氷見市にある高さ20メートルほどの円錐形の小山。昔は、湖に浮かぶ孤島であったとみられ、『万葉集』には「布勢の水海」として詠まれている。尖山と二上山を結んだ直線上にある〔図２-２の⑤〕。

宝達山（ほうだつさん）◉石川県中部にある標高６３７メートルの能登地方最高峰。江戸時代には金山があったことが知られている。竹内文書によると、麓には『旧約聖書』の「十戒」で有名な古代イスラエルの民族指導者モーゼと彼の妻子の墓「三つ塚」がある。モーゼは鵜草葺不合朝第69代神足別豊耡《かんたるわけとよすき》天皇の時代に来日、天皇から「十戒」の承認を得て一度シナイ山に戻った。そして最後は日本で死んだのだという。位山と河合村の羽根を結んだ直線上にあり、その直線は天柱石と尖山を結んだ直線と直交する〔図2－1の③、図2－2の①、図2－3の③、図4－4、図4－5、図4－6の③〕。

宝立山（ほうりゅうざん）◉能登半島の先端、石川県珠洲市と輪島市の境にある標高469メートル（最高地点は471メートル）の奥能登最高峰。竹内文書によると、上古第22代天疎日向津比賣《あまさかりひむかつひめ》天皇が亡くなった山であり、武鵜草葺不合天皇がこの山に都を築いたことになっている。羽根ライン上にあり、能登町羽根の真北にある〔図2－1と図2－3の①、図4－4、図4－6の①〕。

夫婦岩（めおといわ）◉三重県伊勢市の二見興玉《ふたみおきたま》神社にある海面から突き出た二つの岩。夏至の前後数日、この二つの岩の間に見える富士山から太陽が昇ることで知られている。竹内文書によると、天仁仁杵天皇がこの伊勢二見のそばにある朝熊山を行幸したことになっている〔図4－6の㉔〕。

山岡町の巨石群（やまおかちょうのきょせきぐん）◉岐阜県恵那市山岡町にある巨石群。笠置山山中にあるようなピラミッド石（別荘巨石群）や巨大な組石（石戸神殿巨石群）などの巨石群が点在している。尖山ピラミッドライン上で笠置山の真南にある。伊豆諸島の利島と下田富士を結んだ直線上にもある〔図2－1と図2－3の⑯、図4－4、図4－6の⑯〕。

鑓ヶ岳（やりがたけ）◉北アルプス後立山連峰にある標高2903メートルの山。長野県と富山県の県境に位置する。北アルプス南部の槍ヶ岳と区別するために、白馬鑓《しろうまやり》、白馬鑓ヶ岳《しろうまやりがたけ》とも呼ばれる。竹内文書によると、国之常立《くにのとこたち》天皇が天空浮舟に乗ってこの山に向かって羽根飛び登って行った場所を羽根と名付けたという。乗鞍岳、日輪神社、布勢の円山から等距離にある。ほぼ天柱石と尖山を結んだ直線上にあり、その直線はスサノオが降臨した船通山に至る〔図2－1の⑧、図2－2の⑭、図2－3の⑧、図4－5の①、図4－6の⑧〕。

日本（近畿地方）

青根ヶ峰（あおねがみね）◉奈良県吉野町の吉野山最南端にある標高858メートルの山。古来より水分山《みくまりやま》と呼ばれ、神奈備山として崇拝されてきた。吉野宮（宮滝遺跡）と金峯山寺から等距離、吉野の船岡山、三船山からも等距離にある。吉野宮はこの山と象山《かたやま》を結んだ直線上にある〔図4－1の⑫、図4－2の⑧〕。

飛鳥京（あすかきょう、あすかのみやこ）◉592～694年の間、現在の奈良県高市郡明日香村一帯にあったと想定される都の総称。主に飛鳥時代（592～694年）を中心に、この地域に多くの天皇（大王）の宮が置かれ、併せて関連施設遺跡も多数あることから、後世の宮都や首都にならって飛鳥京と呼ばれている。宮殿があったとされる伝飛鳥板蓋宮跡を中心として、酒船石遺跡、飛鳥水落遺跡といった祭祀施設、生産施設、流通施設などの諸施設が建造されたとみられている。伝飛鳥板蓋宮跡には時期の異なる遺構が重なって存在することがわかっており、Ⅰ期が飛鳥岡本宮（630～636年）、Ⅱ期が飛鳥板蓋宮（643～645、655年）、Ⅲ期が後飛鳥岡本宮（656～660年）、飛鳥浄御原宮（672～694年）ではないかとの説がある〔図3－13の⑥〕。

愛宕山（あたごやま、あたごさん）◉京都府京都市右京区の北西部、山城国と丹波国の国境にある標高924メートルの山。京都盆地の西北にそびえ、京都盆地東北の比叡山と並び古くより信仰されてきた。大文字山、曼荼羅山と結んだ直線はそれぞれ平安京の北東角と南西角を決める測量に使われたとみられる。三輪山、平城宮、甘南備山を結んだ直線上に位置する〔図3－1と図3－2の②、図3－14と図4－3の④、図4－4〕。

甘樫丘（あまかしのおか）◉奈良県高市郡明日香村豊浦にある標高148メートルの丘陵。頂上からは飛鳥一円や大和三山、藤原京が眺望できる。古くは『日本書紀』などにも記述が見られ、誓盟の神（甘樫坐神《あまかしにますかみ》）が鎮座し、允恭天皇の時に盟神探湯《くかたち》が行われたという。大化の改新以前には蘇我蝦夷と蘇我入鹿の親子が権勢を示すために丘の麓に邸宅を構えていたとされている。畝傍山からほぼ同じ距離にこの丘と天香久山と耳成山が位置している〔図3－13の④〕。

天香久山（あめのかぐやま、あまのかぐやま）◉奈良県橿原市にある標高は１５２メートルの山。畝傍山、耳成山とともに大和三山と呼ばれる。古代から「天」という尊称が付くほど、三山のうち最も神聖視された。山頂には國常立命を祭神とする國常立神社がある。伝飛鳥板蓋宮跡、耳成山のそれぞれから等距離にあり、伝飛鳥板蓋宮跡とこの山を結んだ直線は、平城京の平城宮を通り、平安京の大内裏を経て船岡山へと至る。つまり天香久山と京都の船岡山を結ぶと、飛鳥京、藤原京、平城京、平安京の中心が一列に並ぶ〔図3-13の②、図3-14の⑳〕。

嵐山（あらしやま）◉京都・嵐山地区の渡月橋《とげつきょう》の西にそびえる標高３８２メートルの山。古くから嵐山は歌枕として多くの歌に詠まれ、春は桜、秋は紅葉の名所として有名な観光地となっている。大文字山と結んだ直線は平安宮の朱雀門を通り、その距離は船岡山と平安京の羅生門を結んだ距離の２倍となっている。船岡山と結んだ直線は平安京の北西角を通る〔図3-1と図3-2の⑤、図3-14の⑧〕。

生駒山（いこまやま、いこまさん）◉奈良県生駒市と大阪府東大阪市との県境にある標高６４２メートルの生駒山地の主峰。平城京の三山の一つ。『万葉集』に「射駒山」とみえ、奈良時代には長屋王などの墓が営まれている。難波宮、春日山とほぼ同緯度にある〔図4-3の⑧〕。

妹山（いもやま）◉旧伊勢街道と東熊野街道の分岐点（奈良県吉野町）にある、標高２４９メートルのピラミッド型の山。８５９年以前に大名持神社が南麓に創建されており、古来聖地であったことがうかがえる。吉野町の船岡山、三輪山、恭仁宮、京都の三上山、近江大津宮を結ぶ重要なライン上にある〔図3-14の⑭、図4-1の⑤、図4-2の①、図4-6の㉙〕。

畝傍山（うねびやま）◉奈良県橿原市にある標高１９９メートルの山。天香久山、耳成山とともに大和三山と呼ばれ、神武天皇がこの山の麓の橿原宮《かしはらのみや》で即位したと伝えられている。かつては「畝火山」「雲根火山」などと記され、古代人が火山として認識していた可能性もある。耳成山と天香久山を結んだ直線に対して畝傍山から引いた垂直二等分線は、夏至の日の出ラインであると同時に藤原宮を通っている。伝飛鳥板蓋宮跡（飛鳥京）と畝傍山を結ぶと、ほぼ夏至の日の入りのラインとなり、耳成山、天香久山、甘樫丘のそれぞれから等距離にある〔図3－13の①、図3－14の⑲、図4－3の⑭〕。

近江京（おうみきょう）◉天智天皇が近江大津宮に都を置いた667年から、大友皇子（弘文天皇）が672年の壬申の乱で敗れて滅亡するまでの期間の都（近江朝）を指す。ただし、平城京や平安京のような条坊制が存在したことを示す記載がないほか、特別行政区としての「京域」の存在も確認できないため、近江京とは「おうみのみやこ」の意味であると考えられている。滋賀県大津市錦織の遺跡が近江大津宮の跡とされている。吉野の船岡山、妹山、三輪山、京都の三上山《みかみやま》を結んだ直線上にある〔図3－14と図4－3の⑨、図4－4〕。

近江富士（おうみふじ）◉三上山と同じ。

春日山（かすがやま）◉奈良市の春日大社東側にある標高497メートルの花山《はなやま》もしくは西隣の標高283メートルの御蓋山《みかさやま》（三笠山）の通称。御蓋山を「(春日)前山」、花山を「(春日)奥山」と区別する場合もある。古くから神奈備山として崇敬され、難波宮や生駒山ともほぼ同緯度にある。平城京を守る三山の一つとされ、『万葉集』では「春日なる御蓋山」などとして月の出の山としてよく歌われた。平城山、宝来山と結ぶと平城宮を囲む直角三角形を形成する〔図3－15の②〕。

葛城山（かつらぎさん）◉奈良県御所市と大阪府南河内郡千早赤阪村との境に位置する標高959メートルの山。北の二上山、南の金剛山とともに連峰をなしている金剛山地の山の中でもひときわ目を引く高峰の一つ。三輪山と結ぶとほぼ夏至の日の出ラインになると同時に、耳成山と天香久山を結んだ線に対する畝傍山からの垂直二等分線と平行線になる〔図3－13参照〕。

甘南備山（かんなびやま）◉京都府京田辺市にそびえる標高218メートル（国土地理院の地図上は221メートル）の山。古来より神の依る神奈備山とされ、有名な水晶の産地であったという。京都の船岡山と結んだ直線上に平安京の中心軸となる朱雀大路や大極殿が築かれた。また船山と結んだ直線は、比叡山と愛宕山を結んだ直線の垂直二等分線となる。比叡山の大比叡と結んだ直線上に天智天皇陵比定地があるなど重要な測量点であった。奈良時代以前に大和朝廷の勅命により、隼人がこの地に移住させられたという〔図3－1と図3－2の③、図3－14と図4－3の⑪〕。

恭仁京（くにきょう、くにのみやこ）◉７４０年から７４４年まで聖武天皇が滞在した都。正式には大養徳恭仁大宮《やまとのくにのおおみや》という。今の京都府相楽郡加茂町、木津町、山城町一帯の木津川沿いの小盆地に位置し、東北端の加茂町に恭仁宮があった。藤原広嗣の乱の後、７４０年に聖武天皇の勅命により、平城京から遷都されたが、都としては完成しないまま７４３年の末にはこの京の造営は中止されて、聖武天皇は近江紫香楽宮に移った。大極殿は京都の三上山のほぼ真南に位置する〔図３‐14、図３‐16、図４‐３〕。

交野山（こうのさん）◉大阪府交野市倉治に位置する標高３４１メートルの山。生駒山地の北端にあり、頂上には観音岩と呼ばれる巨岩がそびえており、そこから３６０度が見渡せる。交野市の象徴的な山であり、巨岩の西側には梵語が刻まれている。長岡京の朱雀大路を南に延ばしていった先にあることから、長岡京の中心軸を決めるのに使われたとみられる〔図３‐16参照〕。

金剛山（こんごうさん）◉奈良県御所市と大阪府南河内郡千早赤阪村との境目にある標高１１２５メートルの金剛山地の主峰。修験道の開祖役小角（役行者）が修行した山として知られている。三輪山と結ぶと藤原宮を通ることから、藤原京造営の測量にも使われたとみられる。

三上山（さんじょうざん）◉京都府木津川市山城町にある、恭仁京の宮殿のほぼ真北に位置する標高４７３メートルの山。中腹の海住山寺《かいじゅうせんじ》（真言宗）は、７３５年に聖武天皇の勅願により良弁（奈良東大寺の初代別当）が藤尾山観音寺という寺号で開創したと寺伝で伝わっている。伝承によれば、聖武天皇は平城京の鬼門にあたる現・海住山寺の地に伽藍を建立すれば、東大寺大仏の造立が無事成就するであろうとの夢告を受け、良弁に命じて一寺を建立させたという。山頂は３６０度見渡せ、かつて恭仁京があった瓶原《みかのはら》を眼下に見下ろし、遠く大和の葛城山系や兵庫の六甲山系まで望むことができる。三輪山と結んだ直線は恭仁京と近江大津宮を通る。天柱石、白山、近江富士、大和の二上山を結んだ直線上にあり、大和の二上山（雌岳、雄岳、竹内峠）を結ぶと、それぞれ平城京の中心である平城宮を通る〔図３‐14と図４‐３の②、図４‐４、図４‐６の㉘〕。

紫香楽宮／信楽宮（しがらきのみや）◉奈良時代、聖武天皇が近江国甲賀郡（現在の滋賀県甲賀市）に営んだ離宮。７４０年の藤原広嗣の乱ののち、聖武天皇は恭仁京（現在の京都府木津川市加茂地区）に移り、７４２年には近江国甲賀郡紫香楽村に離宮を造営してしばしば行幸した。これが紫香楽宮で、後の744年には甲賀宮《こうかのみや》とも称され、翌745年に一時的に都になったとされている。近江大津宮、耳成山を結ぶと直角三角形を形成し、難波宮と結んだ直線は愛宕山と嵐山を結んだ直線と直交する〔図3-14の⑩〕。

背ノ山（せのやま）◉和歌山県かつらぎ町にある山。「大化の改新」の詔によって、この山が畿内国の南限（朝廷が治める国の南の境）と定められた。大和の二上山（雄岳）と結んだ距離は、雄岳と京都の三上山の距離、その三上山と近江富士の距離にそれぞれ等しい。吉野の背山と結ぶと妹山に至る〔図3-14の⑮、図4-1の①、図4-3の⑮、図4-4〕

大文字山（だいもんじやま）◉京都市左京区の南東部、如意ヶ岳（標高474メートル）の西側にそびえる標高466メートルの山。いわゆる「東山三十六峰」のほぼ中心部に当たる。山腹に「大」の字跡があって、毎年八月十六日夜に盂蘭盆会《うらぼんえ》の送り火が焚かれ、山名もこれに由来する。大文字送り火は、この山の大文字のほか、妙、法、船形、左大文字、鳥居形が、京都の北半を取り囲む五山の送り火として点じられる。愛宕山と結んだ直線は平安京の北東角を通る。嵐山と結んだ直線は平安宮の朱雀門を通り、その距離は船岡山と羅生門を結んだ距離の2倍となっている〔図3-1と図3-2の⑥、図4-3の㉒〕。

長岡京（ながおかきょう）◉現在の京都府向日市、長岡京市、京都市西京区にあった、桓武天皇の初めての都。東西4・3キロ、南北5・3キロと平城京、平安京に匹敵する広大な規模を誇った。784年に平城京から移ったが、造営責任者の藤原種継が暗殺されたうえ、天災が続くなどしたため、和気清麻呂の建議もあって遷都わずか10年後の794年に平安京に移った。南にある交野山と朱雀大路を結んだ直線を南北軸にしたとみられる〔図3-14、図4-3〕。

難波京（なにわきょう、なにわのみやこ）◉難波（現在の大阪市中央区）の地に設営された都城。飛鳥時代に宮（前期難波宮）が設置され、のちの奈良時代にも宮（後期難波宮）が築かれた。奈良時代前期の726年、聖武天皇が藤原宇合《ふじわらのうまかい》に命じ、難波宮に瓦葺きの離宮を造営。744年には恭仁京から難波宮への遷都が実施された。聖武天皇は遷都の翌年（745年）に再び平城京に遷るが、その後も副都（陪都）として、また遣唐使の港として栄えたとみられる。奈良の春日山、生駒山とほぼ同緯度にあり、京都の船岡山と三上山を結ぶと直角三角形を形成。紫香楽宮と結んだ直線は、愛宕山と嵐山を結んだ直線と直交する〔図3-14、図4-3の⑫〕。

奈良山／平城山（ならやま）◉平城京の北、奈良市と京都府木津川市の県境を東西に走る標高１００メートル前後の低丘陵で、西部を佐紀丘陵、東部を佐保丘陵と呼ぶ。現在は開発されて、古代の面影をほとんど残していない。平城宮の第一次大極殿の真北に標高１０７メートルの測量点があり、東の春日山、西の「宝来山」を結ぶと平城宮を取り囲む直角三角形を形成する〔図3-15の③〕。

二上山（にじょうざん）◉奈良県葛城市と大阪府南河内郡太子町に跨がる山で、かつては「ふたかみやま」と呼ばれた。金剛山地北部に位置し、北方の雄岳（標高５１７メートル）と南方の雌岳（４７４メートル）の二つの山頂がある双耳峰となっている。石器に使われた讃岐岩（サヌカイト）の産地でもある。二上山周辺は、海上の交通の要所である大阪湾・住吉津・難波津から、政治の中心の舞台である飛鳥地方への重要ルートとなっており、二上山の南側には、日本で最初の官道として知られる竹内街道が通っていた。近江富士、京都の三上山、平城宮を結んだ直線上にあり、しかも京都の三上山までの距離は、近江富士と三上山を結んだ距離と等しい〔図3-14と図4-3の③、図4-4〕。

比叡山（ひえいざん）◉大津市と京都市左京区の県境に位置する大比叡（標高８４８・３メートル）と左京区に位置する四明岳《しめいがたけ》（標高８３８メートル）から成る双耳峰の総称。愛宕山と双璧をなし、古来信仰の山とされた。京都の鬼門にあたる北東に位置するため、比叡山は王城鎮護の山とされ、『古事記』では「日枝山《ひえのやま》」と表記されている。比叡山の基準点を示す場合は大比叡が使われる一方、京都盆地から比叡山を見た場合、大比叡の頂を確認することが難しいことから、四明岳を比叡山の山頂だと見なすこともある。愛宕山を結んだ直線に対し、甘南備山と五山送り火の船山を結んだ直線は垂直二等分線となる。また五山送り火の曼荼羅山と東山を結んだ直線上にある〔図3-1と図3-2の①、図4-3の⑤、図4-4〕。

左大文字山（ひだりだいもんじやま）◉京都市北区大北山にある標高２３１メートルの山。単に大文字山と呼ばれることもあるが、左京区の大文字山と区別するために左大文字山と名付けられた。五山送り火では「大」の字が点じられる。五山送り火の曼荼羅山と西山を結んだ直線上にあり、船岡山と結んだ直線は平安京の北西端を通る〔図3-1と図3-2の⑦〕。

東山・西山（ひがしやま・にしやま）◉京都市左京区松ヶ崎にある二つの山で、東山の標高は186メートル、西山の標高は135メートル。西山は万灯籠山、東山は大黒天山、二山合わせて妙法山とも呼ばれる。五山送り火では、西山に「妙」、東山に「法」の字がそれぞれ点火される。西山は曼荼羅山と左大文字山を結んだ直線上にある一方、東山は愛宕山と西山を結んだ直線上にある。また東山は、大比叡、大文字山、船岡山から等距離にあり、その距離は平安京の東西の幅に等しい。さらに両山とも愛宕山と近江富士を結んだ直線上にある〔図3-1と図3-2の⑫⑬、図3-14の⑤⑥〕。

藤原京（ふじわらきょう）◉飛鳥京の西北部、奈良県橿原市に所在する日本で初めての本格的な都。中国の都城を参考にして造営したとされる。藤原京の大きさは、当初大和三山の内側にあったとされていたが、東西の京極大路の発見で大和三山を内側に含む都（「大藤原京」と呼ばれる）であったことがわかった。飛鳥浄御原宮《あすかのきよみはらのみや》から694年に遷都され、710年に平城京に遷都されるまでの16年間、日本の首都だった。耳成山と天香久山直線に対する畝傍山から引いた垂直二等分線の交点に藤原宮の北東角がある〔図3-13、図3-14、図4-3〕。

船岡山（京都府・ふなおかやま）◉京都市北区紫野北舟岡町に位置する標高112メートルの山。舟の形に似ていることから名づけられたという。五山の送り火の見晴らしが良く、平安京の中軸線である朱雀大路を北に延ばした線上に位置しているところから、造都に際しては南北軸の測量基準点となったことが確実視されている。実際、船岡山と南の甘南備山を結んだ直線は見事に平安京の中軸線（朱雀大路）を貫いている。頂上付近には露頭した三角錐の岩などがあり、造都以前から磐座《いわくら》として信仰されていたとみられる。古来、船岡山は景勝の地で、清少納言も『枕草子』で「岡は船岡」と、思い浮かぶ岡の中では一番手として名前を挙げている〔図3-1と図3-2の④、図3-14と図4-3の⑦、図4-4〕。

船岡山（和歌山県・ふなおかやま）◉和歌山県かつらぎ町の紀ノ川に浮かぶ標高約60メートルの小島で、東西約500メートル、南北約125メートルある。この船岡山を真ん中に、左岸に妹山、右岸に背ノ山がある。吉野の船岡山と結んだ直線は宮滝遺跡（吉野宮跡）に至り、京都の船岡山と結んだ直線は長岡京と平安京を通る〔図3－14の⑯、図4－1の③、図4－3の⑯、図4－4〕。

船岡山（奈良県・ふなおかやま）◉奈良県吉野町・吉野山のそばにそびえる標高455メートルの山。その約2・6キロ北にある妹山を結ぶと、三輪山、恭仁京、三上山、近江大津宮に至る一直線の南北軸ができる。かつらぎ町の船岡山、妹山、背山と同様に、吉野川を挟んだ両岸に妹山と背山がある。京都の船岡山と結んだ直線は平城京と平安京を通る〔図3－14の⑰、図4－1の⑥、図4－3の⑰、図4－4、図4－6の㉚〕。

船山（ふなやま）◉京都市北区西賀茂船山にある標高317メートルの山。万灯籠山・西賀茂山とも呼ばれる。五山送り火では船の形を点灯する。847年に唐からの帰路に暴風雨に遭遇した、西方寺の開祖・慈覚大師円仁が「南無阿弥陀仏」と唱えたところ無事到着できたという故事にちなんで船形になったという。甘南備山と結んだ直線は、比叡山と愛宕山を結んだ直線に対する垂直二等分線となる〔図3－1と図3－2の⑨〕。

平安京（へいあんきょう、たいらのみやこ）◉794年、桓武天皇が長岡京から遷都した都城。唐の都長安に範をとって現在の京都市街の地に造営された。応仁の乱でいったん灰燼《かいじん》に帰したが、1869年の東京遷都まで首都としての役割を果たした。東西約4・5キロ、南北約5・3キロの方形で、都の北端中央に大内裏を設け、そこから市街の中心に朱雀大路を通して左右に左京・右京（内裏側からみての左右になる）を置いた。基本的に平城京の都城計画を踏襲し、隋・唐の長安城に倣うものだが、羅城（都市を囲む城壁）は羅城門の左右を除き造られなかったと考えられている〔図3－1、図3－2、図3－14、図4－3、図4－4〕。

平城京（へいじょうきょう）◉710年に現在の奈良市につくられた都。平城京を中心に、律令国家としてのしくみが完成し、天平文化が開花した。平城京を中心とした74年間は、奈良時代と呼ばれる。元明天皇が律令制にもとづいた政治を行う中心地として、それまでの都だった藤原京から遷都した。東西4・3キロ、南北4・8キロの長方形の東側に、東西1・6キロ、南北2・1キロの外京が加えられている。740年には、恭仁京や難波京への遷都によって平城京は一時的に放棄されるが、745年に再び平城京に遷都され、その後784年、長岡京に遷都されるまで政治の中心地であった〔図3－14、図3－15、図4－3、図4－4〕。

保良宮（ほらのみや）◉奈良時代に近江国にあった宮都の一つ。所在地は不明だが、現在の滋賀県大津市国分2丁目付近ではないかと推定されている。時の権力者藤原仲麻呂が平城京の陪都（国都以外に別に設けた都）として造営を企図したもので、政敵橘諸兄の主唱した恭仁京に対抗、藤原氏と関係の深い近江国に新宮を造営したと考えられている。759年に造営が始まり、761年にはこれを北の都「北京《ほくきゅう》」とした。吉野宮の真北、かつ七高山の一つとされた霊山・比良山の真南に造られたとみられる。

曼荼羅山（まんだらやま）◉京都市右京区嵯峨《さが》鳥居本《とりいもと》一華表町《いっかひょうちょう》にある標高153メートルの山。仙翁寺山《せんおうじやま》、万灯籠山とも言う。五山送り火では鳥居形の火を灯す。平安京の北辺とほぼ同じ緯度に位置し、五山送り火の西山と左大文字山を結んだ直線と大比叡と東山を結んだ直線の交点にある〔図3-1と図3-2の⑦〕。

三上山（みかみやま）◉滋賀県野洲市三上にある標高432メートルの円錐形の山。一般には近江富士として知られ、古代より神のいる山（神奈備山）として敬い崇められてきた。平野部の残丘（浸食から取り残され、孤立した丘陵）で非常によく目立つため、琵琶湖をはさんだ湖西からでも望むことができる。俵藤太のムカデ退治の伝説で知られる。山全体が御上《みかみ》神社のご神体となっており、頂上には巨石の盤座があり奥宮が建っている。大和の二上山と京都の三上山を結んだ直線と、愛宕山と西山、東山を結んだ直線の交点にある〔図3-14、図4-3の①、図4-4、図4-5、図4-6の㉖〕。

耳成山（みみなしやま）◉奈良県橿原市にある標高140メートルの円錐形の山。畝傍山、天香久山と並ぶ大和三山の一つで、瀬戸内火山帯に属する独立峰とされている。山裾などの余分なところがない真ん丸の山という意味で耳無し山と名付けられたらしい。大和三山が二等辺三角形をなし、かつその事実が古くより知られていたことなどから、天然の山ではなく、古代に造営された上円下方墳ではないかとの説が以前より唱えられていた。また藤原宮の中心と耳成山を結んだ直線は平城京と平安京に至る〔図3-13の③、図3-14の㉑〕。

三輪山（みわやま）◉奈良県桜井市の奈良盆地南東部に位置する標高467メートルのひときわ形の整った円錐形の山。縄文時代から、原始信仰（自然物崇拝）の対象であったとされ、山中には苔むした神の依代《よりしろ》である磐座などの巨石群が各所に点在、山頂には奥津磐座、中腹付近には中津磐座、山麓付近には辺津《へつ》磐座がある。三輪山そのものが神体であるとの考えから、神官僧侶以外は足を踏み入れることのできない、禁足の山とされてきた。『古事記』や『日本書紀』では、神の鎮まる山として、御諸山《みもろやま》、美和山、三諸岳《みもろのおか》の名で登場する。吉野の船岡山、妹山、恭仁京、京都の三上山、近江大津宮を結んだ直線上にある。大和の葛城山と結んだ直線は、夏至の日の出ラインであるともに、耳成山と天香久山を結んだ直線と直交する〔図3－13の⑤、図3－14と図4－3の⑬、図4－4〕。

由義宮（ゆげのみや、ゆげぐう）◉河内国若江郡（現在の大阪府八尾市）にあったとされる離宮。769年の宇佐八幡宮神託事件ののち、称徳天皇は寵臣道鏡《どうきょう》の出身地である若江郡弓削《ゆげ》郷に離宮を造営し行幸した。奈良時代の769年から770年頃まで存続したとみられる。八尾市八尾木北にある由義神社の境内に「由義宮旧址」の石碑が建ち、付近が離宮のあった場所とされているが、確実な遺構は発見されていない。大比叡、大文字山、かつらぎ町の船岡山を結んだ直線上にあるとみられる〔図4－3の⑳〕。

吉野宮（よしののみや）◉『日本書紀』に656年に斉明天皇が飛鳥岡本宮を造営して遷都した際、吉野に造ったと書かれている離宮。奈良県吉野町の吉野川右岸（北側）にある宮滝遺跡がそうではないかとみられている。大海人皇子（後の天武天皇）が壬申の乱の直前の数カ月間、妻の鸕野皇女《うののひめみこ》（後の持統天皇）らと吉野宮で過ごしたとされている。後に天武天皇は草壁皇子や大津皇子などの皇子を伴って吉野宮に行幸、そこで「継承者争いをしない」と皇子たちに盟約させた「吉野の会盟」が知られる。かつらぎ町と船岡山と吉野の船岡山を結んだ直線上にある。また近江の保良宮や、七高山（近畿地方の七つの高山あるいは霊峰）の一つとされた霊山・比良山の真南に位置する〔図3－14の⑱、図4－1の⑦、図4－2の④、図4－3の⑱〕。

日本（北東北・北海道）

朝比奈岳（あさひなだけ）◉下北半島・恐山にある標高874メートルの主要峰。北海道と北東北の縄文遺跡群を結ぶ重要な測量山であったとみられる。実際、北海道の羊蹄山と垣ノ島遺跡を結んだ直線はこの山を通り、岩手県の姫神山に至る〔図5－2の㊁、図5－9の㋭〕。

石神遺跡（いしがみいせき）◉青森県つがる市の岩木山北鹿台地の先端に位置する縄文時代前期～中期（約5500～4500年前）の円筒土器文化期の拠点的集落遺跡。遺跡北部には住居跡、南部には土坑墓や環状列石などが見つかっている。靄山と伊勢堂岱遺跡を結んだ直線と、御所野遺跡と大師森遺跡を結んだ直線の交点にある〔図5－2の⑦〕。

伊勢堂岱遺跡（いせどうたいいせき）◉秋田県北秋田市にある縄文時代後期前葉（約4000年前）の環状列石を主体とする遺跡。直径32メートルの環状列石をはじめとする四つの環状列石、配石遺構、掘立柱建物跡などが発見された。御所野遺跡とほぼ同緯度（北緯40度12分）にある〔図5－2の⑮〕。

入江・高砂貝塚（いりえ・たかさごかいづか）◉北海道洞爺湖町にある約7000～3000年前の縄文遺跡。ニセコアンヌプリと長七谷地貝塚、是川石器時代遺跡を結んだ直線、御所野遺跡、大尽山、垣ノ島遺跡、大船遺跡を結んだ直線など計6本の直線の交点にある。高砂貝塚のニセコアンヌプリからの距離は、ニセコアンヌプリと余市町の大谷地貝塚を結んだ距離と等しく、入江貝塚のニセコアンヌプリからの距離は、ニセコアンヌプリとフゴッペ洞窟までの距離と等しい〔図5－9の③、図5－10の⑤〕。

岩木山（いわきさん）◉青森県弘前市および西津軽郡鰺ヶ沢町に位置する標高1625メートルの山で、青森県の最高峰。その山容から津軽富士とも呼ばれる。古くから山岳信仰の対象とされていて、山頂には岩木山神社奥宮がある。竹内文書によると、武鵜草葺不合《たけうがやふきあわせず》天皇がこの山に大宮を造営している。夏至の日の出方向に梵珠山、春分と秋分の日の出方向に八甲田山がある。八甲田大岳と靄山から等距離の位置にある〔図4－7の⑩、図5－2の㋑、図5－9の㋣〕。

岩手山（いわてさん）◉東北、奥羽山脈北部にそびえる標高2038メートルの山で、岩手県最高峰。古くから信仰の山で、山頂外輪を取り囲むように石仏、山麓の滝沢村・盛岡市に岩手山神社が祭られている。山頂から10キロほど離れた麓には湯舟沢環状列石と釜石環状列石があり、梵珠山と大湯環状列石を結んだ直線上にある〔図5－2の㋾〕。

大石神ピラミッド（おおいしがみぴらみっど）◉青森県新郷村の「キリストの墓」から西に8キロほど離れた場所にそびえる「お石神山（大石上山）」にある巨石群。山根キクら竹内文書研究家により「ピラミッド」と名付けられた。鏡岩、ドルメン、方位石などの巨石があり、山頂付近にも「上大石神ピラミッド」がある。キリストが上陸したという松ヶ崎港、キリストの墓、それに同様に「ピラミッド」と名付けられた十和利山を結んだ直線上にある。樺山遺跡、湯舟沢環状列石、それに北海道の垣ノ島遺跡、北黄金貝塚、西崎山環状列石を結んだ直線（環状列石ライン）上にある〔図４－７の④、図５－２の⑫、図５－９の⑨〕。

大平山元Ⅰ遺跡（おおだいやまもといちいせき）◉青森県津軽半島の東側中央部に位置する縄文時代草創期（約1万5000年前）の遺跡。陸奥湾に注ぐ蟹田川左岸の標高26メートルの河岸段丘上に立地する。約1万6500年前の日本最古の土器が出土したことで有名。樺山遺跡と大湯環状列石を結んだ直線と、御所野遺跡、大石神ピラミッド、高田大岳を結んだ直線、それに姫神山と三内丸山遺跡を結んだ直線の交点にある〔図５－２の①〕。

大尽山（おおづくしやま）◉下北半島・恐山にある主要峰で、標高827メートルの三角錐型の山。北海道と北東北の縄文遺跡を結ぶ主要測量山であったとみられる。釜石環状列石と戸来岳を結んだ直線と、谷地山と大石神ピラミッドを結んだ直線、それに黒又山と高田大岳を結んだ直線の交点にある〔図５－２の㋭〕。

大船遺跡（おおふないせき）◉北海道函館市にある約5000年前の縄文遺跡。非常に大きくて密集した竪穴住居跡が見つかっている。忍路環状列石、船取山、北黄金貝塚を結んだ直線と、御所野遺跡、大尽山、垣ノ島遺跡、入江・高砂貝塚を結んだ直線など、少なくとも6本の直線の交点にある〔図５－10の⑦〕。

大森勝山遺跡（おおもりかつやまいせき）◉青森県弘前市大森勝山にある縄文時代晩期前半（約3000年前）の環状列石を中心とする遺跡。岩木山の北東麓の標高約145メートルの舌状丘陵上の先端にあり、岩木山が望める。長径48・5メートル、短径39・1メートルのやや楕円形の環状列石のほか、後期旧石器時代（約1万3000年前）のナイフ形石器も出土している。湯舟沢環状列石と釜石環状列石を結んだ直線と、恐山の釜臥山と岩木山を結んだ直線の交点にある〔図５－２の⑧〕。

大谷地貝塚（おおやちかいづか）◉北海道余市町にある約5000～4000年前の貝塚を伴う大集落の縄文遺跡。余市式土器と名づけられた土器が出土している。船取山と西崎山環状列石を結んだ直線上にあり、船取山と地鎮山環状列石から等距離にある。また、北黄金貝塚と朝比奈岳を結んだ直線と大船遺跡と湯舟沢環状列石と樺山遺跡を結んだ直線との交点にあり、黒又山のほぼ真北に位置する。かつ、ニセコアンヌプリまでの距離が、ニセコアンヌプリ－高砂貝塚の距離と等しい〔図5-10の①、図5-11の⑫〕。

忍路環状列石（おしょろかんじょうれっせき）◉北海道小樽市にある約4000年前の縄文時代に造られたとみられる環状列石。南北約33メートル、東西約22メートルで、楕円形をしている。三笠山という小高い山の山麓の、標高20メートルの河岸段丘上に位置する。手宮洞窟とフゴッペ洞窟を結んだ直線と、西崎山環状列石と地鎮山環状列石の北端付近を結んだ直線の交点にある〔図5-10の⑩、図5-11の⑨〕。

恐山（おそれざん）◉高野山、比叡山と並んで、「日本三大霊山」に数えられる下北半島の中央部に位置する外輪山と霊場。最高峰は、標高878メートルの釜伏山で、朝比奈岳、大尽山と併せて恐山3山と呼ぶこともある。天台宗を開いた最澄の弟子である円仁（慈覚大師）が862年に開山したとされている。かつては宇曽利山《うそりやま》と呼ばれた。ウソリは、アイヌ語のウショロ（入江とか、湾という意味）に由来しているという。竹内文書によると、上古第9代天《あめの》八《や》十《そ》万《よろず》魂《たま》天皇がこの山で亡くなっている〔図5-2の㊁㊂㊃〕。

音江環状列石（おとえかんじょうれっせき）◉北海道深川市にある約4000年前の縄文時代に造られたとみられる環状列石群の遺跡。石狩川に面した稲見山と呼ばれる丘陵突端部の標高115メートル前後の場所に、直径2～5メートルの大きさで、環状に大小の石を並べた遺構が多数見つかっている。田小屋野貝塚と垣ノ島遺跡を結んだ直線、大尽山とキウス周堤墓群を結んだ直線、樺山遺跡、姫神山、御所野遺跡を結んだ直線、岩手山と二ッ森貝塚を結んだ直線など計6本の直線の交点にある〔図5-9の⑦〕。

垣ノ島遺跡（かきのしまいせき）◉北海道函館市にある、約9000～3500年前の縄文遺跡。約7000年前の土坑墓から世界最古の漆製品が出土している。また約4000年前には、「コ」の字形の大規模な盛り土遺構も見つかっている。北海道の羊蹄山と恐山山地の朝比奈岳（山頂よりやや西側）、それに岩手の姫神山を結んだ直線と、八甲田山・高田大岳と北海道・室蘭の測量山、それに手宮洞窟を結んだ直線、樺山遺跡、湯舟沢環状列石、大石神ピラミッド、北海道伊達市の北黄金貝塚、北海道余市町の西崎山環状列石とフゴッペ洞窟を結んだ直線（環状列石ライン）など少なくとも7本の直線の交点に位置している〔図5－9の①、図5－10の⑧〕。

樺山遺跡（かばやまいせき）◉岩手県北上市の北上山地の麓に位置する縄文時代中期の配石遺構群を伴う、縄文時代前期末から後期（約6000～3000年前）にかけての集落遺跡。標高約80メートルと約100メートルの上下2段にわたり、下段に配石遺構群、上段は竪穴住居を持つ集落跡が見つかっている。北海道の西崎山環状列石、北黄金貝塚、垣ノ島遺跡、北東北の大石神ピラミッド、湯舟沢環状列石を結んだ直線（環状列石ライン）上にある〔図5－9の⑪〕。

釜石環状列石（かまいしかんじょうれっせき）◉岩手県八幡平市の岩手山北麓に位置する縄文後期～晩期（約2600年前）の環状列石群を中心とする遺跡。メインの列石は直径約12メートルで、その中央には直径1・5メートルの石囲いがあり、火を焚いた跡がある。黒又山と御所野遺跡を結ぶことで、ほぼ正三角形の二等辺三角形を形成する〔図5－2の⑯〕。

釜臥山（かまふせやま、かまぶせやま）◉青森県むつ市にある、標高878メートルの下北半島・恐山山地の最高峰。文字通り釜を伏せたような山容をしており、頂上からは岩木山や八甲田山、北海道などが望める。竹内文書によると、上古第18代大斗能地王《おおとのうじおう》天皇がこの山に臨幸している。黒又山と結んだ直線は、是川石器時代遺跡と大森勝山遺跡を結んだ直線と直交する。北海道の入江・高砂貝塚と垣ノ島遺跡を結んだ直線上にある〔図5－2の㋬、図5－9の㊁〕。

神居古潭ストーンサークル遺跡（かむいこたんすとーんさーくるいせき）◉北海道旭川市にある約3000年前の縄文時代に造られたとみられる環状列石の遺跡。神居山中腹の標高213メートルの平坦面にある。羊蹄山と紅葉山49号遺跡を結んだ直線と、靄山と大船遺跡を結んだ直線、岩木山と大平山元I遺跡を結んだ直線など計6本の直線の交点にある〔図5－9の⑫〕。

神居山（かむいやま）◉北海道旭川市神居町にある標高799メートルの山（「神居山A」とする）と、さらに5

キロほど南に離れた北海道芦別市と旭川市の境にある標高810メートルの山（「神居山B」とする）。神居山Aの中腹に神居古潭ストーンサークル遺跡があり、神居山Bと垣ノ島遺跡を結ぶと津軽半島の靄山に至る〔図5-9の㋺〕。

亀ヶ岡石器時代遺跡（かめがおかせっきじだいいせき）◉青森県つがる市にある、岩木川左岸の低湿地帯に広がる縄文時代晩期（約3000年前）の代表的な集落遺跡。江戸時代から造形的に優れた土器が出土することで知られ、この時代の土器文化は「亀ヶ岡文化」とも呼ばれるようになった。中でも遮光器土偶は有名。是川石器時代遺跡と梵珠山を結んだ直線と、伊勢堂岱遺跡と靄山を結んだ直線の交点にある〔図4-7の⑪、図5-2の③〕。

キウス周堤墓群（きうすしゅうていぼぐん）◉北海道千歳市にある約3200年前の縄文遺跡。標高15〜20メートルの斜面上に造られた大規模な集団墓で、地面に円形に竪穴を掘り、掘り上げた土を周囲に環状に積み上げることで大規模なドーナツ状の周堤ができている。岩木山、大平山元I遺跡を結んだ直線、音江環状列石と大尽山を結んだ直線など計6本の直線の交点に位置している。ほぼ真西にあるニセコアンヌプリと、入江・高砂貝塚から等距離にあり、二ッ森貝塚からの距離は、二ッ森貝塚−ニセコアンヌプリ間の距離に等しい〔図5-10の③〕。

北黄金貝塚（きたこがねかいづか）◉北海道伊達市にある約7000〜5500年前の貝塚を伴う集落の縄文遺跡。噴火湾に面した舌状台地に立地し、祭祀の場と推定される水場遺構（水を引き込んだ場所）も見つかっている。樺山遺跡、湯舟沢環状列石、大石神ピラミッド、垣ノ島遺跡、西崎山環状列石とフゴッペ洞窟を結んだ直線（環状列石ライン）と北海道余市町の大谷地貝塚と朝比奈岳を結んだ直線の交点にある〔図5-9の②、図5-10の⑨〕。

黒又山（くろまたやま、クロマンタ）◉秋田県鹿角《かづの》市にある、大湯環状列石から望める円錐形をした標高281メートルの山。地中レーダーを使った調査によって7段の階段構造を持つことがわかっている。釜石環状列石と御所野遺跡から等距離、岩木山、湯舟沢環状列石、是川石器時代遺跡から等距離、梵珠山と姫神山から等距離、二ッ森貝塚と長七谷地貝塚からも等距離になるなど、北東北に散らばる縄文遺跡群の扇の要のような位置にある。二ッ森貝塚と十和田山を結んだ直線と、大尽山と高田大岳を結んだ直線の交点にもある〔図4－7の②、図5－2の中心点、図5－4の①、図5－5、図5－9の㋷〕。

御所野遺跡（ごしょのいせき）◉岩手県一戸町の馬淵川右岸の河岸段丘に広がる縄文時代中期後半（約4500年前）の大規模集落遺跡。配石遺構を伴う墓域を中心に集落が構成され、東西の居住域には竪穴住居が密集している。伊勢堂岱遺跡とほぼ同じ緯度（北緯40度12分）にあり、樺山遺跡と姫神山を結んだ直線、大平山元Ⅰ遺跡、高田大岳、大石神ピラミッドを結んだ直線、田小屋野貝塚と十和利山を結んだ直線などの交点にある〔図5－2の⑭〕。

小牧野遺跡（こまきのいせき）◉青森市野沢にある、縄文時代後期前半（約4000年前）に土地造成と特異な配石で構築された大規模な環状列石を主体とする遺跡。青森平野を一望できる標高80～160メートルの舌状台地上に立地する。直径35メートルの外帯、29メートルの内帯、2・5メートルの中央帯など三重の輪のほか、一部4重となる弧状の列石などで構成されている。是川石器時代遺跡、亀ヶ岡石器時代遺跡、梵珠山を結んだ直線と、伊勢堂岱遺跡と釜臥山を結んだ直線の交点にある〔図5－1、図5－2の⑤〕。

是川石器時代遺跡（これかわせっきじだいいせき）◉青森県八戸市の新井田川の河岸段丘に立地する縄文時代前期から晩期（約7000～2300年前）にかけて栄えた遺跡。前期から中期の一王寺遺跡、中期末ごろの堀田遺跡、晩期の亀ヶ岡文化を代表する中居遺跡から成る。赤色漆塗りの木製品類や土器が多数出土している。亀ヶ岡石器時代遺跡、梵珠山、小牧野遺跡を結んだ直線上にある〔図5－2の⑪〕。

三内丸山遺跡（さんないまるやまいせき）◉青森市にある縄文時代前期から中期（約6000～4200年前）にかけて、長期間継続した大規模集落跡。直径約2メートルの六本柱建物跡が有名。大平山元Ⅰ遺跡と姫神山を結んだ直線と高田大岳と靄山を結んだ直線の交点にある〔図5－2の④〕。

地鎮山環状列石（じちんやまかんじょうれっせき）◉北海道小樽市にある約4000年前の縄文時代に造られたとみられる環状列石。おおよそ忍路環状列石と西崎山環状列石を結んだ直線上に北端部分があり、船取山からの距離はフゴッペ洞窟と西崎山環状列石を結んだ距離に等しく、その距離を4倍すると大谷地貝塚からの距離と等しくなる場所にある。

曽我北栄環状列石（そがほくえいかんじょうれっせき）◉北海道ニセコ町にある約3000年前の縄文時代に造られたとみられる環状列石。羊蹄山の麓近くのほぼ真西に位置し、北黄金貝塚と室蘭の測量山、下北半島の尻屋崎を結んだ直線、羊蹄山（山頂よりやや北側）とキウス周堤墓群を結んだ直線、ニセコアンヌプリ、朝比奈岳、御所野遺跡を結んだ直線の三つの直線の交点にある〔図5‐10の④、図5‐11の③〕。

測量山（そくりょうざん）◉北海道室蘭市にある標高199メートルの山。1872年、札幌へ至る札幌本道（現・国道36号）を建設する際に測量を行うために登ったことから、名づけられた。アイヌ語では「ホシケサンベ」（先に現れるもの）と呼ばれていることから、縄文時代の人々も沖合いでの漁から戻るときに水平線上の目印にしていたとみられる。手宮洞窟と垣ノ島遺跡、それに八甲田山の高田大岳を結んだ直線上にある〔図5‐9の㋩、図5‐10〕。

大師森環状列石（たいしもりかんじょうれっせき）◉青森県平川市にある縄文時代後期（約4000年前）の環状列石を主体とする遺跡。直径約40メートルの環状列石や日時計とみられる組石などがあり、東側の背後には標高290メートルの急斜面を有する小高い山（太師森）がある。靄山と黒又山を結んだ直線と、御所野遺跡と石神遺跡を結んだ直線の交点にある〔図5‐2の⑨〕。

高田大岳（たかだおおだけ）◉八甲田山系の次鋒で、青森市と十和田市の境界に位置する標高1552メートルの円錐形の山。津軽地方から八甲田山系を見ると主峰は八甲田大岳のように見えるが、南部地方から見ると高田大岳が八甲田山系の主峰に見えるという。岩木山とほぼ同緯度にあり、恐山の大尽山と黒又山を結んだ直線と、北海道の手宮洞窟、測量山、垣ノ島遺跡を結んだ直線の交点にある〔図4‐7の⑬、図5‐2と図5‐9の㋠〕。

長七谷地貝塚（ちょうしちやちかいづか）◉青森県八戸市にある縄文時代早期後半（約9000年前）の貝塚を中心とする集落遺跡。五戸川右岸の標高約10～20メートルの丘陵末端部に位置し、軸と針を組み合わせた釣針や銛頭などの骨角器類が出土している。伊勢堂岱遺跡と大石神ピラミッドを結んだ直線上にある〔図5－2の⑩〕。

十和田山（とわだやま）◉青森県十和田市に位置する標高１０５４メートルの十和田カルデラ外輪山の最高峰。十和利山と戸来岳と並ぶ十和田三山の一つ。黒又山と二ッ森貝塚を結んだ直線上にある〔図5－2の㋷〕。

十和利山（とわりやま）◉青森県十和田市・新郷村と秋田県鹿角市との境界に位置する標高９９１メートルの三角形の山。十和田山、戸来岳と並ぶ十和田三山の一つ。竹内文書を公開した天津教教祖竹内巨麿は、十和利山は「五万年前に作られた日本最古のピラミッド」としている。キリストが上陸したという松ヶ崎港、キリストの墓、大石神ピラミッドを結んだ直線上にある〔図4－7の③、図5－2の㋸〕。

西崎山環状列石（にしざきやまかんじょうれっせき）◉北海道余市町にある約４０００年前の縄文時代に建造されたとみられる環状列石。船取山と大谷地貝塚を結んだ直線上にあり、おおよそ忍路環状列石と地鎮山環状列石の北端を結んだ直線上にもある。フゴッペ洞窟からの距離は船取山と地鎮山環状列石を結んだ距離に等しく、その距離の3倍が船取山とフゴッペ洞窟を結んだ距離、4倍が船取山と大谷地貝塚を結んだ距離に等しい。また、樺山遺跡、湯舟沢環状列石、大石神ピラミッド、垣ノ島遺跡、北黄金貝塚とフゴッペ洞窟を結んだ直線（環状列石ライン）上にある〔図5－9の④、図5－11の⑪〕。

ニセコアンヌプリ（にせこあんぬぷり）◉北海道ニセコ町と倶知安町にまたがる標高１３０８メートルのニセコ連峰の主峰。キウス周堤墓群とほぼ同緯度にあり、大谷地貝塚と高砂貝塚からの距離は37・6キロと全く等しく、その誤差はわずか11メートルしかない。キウス周堤墓群と鷲ノ木遺跡からも等距離にある。また羊蹄山と大谷地貝塚を結ぶと直角三角形を形成する〔図5－9、図5－10の㋑、図5－11の①〕

姫神山（ひめかみさん）◉岩手県盛岡市玉山区にある標高１１２４メートルのピラミッド型の山。独立峰で玉山区の最高峰である。征夷大将軍の坂上田村麻呂が東征の折、自分の守護神である立烏帽子神《たてえぼしひめ》女を祀ったのが始まりとされる。北海道のニセコアンヌプリ、垣ノ島遺跡、恐山の朝比奈岳を結んだ直線上で、かつ御所野遺跡と樺山遺跡を結んだ直線、大平山元Ⅰ遺跡と三内丸山遺跡を結んだ直線、大森勝山遺跡と大湯環状列石を結んだ直線の交点にある〔図5－2の㋕、図5－9の㋦〕。

二ッ森貝塚（ふたつもりかいづか）◉青森県七戸町の小川原湖西岸、標高約30メートルの台地に形成された縄文時代前期から中期（約７０００～４０００年前）にかけての大規模な貝塚を伴う集落遺跡。人の顔を持つ土器や、鹿の骨で作られた飾り櫛などが出土している。大湯環状列石または黒又山と十和田山を結んだ直線上にある〔図5－2の⑥〕。

八甲田大岳（はっこうだおおだけ）◉青森市と十和田市にまたがる八甲田山系にある標高１５８５メートルの最高峰。単に大岳と呼ぶ場合もあるが、次鋒の高田大岳と区別する意味で八甲田大岳と呼ばれる。岩木山のほぼ真東にあり、岩木山と結んだ距離は岩木山と靄山の間の距離にほぼ等しい〔図4－7の⑫、図5－2の㋣〕。

船取山（ふなとりやま）◉北海道小樽市にある標高２１１メートルの山。北麓には忍路環状列石や地鎮山環状列石がある。大谷地貝塚と西崎山環状列石を結んだ直線上にあり、羊蹄山と紅葉山49号遺跡を結ぶと直角三角形を形成する〔図5－10の㋩、図5－11の⑩〕。

戸来岳（へらいだけ）◉青森県新郷村と十和田市の境にある山で、最高峰の三ツ岳（標高１１５９メートル）と大駒ヶ岳（標高１１４４メートル）を総称して戸来岳という。十和利山、十和田山と並ぶ十和田三山の一つ。竹内文書によると、鵜草葺不合朝《うがやふきあえずちょう》第37代松照彦天皇はこの山に臨幸している。釜石環状列石と恐山の大尽山を結んだ直線上にある〔図5－2の㋦〕。

北海道駒ヶ岳（ほっかいどうこまがたけ）◉北海道森町、鹿部町、七飯町にまたがる標高１１３１メートルの山。渡島《おしま》半島のランドマーク的な山で、蝦夷《えぞ》駒ヶ岳、渡島駒ヶ岳、渡島富士とも呼ばれる。この山を挟むように北西に鷲ノ木遺跡、南東に大船遺跡、垣ノ島遺跡が配置されている。羊蹄山と入江・高砂貝塚を結んだ直線上に位置している〔図5－10の㋥〕。

梵珠山（ぼんじゅさん）◉青森市と五所川原市にまたがる標高４６８メートル山。東北地方に奈良時代仏教を布教した法相宗の道昭上人が、釈迦三尊の文殊菩薩の文殊に因んで「梵珠」と名付けたとされる。竹内文書では釈迦は来日したことになっていることから、梵珠山に釈迦の墓があると考える研究家もいる。岩木山から見ると、夏至の日の出ライン上にあり、そのラインは岩木山から十和田湖への最短距離となる十和田湖の測量点Xと靄山を結んだ直線の垂直二等分線となる〔図4-7の⑧、図5-2の㋩〕。

紅葉山49号遺跡（もみじやまよんじゅうきゅうごういせき）◉北海道石狩市にある縄文時代前期後半から中期後半（約5000年前から4000年前）ごろの遺跡。紅葉山砂丘の南側斜面に位置し、木製の漁撈施設と器などの生活用具が出土している。羊蹄山と手稲山を結んだ直線上にあり、船取山と羊蹄山を結ぶと直角三角形を形成する。また羊蹄山と高島岬を結んでも直角三角形となる〔図5-10の⑪、図5-11の⑤〕。

靄山（もややま）◉津軽半島・十三湖の北に位置する青森県五所川原市にある標高152メートルの綺麗な円錐形の山。地元には、靄山が姉で岩木山は妹であるとの言い伝えがあるという。北海道の神居山と垣ノ島遺跡を結んだ直線上にあり、高田大岳と三内丸山遺跡を結んだ直線と、湯舟沢環状列石と大湯環状列石を結んだ直線の交点にある〔図4-7の⑨、図5-2の㋺、図5-9の㋬〕。

谷地山（やちやま）◉岩手県滝沢市の湯舟沢環状列石の真西にそびえる標高528メートルの山。春分や秋分の日には環状列石から見て夕陽がこの山に沈む。恐山の大尽山と大石神ピラミッドを結んだ直線と、田小屋野貝塚と釜石環状列石を結んだ直線の交点にある〔図5-2の㋻〕。

湯舟沢環状列石（ゆぶねざわかんじょうれっせき）◉岩手県滝沢市にある縄文時代後期（約4000年前）に造られた環状列石を中心とする遺跡。南北径20メートル、東西径15メートルの範囲に、さまざまな形の組石が並んでおり、大規模な共同墓地と祭祀場であったとみられている。樺山遺跡、大石神ピラミッド、垣ノ島遺跡、西崎山環状列石などを結んだ直線（環状列石ライン）上にあり、靄山と大湯環状列石を結んだ直線と大森勝山遺跡と釜石環状列石を結んだ直線の交点にある〔図5-2の⑰、図5-9の⑩〕。

羊蹄山（ようていざん）◉北海道後志《しりべし》地方南部にある、標高1898メートルの円錐形の山。山容から蝦夷富士とも称される。姫神山と恐山の朝比奈岳、垣ノ島遺跡を結んだ直線と、北海道駒ヶ岳と入江・高砂貝塚を結んだ直線の交点にある。曾我北栄環状列石のほぼ真東に鎮座している〔図5-9の㋑、図5-10の㋺、図5-11の②〕。

鷲ノ木遺跡（わしのきいせき）◉北海道茅部郡森町にある約4000年前の環状列石と竪穴墓域（集団墓地）を主体とする縄文遺跡。噴火湾より約1キロ内陸の標高70メートルの河岸段丘上にある。環状列石は道内最大規模で、外周36・9〜33・8メートルのほぼ円形で、外側を二重にめぐる環状の配石と、中心にある楕円形の配石で構成されている。岩木山とニセコアンヌプリを結んだ直線と、大湯環状列石と小牧野遺跡を結んだ直線、樺山遺跡、岩手山、釜石環状列石を結び、十和田湖の中央部を通る直線、湯舟沢環状列石と八甲田大岳を結んだ直線の4本の直線の交点にある〔図5-9の⑬、図5-10の⑥〕。

主要参考文献一覧

●――日本の古代遺跡関連

朝日新聞社編『万葉カメラ散歩』朝日新聞社、1967年
大内義郷（校注）『神代秘史資料集成――天の巻（古文書編）』八幡書店、1984年
大内義郷『神代秘史資料集成』八幡書店、1984年
大和岩雄『日本にあった朝鮮王国』白水社、1993年
笠田万葉サークル編『輝く紀伊万葉―妹背山―』和歌山県教育庁文化遺産課パンフレット、2007年
神奈川徐福研究会・神皇紀刊行部会編『現代語訳　神皇紀』今日の話題社、2011年
加茂喜三『日本の神朝時代』富士地方史料調査会、1994年
加茂喜三『ヒミコの故郷』富士地方史料調査会、1985年
加茂喜三『富士の古代文字』富士地方史料調査会、1993年
佐治芳彦『謎の宮下文書』徳間書店、1984年
佐治芳彦『謎の竹内文書』徳間書店、1979年
竹内睦泰『正統竹内文書の謎』学研パブリッシング、2013年
竹内義宮編『神代の万国史』皇祖皇太神宮、1983年
藤田富士夫「万葉集の『妹背山』に関する若干の考察」（『敬和学園大学研究紀要第22巻』）、2013年
布施泰和『「竹内文書」の謎を解く――封印された超古代史』成甲書房、2003年
布施泰和『「竹内文書」の謎を解く2――古代日本の王たちの秘密』成甲書房、2011年
布施泰和、秋山眞人『あなたの自宅をパワースポットにする方法』成甲書房、2014年
布施泰和、秋山眞人『神霊界と異星人のスピリチュアルな真相』成甲書房、2013年
布施泰和『誰も知らない世界の御親国日本』ヒカルランド、2011年
布施泰和『竹内文書』を裏付ける『羽根ライン』の謎」（『ムー』2007年4月号）学習研究社
布施泰和「古代出雲の『国譲りライン』の謎」（『ムー』2007年11月号）学習研究社
布施泰和「伊豆半島ピラミッドラインの謎」（『ムー』2011年4月号）学研パブリッシング
布施泰和「聖なる白鳥ラインと天空浮舟の謎」（『ムー』2011年11月号）学研パブリッシング
布施泰和「尖山ピラミッドラインと古代光通信網の謎」（『ムー』2012年9月号）学研パブリッシング
布施泰和「ヨーロッパのレイライン『悪魔の矢』」（『ムー』2013年五月号）学研パブリッシング
宮崎興二『なぜ夢殿は八角形か』祥伝社、2001年

宮崎興二『ねじれた伊勢神宮』祥伝社、１９９９年
村瀬憲夫「万葉集の背山・妹山――吉野の妹山・背山をめぐって」(近畿大学文芸学部論集『文学・芸術・文化 第18巻2号』)、２００７年

ヨーロッパの古代遺跡関連

ジョン・アイヴィミ、酒井傳六訳『太陽と巨石の考古学』法政大学出版、２００９年
山田英春『巨石――イギリス・アイルランドの古代を歩く』早川書房、２００６年
Bord, Janet & Colin with Hawkes, Jason, “*Prehistoric Britain from the Air,*” 2004
Broadhurst, Paul with Miller, Hamish, “*The Sun and the Serpent,*” Mythos,2006
Burl, Aubrey, “*Prehistoric Astronomy and Ritual,*” Shire Archaeology, 2005
Burl, Aubrey, “*Prehistoric Stone Circles,*” Shire Archaeology, 2011
Cox, R. Hippisley, “*The Green Roads of England,*” The Lost Library, 1914
Crsip, Roger, “*Ley Lines of Wessex,*” Wessex Books, 2008
Cunliffe, Barry, “*Britain Begins,*” Oxford University Press, 2013
Fergusson, J., “*Old Stone Monuments,*” The Lost Library, 1872
Giot, Pierre-Roland, “*La Bretagne des Megalithes,*” Editions Ouest-France, 2007
Hadingham, Evan, “*Circles and Standing Stones,*” Book Club Associates, 1979
Hawkins, Gerald S. with Allen, Hubert A. Jr, “*Stonehenge/Earth and Sky,*” Wessex Books, 2013
Mann, Nicholas, R., “*Glastonbury Tor: A guide to the History and Legends,*” Temple Publications, 2011
Michell, John, “*New Light on the Ancient Mystery of Glastonbury,*” Gothic Image Publications, 1997
Michell,, John, “*The New View over Atlantis,*” Thames & Hudson, 2013
Roger, Dominique, “*Lieux Mysterieux en Bretagne,*” Editions Ouest-France, 2008
Walker, Jack, “*Dartmoor Sun,*” Halsgrove, 2005
Watkins, Alfred, “*The Old Straight Track,*” Abacus, 2011
Watkins, Allen, “*Alfred Watkins on Hereford,*” Garnstone Press, 1972
Wheatley, Maria, with Taylor, Busty, “*Avebury/Sun, Moon and Earth,*” Wessex Books, 2011
Winfield, George with Kronig, Jurgen, “*Prehistoric Sacred Sites of Wessex,*” Wessex Books, 2012
The National Trust Guide Book, “*Avebury,*” 2008

エジプトの古代遺跡関連

小林登志子『シュメル――人類最古の文明』中公新書、２０１０年

吉村作治『ピラミッドの謎』講談社現代新書、１９９２年
歴史雑学探究倶楽部編『大ピラミッドと古代エジプトの謎』学研パブリッシング、２０１２年
ロバート・ボーヴァル、エイドリアン・ギルバート、近藤隆文訳『オリオン・ミステリー――大ピラミッドと星信仰の謎』ＮＨＫ出版、１９９５年
Edwards, I.E.S., "*The Pyramids of Egypt*," Viking, 1985
Ivimy, John, "*The Sphinx and the Megaliths*," Abacus, 1976
Mendelssohn, Kurt, "*The Riddle of the Pyramids*," Book Club Associates, 1978
Shaw, Ian with Nicholson, Paul, "*The British Museum Dictionary of Ancient Egypt*," The British Museum Press, 2008
Strudwick, Nigel, "*Masterpieces/Ancient Egypt*," The British Museum Press, 2006

南米・北米の古代遺跡関連

シモーヌ・ヴェズバール、植田覺監訳『ナスカの地上絵』大陸書房、１９８７年
Devereux, Paul, "Symbolic Landscapes," Gothic Image Publications, 1992
Hawkins, Gerald S., "Beyond Stonehenge," Hutchinson, 1973

世界の古代遺跡関連

秋山眞人『霊術の教科書・超能力開発マニュアル』朝日ソノラマ、１９８７年
江坂輝弥、大貫良夫『文明の誕生（ビジュアル版世界の歴史①）』講談社、１９８４年
久保田八郎『アトランティス大陸の謎』学習研究社、１９８７年
ケニス・ブレッヒャー、マイケル・ファイタグ編、花野秀男訳『古代人の宇宙――考古天文学への招待』白揚社、１９８４年
日本リーダーズ・ダイジェスト編『ミステリーゾーンに挑む――ＵＦＯ、オカルト、超能力のすべて』日本リーダーズ・ダイジェスト、１９８４年
フランク・ジョセフ、宇佐和通訳『アトランティス崩壊の謎』日本文芸社、１９９９年
渡辺豊和『発光するアトランティス』人文書院、１９９３年
Bourbon, Fabio (edit.), "*Lost Civilizations—Rediscovering the Great Cultures of the Past*," Barns & Noble, 1998
Maor, Eli, "Trigonometric Delights," Princeton University Press, 2002
Parker, Derek and Julia, "*Atlas of the Supernatural*," BCA, 1992
Trump, David, H., "*Malta Prehistory and Temples*," Midsea Books, 2002

◉著者について
布施泰和（ふせ やすかず）
1958年、東京に生まれる。英国ケント大で英・仏文学を学び、1982年に国際基督教大学教養学部（仏文学専攻）を卒業。同年共同通信社に入り、富山支局在任中の1984年、「日本のピラミッド」の存在をスクープ、巨石ブームの火付け役となる。その後、金融証券部、経済部などを経て1996年に退社して渡米。ハーバード大学ケネディ行政大学院とジョンズ・ホプキンズ大学高等国際問題研究大学院（SAIS）に学び、行政修士号と国際公共政治学修士号をそれぞれ取得。帰国後は専門の国際政治・経済だけでなく、古代文明や精神世界など多方面の研究・取材活動を続けている。『正統竹内文書の日本史「超」アンダーグラウンド①②③』『正統竹内文書口伝の『秘儀・伝承』をついに大公開！』（以上ヒカルランド刊）、『「竹内文書」の謎を解く』『「竹内文書」の謎を解く２』『異次元ワールドとの遭遇』『不思議な世界の歩き方』『神霊界と異星人のスピリチュアルな真相』『あなたの自宅をパワースポットにする方法』（以上成甲書房刊）など、著書・共著書多数。

竹内文書《たけうちもんじょ》と平安京《へいあんきょう》の謎《なぞ》

超古代文明《ちょうこだいぶんめい》の遺産《いさん》「神々《かみがみ》のライン」を見《み》つけた

◉著者

布施泰和《ふせやすかず》

◉発行日

初版第1刷　2015年 8月10日

◉発行者

田中亮介

◉発行所

株式会社 成甲書房

郵便番号101-0051

東京都千代田区神田神保町1-42

振替00160-9-85784

電話 03(3295)1687

E-MAIL　mail@seikoshobo.co.jp

URL　http://www.seikoshobo.co.jp

◉印刷・製本

株式会社 シナノ

Printed in Japan, 2015

ISBN978-4-88086-330-6